CB058574

2ª edição
Do 15º ao 15.200º milheiro
200 exemplares
Novembro/2019

© 2014-2019 by Boa Nova Editora

Capa
Juliana Mollinari

Diagramação
Juliana Mollinari

Revisão
Maria Carolina Rocha

Coordenação Editorial
Ronaldo A. Sperdutti

Impressão
Renovagraf

Todos os direitos estão reservados. Nenhuma parte desta obra pode ser reproduzida ou transmitida por qualquer forma e/ou quaisquer meios (eletrônico ou mecânico, incluindo fotocópia e gravação) ou arquivada em qualquer sistema ou banco de dados sem permissão escrita da Editora.

O produto da venda desta obra é destinado à manutenção das atividades assistenciais da Sociedade Espírita Boa Nova, de Catanduva, SP e do Instituto Espírita de Educação, de São Paulo, SP.

1ª edição: Julho de 2014 - 15.000 exemplares

O APRENDIZ DA LEI DO AMOR

Paulo Bastos Meira
Ditado por Antoine de Quélem de Caussade

boanova editora

Instituto Beneficente Boa Nova
Entidade coligada à Sociedade Espírita Boa Nova
Av. Porto Ferreira, 1.031 | Parque Iracema
Catanduva/SP | CEP 15809-020
www.boanova.net | boanova@boanova.net
Fone: (17) 3531-4444

Dados Internacionais de Catalogação na Publicação (CIP)

(Câmara Brasileira do Livro, SP, Brasil)

Antoine de Quélem de Caussade (Espírito).

    Aprendiz da Lei do Amor / ditado por Antoine de Quélem de Caussade; [psicografado] Paulo Bastos Meira.-- Catanduva, SP: Boa Nova Editora, 2014.

    ISBN 978-85-8353-005-3

1. Espiritismo 2. Psicografia 3. Romance espírita
I. Meira, Paulo Bastos. II. Título.

CDD-133.9

Índices para catálogo sistemático:

1. Romance espírita: Espiritismo 133. 9

SUMÁRIO

Apresentação 9

PRIMEIRA PARTE

1782 - 1799 15

1786 - Visita a Ferrara 23

1786 - Verão - Te-déum em Ferrara 29

1786 - Verão - A Primeira Reunião com Entidades de Luz 33

1786 - 1787 41

A Visita de Eliam 47

1792 - Ferrara 53

1792 - Natal 57

1794 - 1795 - Almas que se Amam Sempre se Reencontram 69

SEGUNDA PARTE

1810 79

1828 - Setembro 85

1830 - Budapeste, Hungria 91

1830 - Primavera - Paris 97

Março - 1831 - O Reencontro 103

1847 - Uma Grande Provação 125

1850 - Paris - As Mesas Falantes 135

1850 - 1857 - O Alvorecer de Uma Nova Era 143

18/4/1857 183

1869 193

1875 - Novamente no Espaço 203

O Amanhecer de um Dia Memorável 215

TERCEIRA PARTE

1876 - 1960 235

1940 273

1943 - 1944 297

Sábado - Março de 1945. Um Grande Reencontro 309

As Visitas - A Amizade 317

Um Episódio Marcante 325

1948, 1949, 1950 351

1950 357

1951 - Uma Grande Tristeza 381

1959 - 1960 401

APRESENTAÇÃO

2006 – setembro-outubro.

Informado há poucos dias que vou ser avô novamente, senti grande alegria. Como sempre, fiz minhas orações pedindo a Deus que nos dê, uma vez mais, uma criança saudável e inteligente. Tenho que dar muitas graças a ELE, pois todos os nossos filhos, neta e netos são assim.

Ao mesmo tempo, comecei a sentir uma forte intuição para escrever uma história, que fosse sobre uma alma, em resgate, através de uma experiência difícil, não só para ela, mas, também, para os parentes mais próximos. Esta alma, que estaria partindo para a dor, viria à Terra em busca do caminho da libertação.

Fixei meu pensamento naquela ideia. Esperei por mais inspiração e, como resultado, estou começando a escrever a história de Giacomo (1782-1799), Louis (1830-1875) e Antonio Mário (1940-1960), três nomes, uma mesma alma, viajor do tempo, aprendiz da lei do amor e da moral.

Desejo explicar que, para bem compreender a narração, é indispensável que o amigo leitor tenha em mente premissas básicas do Espiritismo Cristão, segundo a Codificação de Allan Kardec, principalmente: A Lei da Reencarnação e a Comunicação entre Encarnados e Desencarnados.

Que Deus nos inspire, aos meus guias e a mim, para

narrarmos esta história de modo claro, e que ela sirva de consolo e inspiração a todos os que derem a este livro seu interesse e atenção.

Paulo Bastos Meira

Sob a inspiração do espírito Antoine de Quélem de Caussade – duque de La Vauguyon.

Este livro é um romance espírita. Seus principais personagens são fictícios, qualquer semelhança com pessoas vivas ou mortas é pura coincidência. As pessoas e organizações reais citadas no texto o foram apenas para compor a história, e foram mencionadas com total respeito por suas individualidades, capacidades profissionais, finalidades sociais, sem nenhuma distorção da realidade a que se dedicavam e dedicam. Ainda sobre as pessoas e organizações reais aqui mencionadas, não fazemos nenhum julgamento ou juízo de conceito. Nosso objetivo, ao colocá-las em nossa história, foi unicamente o de revestir de cunho de realidade uma história que, no seu âmago, é fictícia.

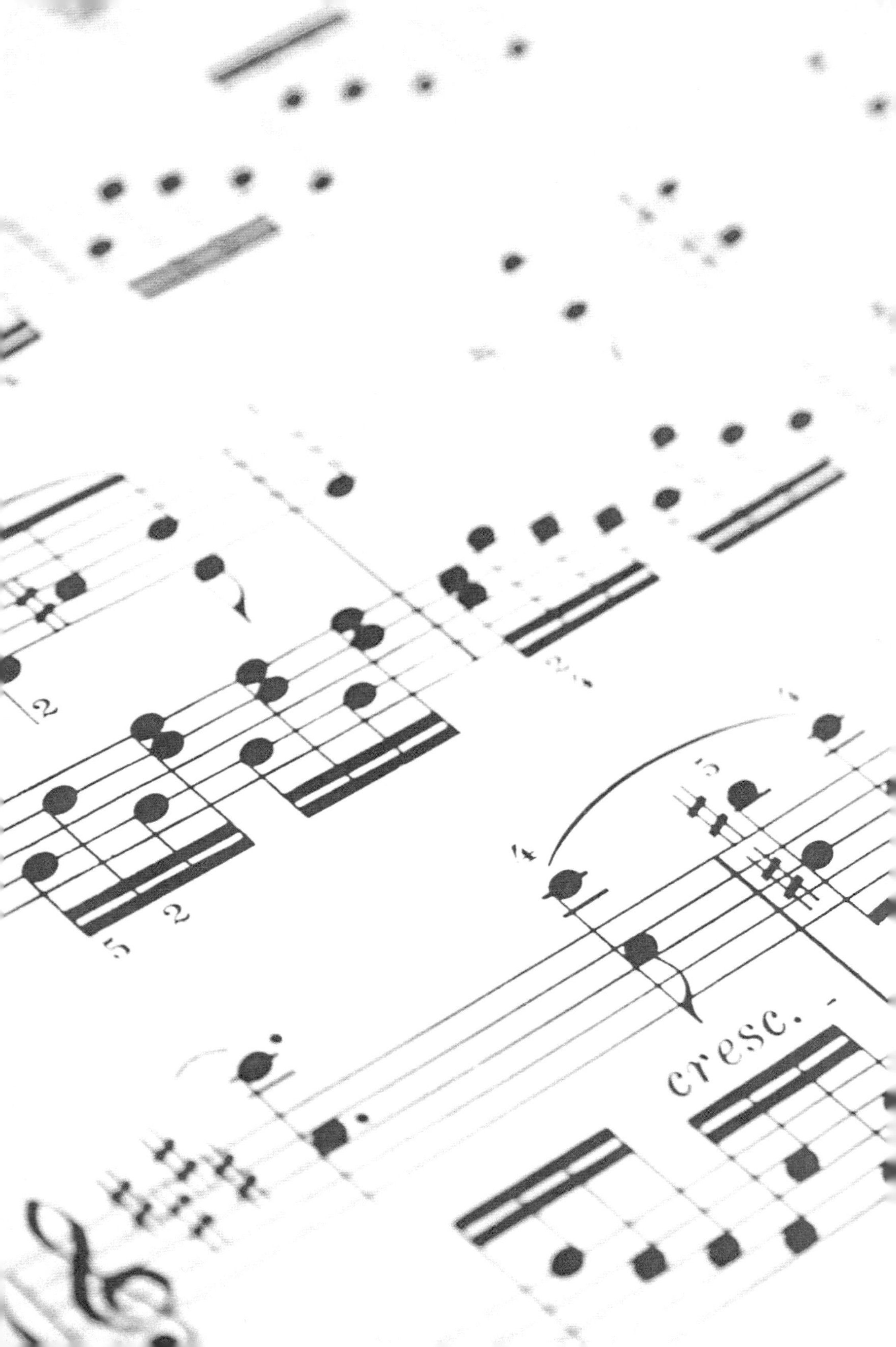
cresc.

PRIMEIRA PARTE

1782 - 1799

Transcorre o ano de 1782, em Gênova nasce um gênio. Destinado a deixar sua marca indelével na música, Niccolò Paganini vem ao mundo.

Naquele mesmo ano, numa pequena vila do Veneto, nas cercanias de Treviso, em uma casa de pessoas muito simples nasce Giacomo. Também um gênio na mesma arte, que faria a glória de Paganini, mas um espírito ainda em formação no que diz respeito aos sentimentos. Um aprendiz das Leis Divinas.

Ao vê-lo rosado, sorridente e forte, a mãe Isabela, agradeceu a Deus o filho saudável que acabava de dar à luz, e o pai Mateo, homem trabalhador e honrado, agradeceu pelo filho, que poderia vir ajudá-lo nos afazeres de marceneiro, já que até então tinham recebido duas meninas por filhas do coração.

Isabela e Mateo cultivavam um pelo outro um amor tranquilo e sereno, amparado na bondade de suas almas e na esperança de poderem dar aos filhos um lar, que os ajudasse em sua formação moral. Vivendo em um país de maioria Católica, tinham desenvolvido conceitos mais amplos sobre a moral aplicada à vida cotidiana. Sem deixarem a fé de seus pais, entendiam que muitos dos pontos defendidos pelos Reformistas tinham validade e lógica. Por outro lado, eram dos que pensam que Deus, na Sua onipotência e sabedoria, não criaria o Homem, para que este vivesse durante algumas décadas e, depois de uns poucos anos, de experiências difíceis, nem sempre bem sucedidas ou bem encaminhadas, fosse paralisado no nível moral e intelectual que atingisse, para ficar em eterna gloria ou castigo, sem mais crescer, sem mais cooperar para o engrandecimento da eterna obra de Deus.

Mateo era competente mestre na sua arte e tocava seu negócio auxiliado por três outros trabalhadores. Se não dispunham de fortuna material, tinham-na no espírito, e trabalho não lhes faltava.

A chegada de Giacomo mudou um pouco a rotina daquele lar. Desde pequeno, ele mostrou uma grande energia física. Tamanha era a sua atividade que a mãe e as irmãs – Eleonora e Stefania – tinham que estar sempre de atenção voltada para ele. A mãe, também, era cuidadosa com tudo o que servia à mesa, com a limpeza da casa, com a limpeza das roupas e, de certo modo, muitos preceitos de higiene, ainda não popularizados no mundo deles, já vigoravam em seu espírito cuidadoso. Tudo era bem limpo. Roupas sempre bem lavadas. Comida saudável. Como resultado, as crianças eram, também, saudáveis e passavam ao largo de enfermidades endêmicas para a época.

Isabela também notou que Giacomo, desde que havia completado dois anos de idade, sonhava muito. Tinha sobressaltos e ficava com frequência agitado durante as horas de sono, muitas vezes chorando com sentimento. Algo dizia ao seu coração de mãe que era necessário orar muito por ele. Assim, em silêncio, ela o fazia. Outras vezes, enquanto

Giacomo se distraia com os brinquedos de madeira que o pai lhe fizera, ela o encontrava cantarolando trechos de músicas que ela desconhecia. O pai, que era dotado de excelente voz, e conhecia um belo repertório do folclore do Veneto, também ficava surpreso, pois não reconhecia naqueles solfejos nenhuma das músicas de seu tempo.

O tempo passava no ritmo lento da época, com as estações muito bem definidas. Primavera e Verão trazendo conforto e alegrias, Outono com muita beleza e certa nostalgia, mas o Inverno trazia preocupações e exigia cuidados maiores para a manutenção da saúde.

Isabela e Mateo, cercados pelos três filhos, seguiam cultivando as leis de Deus, como os únicos princípios básicos para a condução de uma vida correta.

No ano de 1786, um evento incomum, agitou a vida no pequeno vilarejo. Era primavera. Uma família de ciganos, em várias carroças, chegou à vila. Ofereciam suas mercadorias – panelas de metal principalmente – mostravam suas danças e seus animais de trote para venda, as mulheres se ofereciam para dizer a sorte das pessoas.

Batendo de porta em porta, vieram até a oficina de

Mateo. Como era quase a hora do almoço, este não se preocupou e deixou que todos – família e empregados – fossem ver os ciganos.

Povo alegre, comunicativo, trajando roupas coloridas e diferentes, era sem dúvida uma grande novidade, quebrando a monotonia do lugar.

Giacomo, vendo todo aquele ruído, aquela língua estranha que falavam os ciganos, sentiu curiosidade e, também, foi vê-los.

Nessa época, seus cabelos louros, encaracolados, davam-lhe um ar de querubim. Mas eram seus olhos – grandes e azuis, de um azul profundo – o que mais chamava atenção naquele rosto tão belo.

Ao vê-lo, uma das ciganas parou estática. Sua admiração e sua atitude, ficando parada defronte da criança, chamaram a atenção de Mateo. Aproximou-se e perguntou o que acontecia. A mulher olhou para ele, com olhos cheios de lágrimas e falou numa algaravia – apontando para Giacomo.

– Dolor, mucha dolor! La musica, si la musica es el camino. Siglos, siglos! [Dor, muita dor! A música, sim a música é o caminho. Séculos, séculos!]

Nesse instante, atraída pelo ruído incomum, Isabela havia chegado até onde estavam Mateo e os filhos. Ouvindo e vendo a mulher cigana falar, apontando, espantada para o pequeno Giacomo, num gesto protetor, natural nas mães, pegou-o no colo.

Talvez temendo alguma reação, os ciganos logo se

afastaram e, naquela tarde, após terminar a jornada do trabalho, quando Mateo os foi procurar no centro da vila, soube que tinham partido logo na hora do almoço.

Durante toda aquela tarde Mateo ficara pensando sobre o que havia sido dito pela cigana. Afinal, a mulher tinha se emocionado fortemente e chorado de verdade, ele mesmo viu, e o que dissera precisava ser esclarecido.

Em todas as épocas, médiuns são portadores de mensagens do plano espiritual. Algumas são claras, outras herméticas. As manifestações espíritas são universais, ocorrem nos mais diferentes locais e momentos, não sendo necessários nem lugar nem pessoas especiais para tanto. Todos nós, em maior ou menor grau somos médiuns. Assim não foi Kardec, nem os espíritas que "inventaram" o espiritismo. Kardec apenas o estudou e codificou, explicando-o à luz do Cristianismo.

Sem saber nada sobre manifestações mediúnicas, Mateo, baseado nos costumes da época, acreditou que a cigana poderia ter lançado uma praga sobre seu filho. Daí querer falar de novo com ela, para buscar retirar o "mau olhado".

Mas, chegou tarde. Os ciganos tinham partido.

À noite, de volta ao lar, Mateo e Isabela, trocaram impressões.

– Nosso filho é inocente e puro, nenhum mal fez e, por sua índole, nenhum mal irá fazer.

– Sim, minha querida, eu sei. Tenho firme a ideia de trabalhar mais ainda na formação do caráter dele, de modo a afastá-lo de qualquer mal. Felizmente conto com você. Vamos agradecer a Deus por estarmos de acordo e vamos pedir a ELE que proteja as meninas e o pequeno Giacomo.

Naquela noite, quer pela forte impressão causada pelo evento vivido, quer porque já era chegado o momento de começarem a se inteirar da verdade ou mesmo recordá-la, Isabela teve um sonho.

Viu-se em um grande salão, vestida com o luxo do período medieval, em meio a um grupo de cortesãos. Sentados, em duas imponentes cadeiras, fazendo as vezes de tronos, um homem de certa idade e uma mulher jovem, estavam, nitidamente, em meio a uma festa. Isabela instintivamente soube que se tratava de um nobre e sua esposa. Vestidos com grande luxo, a mulher, curiosamente, tinha os mesmo traços da cigana que ela tinha visto naquela tarde.

Todos estavam ali para honrar o casal nobre. Isabela sentiu que algo que lhe dizia respeito estava para acontecer. Quando ouviu um bater de palmas, e uma voz anunciar a entrada de artistas, eram músicos.

Um grupo de quatro músicos adentrou o enorme salão. Alaúdes e violas nas mãos começaram a espalhar um som maravilhoso. Dentre os quatro músicos, um, cuja beleza era notável, sobressaía-se dos demais. Por seu traje, por seus gestos e passos cadenciados, pela graça com que tocava, era sem dúvida o líder.

Mas, nem o homem, nem a mulher sentados, nem o resto do público presente, fez o silêncio que hoje em dia fazem as plateias mais cultas e refinadas. Ninguém prestava real atenção aos músicos. Durante muitos séculos, os artistas da música, do teatro, os poetas, escritores, eram tratados como simples servos, à disposição dos senhores. Para pintores e escultores já havia um tratamento um pouco melhor, mas não muito.

Indiferentes à apresentação, que se diga era soberba, os presentes, continuavam a rir, a conversar, a se movimentar pelo salão, a comer e a beber.

Subitamente, para espanto de todos os personagens que apareciam no sonho e, também, para o personagem de Isabela, que a tudo assistia em silêncio, ouviu-se o jovem e belo músico lançar seu instrumento ao solo, e gritando ferozmente correr até o homem sentado na enorme cadeira e atingi-lo com algo.

O jovem ao mesmo tempo gritava – Maledetto, maledetto, Lei bisogna rispettare la mia musica. Lei bisogna sentire la mia musica. [Maldito, maldito. Você tem que respeitar a minha música. Você tem que apreciar a minha música.]

Quando alguns outros homens presentes conseguiram separar o jovem músico do senhor sentado, foi que todos viram com horror. O músico havia sacado um punhal e tinha cravado-o na garganta do nobre. A morte do nobre seguiu-se instantânea. Em meio ao tumulto que se fez presente, o músico criminoso fugiu.

Isabela acordou trazendo no peito um grito sufocado. Não chegou a gritar, mas no seu cérebro ela ouviu as palavras. – Giacomo, não mate, pelo amor de Deus.

Mateo, ao seu lado, seguia dormindo, não se dando conta da emoção que fez presa sua querida mulher.

Nos dias que seguiram, tão grande como estranha emoção, Isabela, sob domínio do drama que viu em sonho, ficou pensativa, preocupada. Todos na família seguiram com suas vidas. Mateo trabalhando, pouco a pouco parecia ter esquecido o que tinha ouvido da cigana, dando ao evento uma menor importância. As crianças, são como crianças de todos os tempos, gostam de brincar.

Transcorridos dez dias da noite do sonho, Isabela, aproveitou que era um domingo, para falar com Mateo sobre um assunto importante.

1786 - VISITA A FERRARA

Isabela começou lembrando como eles haviam se conhecido, encontrado e casado.

Isabela era uma mulher de grande beleza, mas daquele tipo que passa despercebida, pois, simples, recatada, não procurava chamar atenção para sua pessoa. Era natural da Emilia-Romagna, onde em 1778, Mateo fora trabalhar numa importante empreitada para a Casa D'Este, em Ferrara. Lá ela deixou uma grande família, para seguir o esposo, por quem se apaixonara ao vê-lo uma única vez na belíssima catedral gótica de Ferrara.

Ali, entre orações e cantos religiosos fora que Mateo vira Isabela pela primeira vez. Observou-a longamente, em seu espírito algo desabrochou de modo incontrolável. Depois, encantado com sua discreta beleza e recatado comportamento, seguiu-a até Polesine, onde a viu entrar, com seus acompanhantes, no que julgou era a residência de sua família. Sendo estranho na terra de sua amada, foi difícil para Mateo encontrar um meio de chegar até Isabela. Ficou em dúvida. Estava exaltado, o que era incomum para ele, que sempre fora calmo e ponderado. Mas, o destino já havia lançado suas redes.

Passado poucos dias, o filho do duque, solicitou a

companhia de Mateo para irem a Polesine, onde pretendia ordenar a confecção de roupas novas. O trabalho da encomenda sofreria uma pequena demora, mas Mateo possuía uma bela voz e, enquanto trabalhava, cantava para sua distração e alegria daqueles que o cercavam. Foi assim que certo dia Andrea, o filho do duque de Ferrara, o ouvira cantar e passou a utilizar a voz dele nas serenatas que fazia às muitas filhas de Ferrara, sobre as quais seus olhos pousavam. Entre o nobre e o mestre marceneiro, nasceu uma amizade pouco comum para aqueles tempos.

Chegando a Polesine, na oficina do mestre alfaiate, foram logo atendidos. Mateo percebeu logo que tinha adentrado na casa onde a deusa de seus sonhos parecia residir. Enquanto suas medidas eram verificadas e escolhiam os tecidos e os modelos, Andrea solicitou uma ária do Veneto que lhe agradava em particular. Mateo, seja porque estava inspirado, seja porque seu coração sentia grande e inexplicável palpitação, cantou com toda a capacidade que possuía, colocando em cada verso sua mais sincera e pura emoção. Foi um momento único. Sem se dar conta, à medida que sua voz se espalhava pelo ar, todos cessaram o que faziam e, mesmo de dentro da moradia vieram várias pessoas ouvi-lo. Ao terminar, foi muito aplaudido e modestamente agradecia, quando a viu entre as pessoas presentes. Lá estava ela, a beleza que o tinha cativado na igreja. Emocionado pela canção, pelo sucesso, e por vê-la inesperadamente, sem mais pensar, Mateo temendo não ter uma outra oportunidade, na presença e pedindo permissão ao filho do duque, se pôs de joelhos e fez uma declaração de amor, culminando com um pedido de casamento.

O jovem do Veneto foi sincero e, inspirado por sentimentos muito nobres, disse à bela jovem:

— Gentil dama, até hoje vivi sem maiores projetos para minha existência, mas desde o momento em que eu a vi orando a Deus, soube que ali estava presente um anjo. Eu, que nunca imaginara como seria o Paraíso, subitamente me vi diante de um de seus habitantes mais belos, que me encantou para sempre. Sonhei naqueles minutos, em que pude estar em sua presença, como eu seria feliz se pudesse tê-la por companheira. Adorá-la, protegê-la, servi-la seria o mais doce dos encargos... Eu só a vi orando, mas mesmo assim, sabia que em sua presença as flores e os pássaros viriam juntar-se para ornamentar seu belo porte e encantar seus ouvidos com os mais puros trinados. Imagino quão belo tenha sido o dia em que a senhorita chegou ao mundo. Agora sei que há um destino para mim, amá-la será a maneira de realizar-me, de ser feliz. Não sei se a senhorita vai conceder-me a graça de ser a minha Dama, mas se assim o fizer estará dando à minha alma a felicidade que somente os justos recebem nos céus.

Todos guardaram silêncio, a um só tempo, surpresos pelo gesto de todo incomum, mas pela beleza do sentimento impresso nas palavras, que compunham aquela declaração tão súbita quanto espontânea.

Andrea, como quase todos os filhos de nobre daquela época, tinha uma tendência para a farra, mas era, também, uma alma sensível. De imediato percebeu ali um grande amor. Pois, Isabela sem poder falar, presa de emoção, e contida pelos hábitos da época, deixava rolar lágrimas de alegria pelas faces coradas, unindo as mãos sobre o belo colo, como em oração. Assim, Andrea chamou a si o restante da tarefa. Dirigiu-se ao mestre alfaiate, quase ordenando, que o pedido de seu empregado e amigo fosse aceito, e foi logo prometendo ao casal um belo quinhão de moedas de ouro para seus esponsais. Gestos, emoções, tudo combinava para que o destino se cumprisse.

Quatro meses depois, já no início do outono, na Igreja de Santo Antônio, em Polesine, sob a beleza de afrescos dos séculos 13 e 14, chegavam ao matrimônio Mateo e Isabela. Dois corações que se uniam, coroando um amor secular.

No início do ano de 1799, com todos os móveis prontos e entregues Mateo e Isabela puderam iniciar a viagem de retorno a Treviso. Isabela trazia consigo, a semente daquela que seria sua primeira filha – Eleonora.

Agora, passados quase dez anos, com três lindos filhos, ela achava que era tempo de irem a Polesine, visitar sua família, para que seus filhos conhecessem a Emilia-Romagna, a grande cidade de Ferrara.

Mateo, só tinha olhos para a família. Era a sua razão de viver, a sua alegria. Isabela havia confirmado ser a deusa que ele sonhara, ele era feliz. Considerou que já era tempo de promover seu funcionário mais antigo a oficial, e uma viagem de três meses, daria tempo para este se provar como tal. Assim, concordou com o pedido da esposa.

Esta, feliz por ver seus planos darem bom resultado, pôs-se a preparar a empreitada. Em seu coração amoroso e preocupado, Isabela imaginou que levando a família para uma viagem de recreio, para junto dos seus, poderia evitar qualquer perigo que os estivesse rondando. O que ela não sabia é que agindo assim estava atendendo ao que estava traçado no projeto das vidas deles.

Quem hoje tem a oportunidade de empreender a mesma viagem, não se lembra de quanto os vários meios de transporte se desenvolveram nos séculos XX e XXI. Naquela época, uma viagem dessas, de umas poucas centenas de quilômetros, era uma epopeia. Mas o cenário e os perfumes que emanavam da "campagna" [no campo] eram também de inebriar os corações e os sentidos.

Perigos com a insegurança, e outros problemas eram fatos presentes na proporção do movimento da época. Mas seja por sorte, seja porque aquele pequeno grupo estava no caminho de seu destino, recebendo especial proteção Divina, a viagem transcorreu em uma semana sem nenhum transtorno. De Treviso a Mestre, depois Pádua, em seguida Rovigo e finalmente Ferrara.

Embora não fosse uma pessoa que reclamasse a falta da família, Isabela sentiu-se reviver ao chegar à casa onde nascera. Ela gostava realmente dos seus, a distância e a ausência, embora compensada pelo marido amoroso e pelos lindos filhos, que agora constituíam a sua família, eram muito sentidas. A preocupação com a frase da cigana e com o sonho que se seguiu, tinham-na deixado um pouco abatida. O reencontro familiar ajudou a reduzir tal preocupação.

Festa, presentes, carinhos, frases de alegria, brincadeiras, comida gostosa e farta, cânticos, tudo, contribuía para o sucesso do reencontro das famílias. No centro de tudo, agindo como se fosse um príncipe, recebendo as atenções e os respeitos de seus súditos, Giacomo, começou, imperceptivelmente, a mostrar um sinal de seu incipiente caráter. Talvez, porque ele era ainda muito pequeno, ou porque a alegria da reunião suplantava os cuidados que sempre eram observados, aqueles primeiro sinais, passaram despercebidos.

Passados os primeiros dias, uma noite, Isabela comentou com Mateo, que seria desejável irem à igreja assistir a um Te-Déum[1] e, que para tal evento ela queria que as crianças fossem.

Na hora do almoço do dia seguinte, a ideia foi levantada e todos aplaudiram, pois havia sido anunciado que, como parte das festas do verão, grupos de música de câmera se apresentariam na Catedral, fazendo assim com que o Te--Déum fosse ainda mais solene e brilhante.

As crianças receberam instruções sobre como proceder. Giacomo ficou maravilhado com a ideia, a palavra música tinha para ele significado muito especial, embora não soubesse exatamente ligá-la a nada conhecido.

---

[1] Missa solene, muito frequente na época

1786 VERÃO - TE-DÉUM EM FERRARA

No domingo aprazado, carruagens, especialmente encomendadas pelo mestre alfaiate, pai de Isabela, vieram buscar a família. Não eram ricos, mas bem de vida, assim num momento particularmente feliz de reencontro familiar, nada mais natural que todos fossem até Ferrara, assistir ao Te-Déum na bela Catedral em estilo Gótico, construída em 1135, com todo o conforto e segurança.

Quando chegaram à Catedral, Isabela observou que Giacomo ficou particularmente quieto. Depois de estarem acomodados, seguiu observando que o pequeno estava fascinado. Olhava para tudo, estátuas, colunas, vitrais, para o altar principal e altares secundários, cruzes, sacerdotes que iam e vinham, tudo com imenso prazer. Mantendo um comportamento exemplar.

Ali, no desdobrar da memória de seu espírito antigo, embora ocupando um corpo jovem, nosso Giacomo, começava a reviver momentos do passado. Toda aquela pompa e glória, que a Igreja sabe manter em suas grandes cerimônias religiosas, repicavam em seu pequeno coração como hinos de alegria, lá no seu interior, não sabendo de onde vinha, Giacomo pensava em como ele gostava daquilo. Era o passado falando no presente.

A Catedral fervilhava. O Arcebispo chegou cercado de mais doze conselebrantes.

Todos se acomodaram ao redor do altar principal, e um dos padres levantou-se para anunciar que, antes do Te-Déum e também depois ao final, o Mestre de Capela e "Spalla[1]" de Gênova e professor emérito Giacomo Costa, tocando um autêntico Cremonense, feito pelo mestre "luthier[2]" Antonio Giacomo Stradivari, em 1715, e mais cinco mestres, iriam tocar um belíssimo programa com músicas de Playel, músicas barrocas de Johann Sebastian Bach. E que, após o grande Te-Déum, teriam a oportunidade de ouvir o mestre "Spalla" tocar solo a Chaconne movimento nº 5 da partita, nº 2 para violino do mesmo mestre J. S. Bach, acompanhado pelo Coral da Catedral, cantando "Cristo jaz sujeito à morte".

Todo o brilhante cerimonial, a grandeza ofuscante da Catedral, as vibrações que partiam de muitos sinceros corações que ali estavam para verdadeiramente orar, mais a curiosa repetição do nome "Giacomo", para o Mestre de Capela, para o "luthier" fabricante do violino, mais a beleza monumental da obra de Johann Sebastian Bach, tudo aquilo marcou profundamente o espírito de nossos personagens. Isabela, achando estranho e admirando o comportamento cerimonioso do filho. Mateo lembrava-se de parte da frase da cigana "... la musica, la musica el camino...".

Mas, era Giacomo que despertava. Ali, verdadeiramente, iniciava-se aquela encarnação.

---
[1] Primeiro violino.
[2] Artífice que fabrica instrumentos de corda.

Desde dois anos de idade, o pequeno Giacomo sonhava constantemente com situações em que ele, sempre ele, no centro de grupos musicais, tocava com ardor, com paixão, obras magníficas e desconhecidas, que a princípio o elevavam ao céu da alegria, da glória. Ele era um personagem magnífico, mas sempre, subitamente, aparecia um louco, ou algo parecido que entrava em meio ao grupo de músicos, fazendo, aos gritos e com ataques físicos, com que eles cessassem de tocar, debandando, e deixando-o sozinho e num terrível ridículo diante da plateia que gargalhava. Naqueles momentos ele largava o instrumento e investia contra o personagem, que então o enfrentava, mostrando para ele a garganta perfurada e sangrando. E gritava, 'e então vais me matar de novo, vais?'... Sempre que tinha estes sonhos Giacomo sofria terrivelmente, queria fugir e não podia. Queria seguir tocando, mas o sentimento de ódio o dominava e o impedia. Depois era ele o que saía correndo, e gritando.

– Deus, por que eu, por que eu?

Com pequenas variantes, este mesmo sonho vinha e voltava, e Giacomo com dois anos, com três e agora quatro anos não tinha ainda defesa alguma para exibir. Tampouco sabia confiar à mãe, ou ao pai, os seus medos. Embora sempre fizessem orações em sua casa, ele ainda não captara o sentido protetor que tem uma oração feita com sinceridade. Ele ainda não se dera conta do amor de que era objeto na família.

Mas, acordado, senhor de si, amparado pelo carinho da mãe, das irmãs, e do pai, ele se esquecia dos sonhos. Ele era feliz.

Ao término do Te-Déum e do magnífico espetáculo musical, a massa que havia atendido, dispersou-se. Isabela, Mateo e seus familiares retornaram ao lar.

Durante todo o trajeto de volta, Isabela notou que Giacomo guardava silêncio. Nem mesmo quando instado a falar, respondia.

Isabela procurou ver se o menino estava febril. Mas não, a temperatura era normal. Perguntou sobre alimentação, Giacomo se satisfez com algumas frutas. E logo foi se recolher.

Naquela noite, depois que todos foram para o repouso, aqueles que têm mediunidade da visão poderiam ver se acercando da moradia um grupo de espíritos iluminados. Concentraram-se na imensa sala da propriedade e, depois de fazerem algumas orações de louvor a Deus, limpando o ambiente para um trabalho mais complexo, quatro deles foram até os quartos e de lá trouxeram os espíritos de Isabela, Mateo e Giacomo. O quarto espírito ficou em vigilância para evitar que alguém despertasse e pudesse atrapalhar ou interromper o que estava para iniciar-se.

1786 - VERÃO - A PRIMEIRA REUNIÃO COM ENTIDADES DE LUZ

Os espíritos de Isabela, Mateo e Giacomo chegaram guiados pelas entidades que lhes foram designadas por protetores. Estavam intimidados, a luz que viam se desprender deles os confundia. Não sabiam interpretar o que viam. Mas logo, Eliam, que era o encarregado de todo o grupo, destacado por sua vestimenta brilhante, por sua magnífica presença, numa aura de paz e tranquilidade, que todos percebiam e sentiam, tomou a palavra.

– *Meus irmãos, que Deus seja louvado hoje e sempre. Estamos aqui para ajudar no planejamento final da presente encarnação de nosso irmão Giacomo. Contamos para este trabalho com a presença dos pais dele no plano físico, Isabela e Mateo, irmãos nossos que buscam, com boa vontade, o caminho da reparação de erros e enganos passados e, do aprendizado sobre como aplicar na vida exercitada no plano físico, os ensinamentos de nosso Mestre, o Senhor Jesus.*

Há séculos que estes três irmãos, junto a alguns

outros que por ora não se encontram presentes, vêm tendo existências em que se cruzam, ocupando os mais diferentes papéis. Contudo, é também há séculos que Giacomo vem desenvolvendo seu talento para a música. A música que deve servir para elevar o espírito para Deus, a música que deve suavizar os sentimentos, a música que deve trazer a paz e a felicidade aos nossos corações, pois lembra as tranquilas paragens celestiais, onde os espíritos puros habitam, infelizmente quando mesclada com os obscuros sentimentos e comportamentos humanos, vem a se constituir em alimento para o orgulho, para a vaidade, para a prepotência, entre outros. Giacomo sem saber, até agora, compreender os ensinamentos do Mestre Jesus, que sempre lhe foram trazidos desde o berço. Sem saber compreender que o primeiro mandamento é como diz o nome, um mandamento, uma lei de comportamento, deixou-se ser presa de sentimentos pouco nobres, incompatíveis com a grandeza do talento que veio desenvolvendo, e passou a agir em desacordo com a lei.

Deus, nosso criador, porém não deseja vingança. Deus é amor, Deus é justiça e sabedoria supremas. Deus quer a redenção e o crescimento moral de todos os seus filhos. Assim, do mais alto nos chegam instruções para neste dia glorioso, em que Deus recebeu louvores belíssimos da população desta cidade, virmos alertar o espírito de Giacomo para a responsabilidade que está assumindo para o desenrolar desta existência. Terá ele que enfrentar os mesmos perigos que já enfrentou outrora, terá que ter firmeza e humildade, talento e paciência.

Terá que contar com a beleza física e com o amor

puro e sincero. Mas não terá direito ao lar próprio. O sucesso deverá ser recebido com discrição, terá também que enfrentar o sucesso alheio sem se exasperar. Giacomo precisa aprender que a lei do Pai dá a cada um segundo suas obras, e que cruzamos com irmãos que no plano físico podem, momentaneamente, desfrutar de mais facilidades, maior reconhecimento que nós, mesmo quando temos qualidades e talentos semelhantes. Nem sempre o pódio do vencedor, o trono do governante, o aplauso das massas é um direito nosso diante da vida. O talento, como a beleza, a inteligência, o sucesso, são provas difíceis que pedem firmeza e pureza de caráter. Giacomo vai começar agora a ser desligado do breve esquecimento por que passou desde sua última experiência na Terra, volta a ter um talento inequívoco para a música. Será um brilhante violinista.

Contudo, não podemos esquecer que esta oportunidade para o início da recuperação de erros passados, vai apresentar os mesmos empecilhos já enfrentados por ele em vidas passadas. Giacomo será exposto a oportunidades para ser humilde, mas poderá continuar sendo vaidoso e orgulhoso. Giacomo será exposto à indiferença dos poderosos do mundo, aos quais terá que render homenagens, tocando para o deleite deles, sempre que eles assim o quiserem. Seu espírito altivo, contudo poderá se recusar a fazê-lo, rebelando-se de modo incomum diante da ordem social da Terra. Mesmo que tais comportamentos dos poderosos do mundo sejam incompatíveis com a lei do Cristo, Giacomo terá que ser paciente, terá que respeitar as regras da sociedade em que vive. Mas, a maior prova será enfrentar com altruísmo um outro talento, maior do que o seu, mais bem sucedido do que o seu. Terá que aceitar ser o segundo numa área para qual sua vaidade, seu orgulho poderá fazê-lo pensar e, até mesmo, exigir ser considerado como sendo ele o maior de todos. Daí advirão os maiores riscos, daí virá a maior prova. Se bem sucedido, Giacomo estará em condição de reencontrar um desafeto do passado. Uma alma que também tem resvalado nas traiçoeiras armadilhas, que a vida põe diante dos espíritos ainda aprendizes da verdade. Como se tudo isso não bastasse, Giacomo encontrará o amor de outrora, e não poderá vivê-lo novamente. Terá que ficar só. E, voltando-se diretamente para Giacomo falou, com firmeza, mas com grande doçura:

– Giacomo, meu filho, há séculos espero pela sua libertação, espero pelo seu crescimento moral para poder vê-lo no páramo celestial, tecendo hinos de louvor Àquele que é Todo Sabedoria, Deus nosso pai e criador. Dê ouvidos a seus pais, Isabela e Mateo, bem como às suas irmãs, que amam verdadeiramente você e querem que você seja a mais feliz das criaturas. Ouça-os e você se dará bem. Lembre-se: o Cristo deixou o exemplo, nunca se exceda em nada que não seja no brilhantismo de seu talento, na composição de belos hinos de louvor a Deus.

Isabela e Mateo, companheiros de outras épocas, almas sinceramente envolvidas pelo amor, dispostas à luta moral, estarão ao seu lado, guiando-o, lembrando-lhe sempre as normas básicas do Cristão. Se você souber atuar de modo correto, estaremos assistindo ao início de uma "reforma íntima", que deverá dar excelentes resultados.

Eliam silenciou e ficou orando com os olhos marejados de lágrimas, olhando para um ponto no infinito. Sua luminosidade foi crescendo e se expandindo, demonstrando que ele estava em íntima comunhão com planos superiores, todos ali presentes naquele momento se sentiram ainda mais tomados por imensa e feliz emoção que vibrava naquele ambiente. Ele partiu.

Do lado de fora da residência, um vidente poderia ver que dentro da moradia todos estavam envolvidos em luzes dos mais variados matizes, protegidos sob o sono reparador.

Isabela, Mateo e Giacomo, ali, na presença de todas aquelas entidades, sentindo no íntimo a importância do momento, registravam em suas mentes somente aquilo para o que já estavam preparados. Isabela e Mateo, por já serem adultos, com seus espíritos totalmente ajustados ao organismo físico, captaram mais do que Giacomo, ainda subjugado ao limite do desenvolvimento do porte físico que atingira. Mas, ele registrou muito bem que seria músico. Que seria violinista e que teria que ser humilde.

Os três receberam passes fluídicos, dados por uma entidade do grupo. Enquanto orações eram feitas, uma luz violeta e outra de suave cor verde desciam do plano superior sobre as três almas. Eram fluidos, inserindo no subconsciente daquelas almas, todas as mensagens que lhes foram passadas por Eliam naquele momento.

A justiça do Pai Eterno é perfeita, todos recebem tudo o que precisam para não voltar a errar. Resta para nós focar nossa atenção nos eventos e aplicar a eles os ensinamentos e exemplos de Jesus, o Doce Nazareno.

Terminado aquele maravilhoso encontro, os três retornaram aos seus invólucros carnais e, sob os efeitos dos passes fluídicos, dormiram o restante da noite em paz.

No outro dia, logo ao se iniciarem as atividades na casa, Isabela e Mateo despertaram, e como amigos e cúmplices que eram, dado o grande amor que nutriam um pelo outro, trocaram impressões sobre um belo sonho que haviam tido. O amor puro, dentro do matrimônio honesto, é uma das maiores alegrias que é dada ao homem desfrutar, enquanto ainda preso à matéria na Terra.

Os dois estiveram presentes ao mesmo ato, ouviram as mesmas recomendações, e viram e sentiram coisas parecidas, mas não exatamente iguais. Cada um captou segundo sua própria condição de adiantamento.

Giacomo, contudo, logo que despertou buscou o quarto dos pais e, como se fosse um adulto, praticamente decretou com sua linguagem de garoto de 4 anos.

– Mamãe, Papai, agora eu sei o que eu quero ser. Ontem eu vi na igreja. Vou aprender a tocar o violino. Quero aprender música. Não comentou sobre o sonho que tivera. Não era seu hábito falar de seus sonhos, mesmo um sonho bom, como o daquela noite.

Os pais se entreolharam, e Mateo perguntou a Giacomo: – Meu filho, por que este súbito interesse?

Giacomo respondeu: – Porque eu quero tocar como o professor toca. Eu quero que todos me ouçam e que todos me aplaudam.

Mateo, contando com a anuência de Isabela, disse ainda: – Mas Giacomo, tocar daquele modo, exige muitos anos de estudo, muitos anos de prática, o violino não é um simples brinquedo. A música é uma coisa belíssima, mas exige muito de quem a pratica. E sem dizer, pensou: e eu contava tê-lo como meu herdeiro no trabalho de marceneiro.

Giacomo, muito seguro de si, respondeu: – Não me importa se é difícil, é o que eu quero, eu me sinto capaz de tocar bem, eu sinto que posso ser brilhante.

Finalmente, Mateo, para encerrar o assunto, disse: – Assim que regressarmos a nossa casa vamos ver o que se pode fazer.

Para Giacomo, aquela frase soou como um "Sim". Logo sua mente começava a fantasiar, vendo-se tocando diante de grandes multidões, em salões para audiências seletas. Seu espírito voava em altas fantasias.

A visita se prolongou ainda por várias semanas. A alegria e a paz vigente naquela casa eram sem dúvida o fruto de almas afins que, ao se encontrarem, demonstram grande amor e entendimento mútuo, contribuindo para a sustentação de uma grande harmonia.

Mateo e Isabela estiveram no palácio dos D'Este. Andrea, também casado, tinha se transformado num homem sério, amante das artes, dedicado ao pai, o velho Duque, que passava na Terra seus derradeiros dias, vinha já desenvolvendo um belo trabalho de apoio a hospitais e escolas, buscava também desenvolver algumas atividades industriais, tudo sob as condições daquela época, mas tudo contribuindo para o progresso. Foram momentos de felicidade mútua.

Quase no início do outono, toda a família, depois de despedidas emocionadas, encetou o caminho de volta para Treviso.

Novas experiências viriam testar a firmeza de propósitos e de caráter de todos.

1786 -1787

Em Gênova, como que num vendaval de genialidade, a personalidade musical de Niccolò Paganini despontava fazendo súbito, inesperado e surpreendente sucesso.

Em Treviso, depois de semanas de diálogo, de medidas e avaliações, Mateo e Isabela, conseguiram encontrar um mestre de música para ensinar o pequeno Giacomo.

Sério e compenetrado, muito mais do que seus quase 5 anos permitiriam, Giacomo enfrentava as aulas de iniciação musical com peculiar paciência, ávida curiosidade e brilhantes resultados.

Em pouco tempo, seu primeiro mestre viu-se impossibilitado de seguir ensinando, pois seus conhecimentos eram limitados e recomendou outro professor que felizmente podia ir até Treviso para ministrar as aulas. Já em 1788, Giacomo tirava das cordas de seu violino acordes que causavam espanto aos que o ouviam.

Giacomo abandonou os brinquedos, os folguedos da infância. Estudava com afinco, tirando conclusões sobre a música, que surpreendiam seu mestre. Em casa, exigia silêncio para estudar, exigia atenção da família e dos empregados para que o ouvissem. Quando cometia um erro, demonstrava grande emoção, e repetia à exaustão o trecho que errara, até que o executasse com total perfeição. Foi se tornando um pequeno autocrata. O pai e mãe, perseverando nos hábitos, há longo tempo adquiridos, seguiam fazendo orações em família. Por um tempo, Giacomo se sujeitava a tudo. Mas, quando atingiu os nove anos de idade, em 1791, por meio de seu novo professor, a quem visitava em Pádua, onde ficava acompanhado pela mãe e pelas irmãs, Giacomo foi informado sobre a genialidade de outro menino, Niccolò Paganini. Diziam maravilhas dele, do que conseguia fazer com o violino.

Giacomo se encheu de inveja, sem saber como, sentiu ódio do outro talento que despontava.

Chegou até mesmo a dizer que a família e o professor o estavam impedindo de crescer mais rapidamente. Que ele saberia como mostrar para todos que ele, Giacomo Antonio Del Treviso, era ou viria a ser logo, o maior violinista de toda a Itália.

Sem dúvida, talento não lhe faltava, esforço e dedicação sem limites, eram seu forte. Talento para a música e, uma inexplicável habilidade no manuseio do instrumento que escolhera, davam-lhe a certeza que conseguiria o que desejava.

A mãe, sempre presente, cuidava de alertá-lo para o fato de que ele começava a tratar mal as pessoas ao seu redor. Era preciso lembrar que todos somos filhos de Deus, todos somos iguais, todos merecem respeito. Se Deus tinha dado a ele o talento que demonstrava, era para ele usar para felicidade e alegria de todos.

Giacomo ouvia, calava, mas em seu cérebro, respostas duras saltavam, as quais ele ainda não ousava atirar contra os desvelos de sua mãe. As irmãs eram chamadas a fazer para ele tudo ou quase tudo. Do pai, nem queria notícias. Somente pensava nos seus concertos, nas missas onde tocava para deleite do público de Pádua. Seu sonho mais presente era ser convidado para tocar durante a celebração de um Te-Déum em Ferrara. Para tanto, quando completou dez anos, escreveu uma carta ao avô materno, em Ferrara, pedindo que o recebesse, pois disse que gostaria de ir tocar em um centro maior do que Treviso e Pádua.

Quando, semanas depois, recebeu a resposta do avô dizendo que ele, a mãe, as irmãs e o pai, eram sempre bem-vindos. Não tardou em arquitetar uma outra carta, onde contava uma longa história, justificando que nenhum dos membros da família estava em condições de acompanhá-lo até Ferrara, que ele ia ser levado pelo seu professor. O avô respondeu que eles seriam bem recebidos.

A partir daí, suas horas de estudo, foram acrescidas de uma hora a mais pela manhã e uma hora a mais pela tarde. Estudava e tocava cerca de 12 horas por dia. Seu físico forte, sua saúde, tão bem cuidada pela mãe, garantiam tal esforço. Durante seus estudos e exercícios, exigia absoluto silêncio, exigia não ser interrompido para nada. Se alguém cantava em algum canto da casa, reclamava em altos brados, dizendo que tais sons e ruídos tiravam sua concentração, que o que ele estava fazendo era o que de mais importante ocorria naquela casa.

Isabela lembrava-se do doce menino que ele fora até os quatro anos. Pensava na enorme transformação que ocorreu depois da ida a Ferrara. Isabela o procurava, respeitosamente, nos intervalos para falar-lhe de respeito, humildade, simpatia, boa vontade. Muita vez, foi firme, dizendo que ele devia a Deus tudo o que tinha. Um pai que podia dar-lhe os confortos de que desfrutava, o carinho das irmãs e a possibilidade de ela o acompanhar, cuidando e protegendo sua vida.

Determinado, sem medir as consequências do que falava, sem emoção, Giacomo, retrucou: – Mãe, eu sou grato por me teres dado à luz. Eu sou grato por tudo o que o pai e tu tendes proporcionado a mim em todos estes anos. Mas, mãe, a inteligência é minha, o talento é meu, a técnica para tocar é minha, é tudo fruto do meu esforço, da minha dedicação, da minha paixão pela música. Se, como tu dizes, Deus concede estes atributos, estou certo de que todos na Terra seriam como eu, pois, sendo perfeito, Deus não poderia negar os mesmos atributos a seus outros filhos. Mas não, uns poucos são os que têm talento. Assim, eu, a partir de agora, estou indo para Ferrara, onde vou ficar com meu avô, vou me apresentar ao Arcebispo, vou mostrar a ele o meu talento e, com isto, espero poder dar a meu pai e a ti liberdade sobre a minha pessoa. Daqui em diante, eu vou assumir a minha vida, não mais lhes pesarei. Conto apenas com aquilo que é meu direito de berço, até que, em poucos meses mais, eu me baste a mim mesmo.

Isabela ficou pasma. O filho se transformara em um desconhecido, sem respeito, sem emoção, tudo o que ela e Mateo tinham demonstrado para ele, com exemplos e explanações seguidas, tudo estava falhando. O filho, ainda uma criança, pois só tinha 10 anos, estava se transformando num ser frio, sem consideração, sem respeito. Totalmente centrado em si mesmo. E, em vista do que ele falou de Deus, negando que fora abençoado pelo Pai, estava se tornando um blasfemo.

Lágrimas de dor desceram dos olhos da jovem mãe. Olhou nos profundos olhos azuis do filho, olhou para aqueles lindos cachos louros, para aquele jovem que já alcançava a sua estatura, que em breve superaria até o próprio pai. Pensou com imensa tristeza, como chegaram até ali. Com um talento ímpar, num ser sem sentimentos, um ingrato.

Mas, dentro dela algo dizia que não devia retrucar. Veio-lhe a ideia de rezar. Humildemente, sem responder ao que o filho dissera, foi para seu quarto, ajoelhou-se e rezou durante horas, até que, exausta pela emoção de tanto sofrimento, dormiu.

Enquanto isto, Giacomo, julgando-se certo no que fizera, julgando-se dono da verdade, sentia-se pronto para dar um salto significativo em sua vida. Logo, tornar-se-ia um sucesso, um talento reconhecido e aí não precisaria de ninguém.

A VISITA DE ELIAM

Exausta com o sofrimento, depois de muito chorar e rezar, Isabela dormiu. Logo seu espírito foi recolhido e levado a um lugar de beleza particular no espaço. Na verdade, estava em um jardim, dos muitos que existiam na colônia espiritual "Morada do Senhor", local onde se reúnem muitos espíritos ainda em débito com a justiça Divina, mas detentores de talentos especiais ligados às artes. A música que pairava no ar era divina em sua suavidade e totalmente desconhecida para Isabela. Ela ouvia, mas não conseguia definir de onde vinham os sons, nem que instrumento, ou instrumentos a produziam. As flores eram de colorido particular, suave, translúcidas, com perfumes, também, suaves e discretos. O trinar dos pássaros não se chocava com a música, antes a acompanhava. A entidade que acompanhava Isabela, disse suavemente: – Cara irmã, sentemo-nos aqui, enquanto esperamos, logo seremos atendidas.

Ali, naqueles minutos que se seguiram, Isabela, sem o saber, estava recebendo fluidos que refizeram suas energias morais. Sentiu, novamente, vontade de orar e assim o fez. Enquanto estava recolhida, viu a chegada de uma outra entidade acompanhando um jovem. Era Giacomo, mas um Giacomo mais idoso, jovem de uns 17 anos. Ela quis dirigir-lhe a palavra, mas foi suavemente instada a não fazê-lo, ouvindo a frase dita por sua acompanhante: – Irmã, ele não registra a nossa presença, embora estejamos num mesmo ambiente, estamos vibrando em outro padrão, ele não nos vê e nem nos ouve.

Cerca de uma hora havia passado desde a chegada de Isabela naquele jardim celestial. Giacomo fora trazido assim que foi possível. Ele estava surpreso, pois via e ouvia o que se passava no ambiente do jardim, mas não tinha sensibilidade para registrar a presença do espírito da mãe e da companhia dela.

Poucos minutos haviam passado quando, uma luz intensa se fez presente, e lentamente, na frente deles, a figura digna e bela de Eliam se formou.

Os espíritos que ali estavam lembraram-se daquele homem suave e imponente. Isabela com mais percepção. Giacomo, vendo-o como se ele fosse o anjo que tinha dito que ele seria violinista.

Eliam olhou com muita calma para mãe e filho. Então falou: – Em nome de Deus, o Pai Criador de todo o Universo, e do mestre Jesus, nosso irmão maior, luz que nos guia pelo caminho do aprendizado do amor, eu os abençoo. Giacomo, meu filho, por que insistes em voltar aos erros do passado, que buscas? Já foste informado de que as glórias, grandezas, conquistas do mundo, se não atendem aos princípios do amor fraterno, se não correspondem à sua melhora moral, se não servem aos propósitos da paz, da harmonia, não têm valor algum. Crês, por um momento que Deus não te deu nada? Filho, Deus é o teu criador. Deus é quem fez de você uma alma eterna. Todas as oportunidades, todos os caminhos abertos, todo o amor de seu pai, de sua mãe, de suas irmãs, tudo, é bênção de Deus. Se, por um átimo de segundo, como se isto fosse possível, Deus deixasse de se importar contigo, tu desaparecerias. Como, então, feres o coração materno, com palavras duras, impensadas, dizendo que te bastas a ti próprio? Tu, que não conheces o mundo, que sempre viveste cercado pelo amor e o carinho, proteção única, que muitos não recebem. Tu crês que o mundo vai curvar-se diante do teu talento, tua música, tua técnica? Tu te esqueces que há outros espíritos, sobre a Terra, que também possuem talento, igual ou mesmo superior ao teu? Filho, ouça este coração que te ama profundamente, reconhece a verdade, enquanto é tempo, aprende a amar o próximo como a ti mesmo. Aprende a ser doce, aprende a respeitar e tu serás respeitado.

Filho, eu voltei para lembrar-te de que se falhares outra vez, no mesmo caminho, tuas provas no futuro terão que ser maiores. Os corações queridos que te amam até poderão estar ao teu lado, porque mesmo na provação Deus nunca abandona um filho, mas teus sofrimentos serão na medida dos teus erros. A lição precisa ser aprendida, e só tu é que podes aprendê-la, só tu é que podes pôr em prática a lei do amor. Ouça aqueles que têm amor por você.

Eliam levantou a destra, dela saíam raios de intensa luz azul clara, e disse:

– Peço permissão ao mestre Jesus, para repetir seu ensinamento: Filho, segue em paz e não peques mais.

Este encontro no espaço, mais uma bênção que se derramava sobre Giacomo, foi uma resposta direta às orações de sua mãe. Ferida e triste, ela teve forças para elevar seu espírito a Deus, em prece muito sincera, muito humilde, chamando a si toda a responsabilidade do que lhe parecia ser um fracasso seu, prece que foi imediatamente tratada com o respeito e o carinho, que só os atos puros e sinceros merecem. Ação e reação correspondem também ao valor do sentimento que as gera. Pensamento é força. Isabela foi atendida de pronto, Giacomo recebeu o aviso que correspondia ao seu caso.

Eliam, da mesma forma que chegara partiu, e as entidades que cuidavam de Isabela e de Giacomo, os conduziram de volta ao seu invólucro carnal. No leito, Isabela estava em paz, Giacomo, agitado, volta rápido a ficar sob a influência de seres atrasados, a quem de bom grado dava ouvido. Eles faziam uma enorme algazarra, dizendo para ele: – Grande Giacomo, nosso herói, nós estamos contigo, nós te aplaudimos, sua música é tudo para nós, toque, toque sempre, que estaremos ao teu lado apreciando o teu sucesso. Serás grande, serás o maior de todos. Grande Giacomo.

Quando Jesus ensinou "Orai e vigiai para não cairdes em tentação", bem sabia o Grande Mestre, que estamos sujeitos a influências boas e negativas, de irmãos nossos que habitam os mais variados planos, de acordo com suas condições morais, com suas vibrações. O Universo todo é fruto da maior de todas as vibrações, aquela representada pelo amor de Deus, que tudo gerou e tudo gera eternamente.

Se nós nos fixamos através do pensamento inadequado, impuro, em uma faixa de baixa vibração, estaremos no mesmo padrão vibratório de outras almas que, por ignorância, maldade, rebeldia, teimam em chafurdar na lama do atraso. Seres com todo o tipo de imperfeição, embora destinados por Deus à redenção. Eles se recusam a fazer o esforço necessário para crescer, para progredir, preferindo permanecer no erro, no vício, por séculos. Até que, um dia, em algum século perdido nos tempos, quando estiverem cansados, exauridos por tanto sofrimento, pela dor constante, pelo abandono total, sem ninguém que lhes queira bem, comecem a pensar em como sair daquela situação, aí pensarão em Deus, porque todo espírito tem em si implícito o conhecimento da existência Dele. Neste instante, alguém, ligado a eles pelos laços do amor, sim, porque todos, um dia tiveram uma mãe, uma esposa, um filho, uma filha, um avô, uma avó, alguém que os amou e a quem amaram. Alguém virá ajudá-los a reiniciar a caminhada para o progresso, a conquista da Luz. Será o início do resgate. Mas, é preciso que cada um assim o deseje, que cada um lute por isto. Não há prêmio sem esforço. Tudo é alcançado por mérito individual. Ninguém pode conquistar o paraíso eterno para nós, não seria compatível com a Justiça Divina. Tudo é resultado do mérito individual. E todos têm o direito de chegar lá. Todos vão chegar lá.

1792 - FERRARA

Giacomo foi para Ferrara, acompanhado de seu professor. Este homem, embora muito talentoso, era um carreirista, como tantos que há por aí. Há muito sonhava com uma oportunidade para ir para um centro maior. Quem sabe conseguir se colocar sob a proteção de um mecenas. O inegável talento de Giacomo e a Praça de Ferrara, onde Andrea, o novo Duque, dominava, pareceu-lhe uma oportunidade atraente.

Giacomo e seu professor foram recebidos na casa do avô daquele. Giacomo fez o jogo social necessário, atendeu a todos da família, mas logo que pôde, desvencilhou-se deles, alegando necessidade de recolhimento para prosseguir em seus estudos e prática. A casa era grande e confortável, permitindo que ele tivesse uma câmara só para si. O Professor foi acomodado em outro local da morada.

Logo que se sentiu revigorado das emoções todas, Giacomo deu início à execução de seu plano, que visava fazê-lo conhecido do Arcebispo.

Tempos diferentes dos de hoje, a agenda do Arcebispo não era coisa pública. Assim, Giacomo começou a visitar a Catedral com alguma frequência para tentar entabular alguma amizade, que lhe pudesse ser útil para atingir seu intento. Mas, na realidade era só uma criança. Crianças não eram ouvidas. O mundo era só dos adultos. Sem sucesso, sozinho, indo falar com padres no confessionário, Giacomo tentou de tudo. Ninguém lhe dava muita atenção e ele não conseguia saber quando sua reverendíssima estaria presente a outro Te-Déum.

Assim se passaram meses. Chegou o Natal de 1792. Era parte dos costumes da época rezar-se um Te-Déum de Natal. Giacomo, com grande excitação se preparava. Tinha tudo arquitetado.

O destino, contudo, estava ali para seguir seu rumo. O professor, vendo as jovens de alguma beleza que serviam a casa, com a liberdade que passou a desfrutar, logo se insinuou junto a duas delas e, em breve, uma situação de discórdia, inexplicável, era sentida dentro daquele lar até então isento de maiores cuidados. Mal-estar geral se instalou. Giacomo, apesar da inteligência, ainda não havia sido despertado para os jogos do amor carnal, assim não se dava conta do que acontecia. Até que, num belo dia, pouco antes do tão esperado Natal, o problema todo se manifestou. As duas moças serviçais, mas criadas na casa desde a infância, que se deixaram levar pela ilusão, estavam grávidas. O avô de Giacomo, homem muito íntegro, ficou tomado de grande ofensa. Expulsou o professor. E, por já estar aborrecido com as atitudes do neto, muito egoísta, deu um ultimato.

– Você poderá ficar aqui somente até a primavera, quando então deverá voltar para Treviso, para a casa de seus pais. É hora de deixar este sonho louco de ser músico, aprender o ofício do teu pai e tornar-se um homem útil.

O avô era homem prático, tinha ascendido na carreira

de alfaiate, desde aprendiz, chegando por seus méritos pessoais à condição de Mestre, muito procurado, inclusive pela Casa D'Este, o que lhe aumentava o prestígio e o sucesso material.

Giacomo tremeu de ódio. Mas vivia ali de favor, teve que engolir e, sem retrucar, seguiu com seu plano, agora sem o apoio do professor. Mas, orgulhoso, não tinha uma visão clara da realidade, acreditava que seria o suficiente para se bastar sozinho.

Recolheu-se e se exercitava com mais esforço ainda, longe da proteção cuidadosa e amorosa da mãe, começou a se descuidar da saúde, da boa alimentação, obcecado em seus objetivos.

Os sentimentos de ansiedade, só faziam aumentar, pois notícias sobre os sucessos do brilhante Paganini continuavam a chegar de todos os cantos da Itália.

1792 - NATAL

Finalmente chegou o momento esperado. O Te-Déum foi anunciado. Estava certa a presença do Arcebispo, e falava-se que um Cardeal, vindo especialmente de Roma, poderia também estar presente.

No dia aprazado, um domingo antes do dia de Natal, chegou a tão esperada oportunidade.

Giacomo, não falando com ninguém, foi cedo para a Catedral. Sentou-se o mais próximo que pôde do altar principal, portava consigo seu instrumento, companheiro de longas horas de estudo.

Seu plano original pedia a ajuda do professor, pois escolhera tocar peças de Johann Sebastian Bach, para violino e harpsicórdio. Agora, atuando só, ele teve que produzir arranjos somente para o violino.

Logo os habitantes de Ferrara enchiam a Catedral, e finalmente chegou o grande momento.

Entrada solene do Cardeal, acolitado pelo Arcebispo e mais doze concelebrantes. Assim, que todos se acomodaram em suas cadeiras de alto espaldar, com agilidade, Giacomo, retirou seu instrumento da caixa, colocou-a sobre o banco, dirigiu-se para o altar e, antes que alguém o pudesse interromper, começou a tocar a Sonata em B menor, do grande mestre alemão.

O som que se derramou pela nave central da Catedral era soberbo, e seja porque o Cardeal de Roma era Alemão, seja porque a execução era brilhantemente impecável, seja porque o instrumentista era um jovem, o Arcebispo, num gesto de comando impediu que o retirassem.

Giacomo, com o coração em disparada, tomou tento do que estava sucedendo e se desdobrou. As peças escolhidas não eram longas, seguiu-se a Sonata em A maior, e depois a Sonata em E maior.

Vendo o impacto que estava causando, a surpresa e até mesmo alguma satisfação expressa no rosto de sua reverendíssima, Giacomo iniciou a última peça que havia preparado: o Concerto de Brandenburgo nº 4 em G maior para violino e flautas. Tudo arranjado por ele, para ser tocado em solo de violino.

Nas Igrejas, o público nunca aplaudia. Mas, após a última nota, o silêncio superava qualquer expectativa. E, por coisas que somente o insondável pode responder o Arcebispo que, na verdade estava sob escrutínio de Roma, incomodado pela presença do Cardeal, levantou-se, foi até Giacomo, estendeu-lhe a destra para ser reverenciado e disse claramente:

– Figlio mio, che magnífica dimostrazione d'amore per la Chiesa e per Gesù Cristo. [Meu filho, que magnífica demonstração de amor pela Igreja e por Jesus Cristo.]

Giacomo sorriu, sua bela figura ajudava muito naquele momento. A interferência dele, de surpresa ousada, tinha sido providencial para os propósitos do Arcebispo. Aquele evento seria explorado como representativo do espírito de religiosidade, do fervor que a Igreja causava entre os habitantes de Ferrara.

O Arcebispo fez mais, ordenou uma cadeira para Giacomo, e lá ficou ele, sentado entre o clero, em posição de destaque diante de todos aqueles que eram importantes em Ferrara.

Terminado o Te-Déum, Giacomo foi convocado à sede do Arcebispado, para onde se dirigiu célere, sempre portando seu violino.

Durante a missa, o Arcebispo tinha arquitetado planos, para envolver o Cardeal fazendo com que ele se desviasse de assuntos e áreas indesejáveis. Giacomo, sem saber, passou a ser um peão no imenso tabuleiro dos jogos políticos da vida. Além disso, pensou o Arcebispo, o jovem tocava com grande desenvoltura e seu talento precisava ser encaminhado.

Naquele dia, Giacomo, sem saber, mas agindo de acordo com sua vontade, espiritualmente sujeito às influências de entidades atrasadas, dava início ao que seriam os últimos anos de sua vida.

Voltemos, um pouco, ao dia, um ano e meio antes, quando agindo sem caridade em seu coração, Giacomo havia ferido os sentimentos mais puros de sua mãe, ao repudiá-la e ao pai, ao abandonar o lar onde nascera e crescera, para ir buscar um sonho fantástico de glórias e sucesso, para satisfazer suas fantasias de grandeza. Para se render diante da vaidade, do orgulho, dos grandes deste mundo. Deixava para trás o amor, o carinho verdadeiro, pela incerteza da glória passageira deste mundo.

Isabela não narrou para Mateo tudo o que ouvira de Giacomo. Temerosa de uma reação mais forte, ainda que visse no esposo um homem equilibrado e justo, não quis colocar o filho diretamente contra o pai. Assim, assumiu um grande compromisso perante a vida, tudo motivado pelo amor. Nos dias que se seguiram à terrível entrevista entre mãe e filho, Isabela procurou convencer Mateo de que seria no melhor interesse para os estudos de Giacomo que ele fosse para um centro maior, como Ferrara, onde o pai dela poderia dar-lhe apoio e proteção.

Assim, ocultando sua dor, sem causar desavenças maiores em sua família, tudo correu com normalidade até a ida de Giacomo para Ferrara.

Como já vimos, o comportamento desrespeitoso do professor, foi a gota d'água, para fazer transbordar a paciência do avô de Giacomo. Visita, com prazo certo para vir e ir, era uma coisa, mas hóspedes permanentes, era outra. E o velho alfaiate, já viúvo, cansado, queria ter o neto fora de sua casa logo, mesmo porque, acreditava nas profissões que produzem algo material para ser vendido e não nas que produzem arte, ou coisas do intelecto.

Findo aquele dia, tendo sido alimentado pelo Arcebispo, antes de partir ao entardecer, viu-se Giacomo conduzido a uma capela particular, onde se encontrou a sós com o seu novo protetor.

Sem rodeios, o Arcebispo, aproveitando-se da enorme diferença de idades, de cultura, de experiência de vida, começou por impor suas regras, deixando claro que dali em diante, Giacomo tocaria para o bem da glória da Igreja e, é claro, do Senhor Jesus Cristo. Que ele desejava conhecer todo o repertório de Giacomo e que passaria a sugerir novas inclusões, que ele esperava que Giacomo dominasse as novas peças, não só rapidamente, mas com a mesma mestria que havia tocado naquela tarde.

Giacomo começava a perder sua liberdade, antes mesmo de ter tido tempo para saboreá-la. Embora jovem, ele logo viu que sonhos para tocar nas grandes capitais da Europa, para competir com aquele Paganini, estavam agora vinculados às decisões do Arcebispo. Sentiu-se como ave presa na boca de um felino. O Arcebispo deu outras instruções, determinou horários, obrigações várias, ligadas à música, e finalmente estabeleceu o valor de um estipêndio, com o qual Giacomo seria compensado.

Os deveres começavam no dia seguinte e durariam enquanto o Cardeal permanecesse em Ferrara.

Orgulhoso, vaidoso, ambicioso por glórias, e muito tolo, Giacomo começou a arquitetar plano, para mudar aquele quadro tão logo fosse possível.

Ele queria conhecer outros países, queria poder tocar

com orquestras, queria ter composições escritas somente para ele. Queria ter plateias a seus pés. Se possível, reis e rainhas, também.

Como sempre vivera sob os cuidados da família, ainda não tinha se tornado ávido por recursos financeiros. Estava para modificar, também, este modo de ser.

Seguiu à risca as ordens recebidas, isto amenizou muito a mão de ferro do Arcebispo sobre ele. A cada dia, até a partida do Cardeal, fazia sua apresentação, sempre impecável, recebia novas instruções e, no dia seguinte, voltava para apresentar as novas peças. Mas, algo lhe deixava cabisbaixo, humilhado. Ao se apresentar no palácio arquiepiscopal, fora mandado entrar pela porta dos empregados. Fora ordenado pelo mordomo, a ficar sentado em uma cadeira posta na cozinha, onde entre cheiros fortes, fumaça e o praguejar constante dos cozinheiros e cozinheiras, esperava até ser chamado para tocar e, assim que terminava, sem mais delongas, era levado a retornar para os fundos. Aquele tratamento, costume daquela época, que perdurou até quase o final dos anos 1800, humilhava espíritos como o dele, que se julgava merecedor das honras e atenções que seu talento fazia jus. A princípio aquela situação foi sendo tolerada, mas com o passar dos dias, a revolta foi crescendo. Outras vezes, já depois que o Cardeal retornara a Roma, o Arcebispo tinha convidados das altas castas, os quais sempre estavam pendentes de favores episcopais. Assim, durante as apresentações, Giacomo e sua música, seu talento, seu grande talento, passavam despercebidos por aquelas mentes embrutecidas pelos vícios, e na verdade, ele observava, eles nem o estavam ouvindo.

Quando terminava de tocar e baixava seu violino, via o gesto do Arcebispo, agitando um lenço dispensando sua presença e, retornando firme à conversa que mantinham. Negócios, negócios, sempre mais importantes do que tudo o que ele tocava, do que todo seu talento. Lenta, mas seguramente aquilo foi-lhe causando um ódio sem controle.

Giacomo mudou-se, em meados de janeiro de 1793, para um cômodo em uma casa no centro de Ferrara. Na verdade, embora tivesse o emprego, embora estivesse tocando, embora o povo o reconhecesse como um grande talento, a realidade da vida era que ele estava só. Tinha que cuidar sozinho de tudo o que lhe dizia respeito. Devido às longas horas de exercícios, até mesmo noite adentro, esquecia-se de buscar alimento. Suas roupas já não eram postas ao sol, lentamente sua beleza, foi cedendo lugar a uma pele macerada. E, mês após mês, mais notícias chegavam do sucesso de Paganini. Certa vez, soube por intermédio de um padre, que chegara de Gênova, que Paganini havia contraído varíola. Esperou a notícia da morte dele. Tinha medo e ódio dele, sem mesmo o conhecer.

O jugo do Arcebispo seguia implacável. Um dia, em que o viu de muito bom humor, ousou pedir a ele para ser nomeado Mestre de Capela da Catedral de Ferrara. Ao que o Arcebispo retrucou que, para tanto, ele teria que apresentar realizações muito maiores e mais brilhantes, teria, por exemplo, que atingir o nível de um Paganini. E mais não falou.

Giacomo chorou muito naquela noite. Era a primeira vez que isto acontecia. Agora ele via que tinha abandonado a casa de seus pais prematuramente. Que, sim, ele tinha talento, sim, ele tocava com magnífica técnica, mas que no mundo lá fora, em Roma, Milão, Gênova, Paris, Londres, havia não só Paganini, mas outros grandes violinistas, que viajavam e que tinham repertório exclusivo, além das peças clássicas. Ele deveria ter estudado mais, ter adquirido mais cultura, ter aprendido a conhecer melhor o mundo. Chorou muito. No seu cérebro, ideias de vingança alimentavam seus outros pontos fracos. Em momento algum, ele se deu conta de que tinha sido ele próprio que se colocara naquela posição. A culpa era toda das pessoas que não o admiravam, do Arcebispo que o explorava, do avô que quase o tinha posto para fora de casa, da mãe e do pai, que só pensavam em rezar.

O tempo foi passando e, já estamos em meados de 1794. Com doze anos de idade, Giacomo foi ordenado comparecer a uma das mansões centrais de Ferrara. Nada lhe foi dito sobre o que se tratava, assim levou seu instrumento.

Chegando ao local indicado, foi conduzido, por um serviçal, até uma sala de amplas dimensões e ricamente mobiliada. Por um dos lados, esta sala abria-se para um pátio, o qual chegava a um jardim interno. Sabia-se em residência nobre, mas desconhecia a quem pertencia. Sentou-se para esperar. Passada mais de meia hora, sem que ninguém viesse vê-lo, não acostumado a ficar longo tempo sem tocar, abriu a caixa, retirou o violino e começou a tocar um ária do Veneto, do tempo de sua infância.

A música não continha as letras complexas e difíceis de uma peça de Bach, mas em sua simplicidade era tocante e muito sonora. Tocou e ao terminar, ouviu discretas palmas, e fixando o olhar na direção de onde elas vinham, viu uma senhora acompanhada por uma jovem de estranha e rara beleza.

A senhora se adiantou e disse se chamar Agnetta Del Provere, e que a jovem a seu lado era Donatella Augusta Del Provere, sua filha. A Senhora Agnetta, disse-lhe que o pai de Donatella Augusta desejava que ela tivesse aulas de violino e, que embora já fosse um pouco tarde, pois ela já completara 13 anos, pai e mãe esperavam que ele, o Mestre da Catedral de Ferrara, conseguisse passar à pupila os ensinamentos necessários para fazer dela uma boa musicista.

Enquanto a Senhora Agnetta falava, Giacomo contemplava a beleza de Donatella Augusta. Seu rosto era emoldurado por um belíssimo, brilhante, longo e negro cabelo, que se derramava sobre seu colo alabastrino. Sua tez era clara, com leve pigmentação mediterrânea, seus olhos eram duas joias, que ofuscavam mesmo na pouca luz do local em que se sentara. Eles eram azuis, muito profundos, grandes olhos, serenos e suaves. Olhos que ocultavam tudo o que lhe ia n'alma. Olhos que prendiam a atenção de Giacomo como dois imensos faróis na escuridão. O traje que ela portava, era de seda brocada, em cores vivas e desenhos especiais, as mangas ao estilo chinês deixavam entrever mãos lindas e um pouco dos punhos. Nos pés, que apareciam levemente sob a fímbria do traje, dois finos sapatos.

Embora tentando oferecer o máximo de atenção ao que estava falando a Senhora Agnetta, Giacomo se sentiu entrando numa cornucópia, rolando sem rumo no infinito. Ele sentiu que ali estava a mulher pela qual ele se perderia de amores, algo que até aquele momento nunca lhe havia nem passado pela mente, pois tudo o que o preocupava era sua música.

Balbuciou algo que satisfez a Senhora. Acertaram que ele viria, a princípio, três vezes por semana, sempre entre 11h00 e 12h30, e quando foi informado sobre seus honorários Giacomo quase se assustou, pois iriam lhe pagar o dobro daquilo que lhe pagava o Arcebispo.

Giacomo explicou como iriam trabalhar, pois Donattela Augusta, até então em total silêncio, nada conhecia sobre música.

Tudo acertado, Giacomo se preparava para retirar-se, quando ouviu um pedido formulado por Donattela Augusta.

– Maestro, per favore, protrebbe suonare quella musica un'altra volta? [Mestre, por favor, poderia tocar outra vez aquela música?]

Giacomo ficou fascinado, que voz, que tonalidade, que doçura, como era possível no mundo uma criatura como aquela? Tartamudeando uma resposta, tomou do instrumento e começou a tocar a ária. Quando terminou, declamou a letra, justificando: – Eu não sei cantar tão bem como meu pai. Recebeu como recompensa um belo sorriso de Donatella Augusta e cumprimentos da Senhora Agnetta.

Em seguida retirou-se. No caminho de volta, sua cabeça girava. Aquela voz, aqueles olhos, onde, quando os tinha visto. Aquela voz. Como um ser humano pode produzir um som tão maravilhoso. Pensou ainda que fosse preciso de novas e melhores roupas. Pensou em fazer um plano de ensino que lhe daria condição de rapidamente deixar o estudo da teoria das letras musicais, para iniciar logo no emprego do instrumento. Ah, o instrumento, teria que encontrar um que fosse digno da beleza de Donatella Augusta. Cujo som fizesse coro com sua maviosa voz.

Só muito mais tarde foi que pensou sobre quem seria o pai de Donatella Augusta. Afinal o nome dele não havia sido mencionado.

Na manhã do dia seguinte, dirigiu-se como de costume ao palácio do Arcebispo. Assim que lá chegou foi levado ao gabinete do religioso.

Este estava, felizmente, de excelente humor. Perguntou-lhe da entrevista com a Senhora Del Provere. Perguntou-lhe sobre que projeto tinha para ensinar a jovem Donatella Augusta.

Finalmente, disse-lhe: – Veja muito bem, meu jovem. Donatella Augusta é filha de um nobre, o qual não pode estar presente em público ao lado da Senhora Agnetta e da filha. Este nobre, segundo meu conhecimento, tem amizade e ligações antigas com o seu pai e sua mãe, tendo sido padrinho de casamento deles. Tomando conhecimento de sua presença em Ferrara, como Mestre de Música da Catedral de Ferrara, e tendo ouvido você tocar, em situação em que estava incógnito, resolveu que você vai ensinar a filha dele tudo o que sabe. A menina tem inteligência brilhante, dispõe de tempo e precisa se aprimorar culturalmente. O pai, ao contrário do que é costumeiro nestes casos, não quer enviá-la a um convento. Prefere dar a ela cultura, para mais tarde conseguir-lhe um bom casamento. Ficou satisfeito quando concordei em ceder seus serviços para a educação musical da filha. Fez considerável doação para as obras sociais de nossa Catedral. Cumpra bem com o seu dever, você, também, só terá a ganhar.

Surpreso, por ouvir aquela história e, mais ainda por ter sido promovido a "Mestre de Música da Catedral", Giacomo, pela segunda vez em anos, curvou-se e beijou a mão que lhe era oferecida. Enquanto genuflexo, não viu o sorriso de íntima satisfação que passava pelo rosto do Arcebispo.

Por algum tempo, Giacomo pôs de lado seus ambiciosos planos pessoais. A perspectiva de ficar em Ferrara lhe era agradável.

1794 - 1795 ALMAS QUE SE AMAM SEMPRE SE REENCONTRAM

Depois de ter visto e ouvido Donatella Augusta, Giacomo agregou ao seu espírito, já bastante perturbado, mais uma aflição. Queria conquistá-la, queria por todos os motivos que ela o amasse.

Para tanto, desdobrava-se criando a melhor didática possível para ensinar-lhe tudo o que sabia.

Com alegria, constatava que ela captava com perfeição todos os ensinamentos. E foi com satisfação que, depois de seis meses de aulas teóricas, pôde trazer para ela um belo violino que mandaram vir de Cremona. Um instrumento com grande sonoridade, de belíssimas ressonâncias. Giacomo muito cuidadosamente colocava o violino nas lindas mãos de Donatella Augusta, e ela, com delicadeza, mas demonstrando firmeza e talento apurado, dava início aos exercícios.

Ao lado deles, conforme costume da época, sempre se encontrava a senhora Agnetta. Algumas vezes lendo um livro, outras trabalhando em arranjos florais, outras ainda fazendo belos bordados.

Giacomo, que nunca tivera um amor antes, agora via sua idolatrada somente duas vezes por semana. Para seu coração sonhador, era difícil vê-la tão pouco.

Nesse período seu repertório teve grande crescimento, especialmente com peças do período romântico que já se fazia presente em todas as salas da Europa. Sempre trazia as novas peças para tocar para as duas damas. Sempre colhia aplausos. Vez por outra Donatella Augusta deixava transparecer que tinha aspirações de tocar em dueto com seu professor. Era o máximo que se permitia para expressar os sentimentos, que também lhe iam na alma.

Espírito sensível e de grandes qualidades morais, Donatella Augusta voltou à Terra depois de longo período trabalhando no plano espiritual, quando, em outras paragens, desencarnou depois de ter amado e vivido em sofrimento ao lado de Giacomo, numa existência do período medieval, quando seu amado perdera-se no ódio e fizera-se assassino de um nobre senhor. O que provocou sua caçada por parte de vingativos e violentos mercenários e uma morte prematura aos 17 anos. Sabedora do plano de retorno de Giacomo ao plano físico, novamente como músico, voltado para um esforço de reforma íntima e crescimento moral, fez-se voluntária para vir junto com ele, em situação social difícil, para que se encontrassem e, em nome do amor que os unia havia séculos, vencerem juntos as provações necessárias. Mas, veio consciente de que ela poderia vê-lo, ter conhecimento com ele, mas não poderiam se unir em matrimônio, pois Giacomo não merecia tê-la por companheira novamente nesta vez. Por tal razão, mesmo amando Giacomo com toda a pureza de sua alma, ela sentia que não devia ultrapassar a barreira da amizade, da alegria, que poderiam ter estando juntos como professor e aluna.

A cada novo dia, em que era recebido na mansão, Giacomo esperava por um sinal, uma abertura para declarar seu amor. Donatella Augusta permanecia recatada, sem demonstrar o verdadeiro sentimento que lhe emocionava o íntimo. Respeitava e amava muito ao pai, que outro não era senão Andrea, o Duque de Ferrara que, ao mesmo tempo, que se casava por razões de estado havia conhecido sua mãe, Agnetta, e juntos a tiveram por filha.

Se não tinham preocupações materiais, pois nada lhes faltava, tinham que viver reclusas, não frequentando a sociedade como seria normal. Ambas, mãe e filha, dedicavam-se a apurar seus conhecimentos, com leituras de livros importantes, com dedicação às artes da música, da pintura, do bordado. Aproveitavam assim o tempo que lhes era disponível e agregavam conhecimentos importantes para o crescimento do espírito.

Mas a nossa jovem e bela heroína tudo fazia para incentivar seu querido professor a crescer na carreira de violinista. Dava sugestões a Giacomo, pedia ao pai os nomes de pessoas ligadas às artes em outras cidades, para que ele escrevesse em busca de oportunidade.

E, desta forma, chegou o ano de 1797. Giacomo sem se declarar, Donatella Augusta cada vez mais recatada, demonstrava grande talento para tocar o instrumento que ele tão bem dominava e havia-lhe ensinado todos os conhecimentos de que dispunha, até fazer dela uma consumada violinista.

Nesse ano, tudo viria a se desenrolar de modo rápido e, infelizmente, triste. Sem conseguir um sinal de que seu amor era correspondido, Giacomo voltou a se preocupar com sua carreira. As últimas notícias sobre Niccolò Paganini davam conta de que, o mestre de Gênova, era agora o Mestre de Capela e Spalla de Gênova, e que em concertos brilhava de modo insuperável. Naquele ano de 1797, ele se apresentaria em concertos em Milão, Bolonha, Florença, Pisa. Seu grande sucesso tocando uma difícil ária num violino que teve suas cordas sucessivamente arrebentadas, até que somente lhe sobrara uma, havia causado espanto por entre os meios musicais. Seu Guarnieri reproduzia temas e caprichos belíssimos.

Giacomo buscava estabelecer contatos para tocar fora de Ferrara, mas em todo o lugar todos os gerentes de teatros só queriam Paganini. Isso o tornava possesso. Certa feita, quando o Genovês, esteve enfermo, mandaram-lhe uma proposta para cobrir sua ausência, mas sem lhe pagar as mesmas condições. Seu orgulho então o perdeu. Não respondeu, deixando passar uma bela oportunidade. Giacomo queria tudo, por isso ficava sem nada.

Ao mesmo tempo, anos sem uma alimentação adequada o enfraqueceram, tornando-o presa fácil de enfermidades oportunistas. Agora vivia constantemente gripado. Enfim, tudo estava em desacordo com o que ele queria. O Arcebispo, cansado de dominá-lo, de conduzi-lo, já pensava em trocá-lo por outro profissional.

Uma tarde, quando compareceu para a aula de Donatella Augusta, foi informado de que, a partir daquela data, seus serviços seriam dispensados, pois a jovem fora morar em Roma, onde iria contrair núpcias com um nobre altamente colocado, junto aos corsos e franceses ligados a Napoleão.

O Duque de Ferrara via no matrimônio a forma de compensar sua filha por tê-la tido fora do casamento. O nobre noivo havia visto um quadro com o retrato a óleo de Donatella Augusta, ao saber dos inúmeros talentos que a moça desenvolvera, havia se apaixonado e, passando por cima de preconceitos sociais, propôs casamento. Tudo havia sido mantido em sigilo. A própria interessada foi das últimas pessoas a ser informada de seu destino. Na casa, agora vazia, os empregados se lamuriavam pela partida da senhorita e de sua mãe. Duas pessoas de grande coração, que tratavam todos com respeito e carinho.

Giacomo saiu dali como um louco. Perdia tudo. Mesmo sendo talentoso, o outro era mais. Mesmo amando e respeitando, o outro era nobre, rico, podia consorciar-se levando sua esposa para Roma. Mesmo sendo obediente aos caprichos do Arcebispo, era cada vez mais tratado como servo.

De que lhe havia valido todos aqueles anos de estudo, de exercícios, de dedicação total à música?

A história mudava rapidamente os cenários na Europa. A ascensão de Bonaparte punha em polvorosa todos os estados. Exércitos eram convocados. Notícias de guerras enchiam as páginas dos jornais. Por algum tempo, a música parecia que seria relegada a um segundo plano.

Seu sucesso, sua fama, suas plateias, tudo se esfumara em poucos anos. Sonhando conquistar o mundo, conseguira somente chegar até Ferrara. Aos 17 anos, Giacomo se sentia velho. A amada, em cujas lindas mãos pensara depositar seu destino, ia ser esposa de outro. Ele nada tinha, nada teria. Odiou a humanidade, como sempre ocorre nesses momentos, culpou Deus. ELE estava tirando dele o direito de ser feliz. Pensou em tirar a própria vida. O instinto de autopreservação falou mais alto. Mas, sem o saber, Giacomo havia aberto uma outra janela para que espíritos atrasados entrassem. Quando, ao fim do inverno, percebeu que estava tuberculoso, deixou-se dominar pelo impensável.

Certo dia, após uma noite cercada de pesadelos, sonhos horríveis, faces com esgares, gritos, Giacomo se lançou no Rio Pó di Volano. Deixando de existir para o mundo, tendo seu corpo lançado na corrente, 5 km abaixo de Ferrara, foi jogado no Rio Pó e desapareceu.

Quando deram conta de seu desaparecimento, o Arcebispo sentiu-se aliviado, pensando: *Giacomo já não era mais o mesmo jovem que chegou a Ferrara, havia se transformado num incômodo. Foi bom que tenha partido.*

Em Treviso, saudosos como sempre, Mateo, Isabela e as filhas, agora casadas e com seus filhos, cultivavam uma grande saudade. Até que, numa noite de setembro, Isabela teve um sonho onde foi avisada da partida do filho.

Mais uma vez, Eliam compareceu e carinhosamente lhe disse: – *Filha de meu coração, nosso Giacomo já não se encontra entre os encarnados. Vamos ter que reiniciar o processo para, daqui a algum tempo, voltarmos a buscar a vitória que já tarda. Tenha fé, Deus não nos abandona nunca.*

Quando narrou o sonho para seu marido e suas filhas, todos se emocionaram e lágrimas sinceras desceram-lhes dos olhos. Abraçaram-se e, assim unidos, elevaram uma prece a Deus pelo repouso daquele filho pródigo, que não voltara ao lar materno.

cresc.

SEGUNDA PARTE

1810

Após o desencarne provocado pelo ato de revolta, o suicídio levou o espírito de Giacomo para o Umbral. Paragens onde se situam as almas falidas, presas por suas vibrações baixas, pelo sentimento de culpa que lhes assalta a consciência, vendo que, ao contrário de se afastar da dor que causou o gesto criminoso da autodestruição do físico, a alma segue viva, sofrendo mais ainda. Foram vários anos como prisioneiro daquele ambiente terrível. Até que, finalmente, ele se lembrou de orar, de pedir perdão e ajuda, criando desta forma um canal de comunicação, por onde espíritos amigos, em planos superiores, pudessem ajudá-lo.

No plano espiritual – tempo da Terra: ano de 1810.

Em um dos planos superiores da espiritualidade, onde estudam e trabalham na obra eterna do Pai, as almas que já encontraram o conhecimento, a paz, entidades se acham entre serenos e maravilhosos cenários, que começam a ser vislumbrados por nossos pobres recursos óticos, através do telescópio Huble. Três entidades muito elevadas encontram-se para um diálogo, cobrindo temas ligados ao plano físico da Terra.

O diálogo não padece das limitações que temos nós os encarnados. Naquelas paragens celestiais a linguagem dos espíritos é o pensamento. Pensamento que busca imagens e informações, de modo instantâneo, onde quer elas se encontrem.

Um lustro faz que Giacomo faliu ao peso de sua incompreensão e rebeldia. Negando reconhecer como válidas e necessárias as conquistas morais, tão preciosas para o progresso, o Homem da Terra atrasa a sua própria evolução.

Sim, foi preciso muita dedicação de nosso irmão Eliam, para levá-lo para a Legião dos Servos de Maria[1], a fim de submetê-lo ao necessário tratamento e refazimento do perispírito. Esperamos que, em mais um lustro, ele se recupere o bastante para voltar ao plano de preparação para a reencarnação. Os mensageiros do amor já se encontram no plano terrestre organizando o quadro familiar, de modo a proporcionar a ele uma outra oportunidade. Contudo, podemos ver que, ainda não será desta vez que nosso irmão vai se libertar de graves hábitos, adquiridos no passado já distante. Teremos, a exemplo de Nosso Mestre, que seguir pacientes aguardando a solução possível e, depois mais tarde, em condição física correspondente aos desvios morais que cultivou, Giacomo terá sua maior oportunidade. Nesse ínterim, todos que o amam e que se ligam a ele desde antanho, estão aumentando seus méritos e atingindo novos patamares de progresso.

Sem dúvida irmãos, a missão que vai ser desempenhada por nosso irmão Denizard Rivail,[2] que já se encontra a postos,

---

[1] Legião dos Servos de Maria (ver: "Memórias de um suicida", Yvonne A. Pereira por C.C. Branco (espírito)).
[2] Hippolyte Léon Denizard Rivail – Allan Kardec – Codificador do Espiritismo.

irá dar, a todos os que habitam a Terra, novos paradigmas para a melhor compreensão dos processos da evolução. Isto representa novas oportunidades de conquista da verdade, mas não nos olvidemos. "A quem muito for dado, muito será pedido", portanto, as responsabilidades serão maiores.

Giacomo ficará sob os cuidados dos dirigentes da Legião dos Servos de Maria, depois em 1830 regressará ao planeta, mas somente poderá ficar lá até 1875, tempo suficiente para conhecer a obra do irmão Denizard. Se outra fosse a sua condição de equilíbrio, ele poderia ser instruído aqui, em uma das inúmeras escolas, que preparam mensageiros do amor de Cristo para trabalhar no planeta. Mas terá que estar no plano físico, ver e sentir os fenômenos mediúnicos, para se curvar diante da realidade. Para começar a aprender.

Eliam, que era um dos três presentes, mas que não tinha expressado nenhuma posição de pensamento, olhou com gratidão para seus dois companheiros e agradeceu.

– Em nome do nosso Pai Eterno e de Jesus, Seu Filho e nosso mestre, eu agradeço. Vamos lutar com amor para vermos Giacomo vencer.

Duas entidades partiram em direção ao infinito. A terceira, nosso conhecido Eliam, iniciou a volta para a "Morada do Senhor", não sem antes passar pela "Legião dos Servos de Maria" para visitar Giacomo.

Era já o entardecer no plano físico, e visto do plano espiritual a translação do planeta ao redor de sua estrela – o Sol – cobre os céus de cores indescritíveis, até hoje não reproduzidas nem mesmo pelos impressionistas no seu auge. São momentos em que maior se agiganta a obra do Eterno, mostrando para todos nós quão poderoso e grande é o Universo do qual fazemos parte.

Eliam, embora conhecendo perfeitamente a luta que se pede do indivíduo, para vencer suas próprias fraquezas, pelo amor que devotava a todos os participantes de nossa história, em particular ao infeliz Giacomo, sentia ser necessária aquela visita.

Recebido com reverência e respeito pelo Dirigente da Legião dos Servos de Maria, fez humilde pedido para ser levado até onde estava o recém-chegado – Giacomo.

Levado até o departamento próprio, logo se viu diante de um leito onde Giacomo prostrado, parecia dormir. Ao aproximar-se, foi informado pelo facultativo que o atendia.

– Nosso irmão está na fase que chamamos de pré-despertar. Já abre os olhos, já pede pela mãe, pede pela ex-companheira Donatella. Poucas vezes pediu pelo pai Mateo. Logo ele vai conseguir registrar nossas vozes, e então poderemos iniciar realmente um tratamento mais efetivo. Sabemos que nem Isabela, nem Donatella e mesmo Mateo devem ser trazidos até aqui agora. Esta condição, em que Giacomo se encontra, tarda de 6 a 10 meses para ser resolvida. Ele já está aqui há 5 meses, portanto, logo teremos nosso irmão consciente, pronto para convalescer.

Naquele instante, Eliam e todos os trabalhadores daquele pavilhão ouviram um sino, ou algo parecido, soando suavemente.

O médico comentou: Hoje, terça-feira, particularmente neste horário das 18 horas, todos formamos uma corrente mental em orações de louvor a nossa Mãe Maria, criadora e protetora desta colônia. Por favor, eu o convido a orar.

Ali, naquele instante, todos cessaram seus afazeres, embora não se afastando dos enfermos, pois emergências sempre surgem.

Concentraram-se, elevaram seus pensamentos e cada um fez, no íntimo, a sua oração de louvor e agradecimento.

Da mente de Eliam subiu uma prece:

Mãe de Jesus, vós que tivestes em teus braços o mais doce dos espíritos. Que derramastes lágrimas de dor ao pé do Gólgota, abençoa todos que nesta vossa casa obram com amor pela recuperação de irmãos enfermos e transtornados. Muitos são vítimas da ausência de amor, da falta de carinho, da segurança de um lar organizado em base aos princípios que vosso filho nos demonstrou. Mãe, por falhas e erros meus, este, que é filho do meu coração, passa hoje pela provação, imposta pela consciência, àqueles que abandonam a vida. Pela bondade de vosso filho, Senhora, breve poderemos recomeçar a monitorar a caminhada desta criança, fortalece em todos nós a fé, para que possamos encaminhar seus passos futuros para o caminho do bem, do amor, do respeito, da Luz.

Senhora, permita que todos os nossos propósitos se transformem em obras concretas, onde possamos cantar hinos de louvor ao vosso filho. Louvor com nossos atos, com nossas obras.

Esteja conosco, hoje e sempre.

Durante a oração, Eliam havia estendido seus dois braços por sobre Giacomo e deles luz diáfana descia, envolvendo o períspirito como um gás suave.

Eliam agradeceu por ter sido admitido ali. Retirou-se em seguida.

Cerca de meia hora depois, Giacomo despertou. A primeira coisa que conseguiu falar foi:

– Onde está o anjo? Para ele, Eliam continuava sendo um anjo que aparecia em seus sonhos.

O médico reportou o sucedido e ouviu do encarregado do pavilhão: – Visitas de pais ou de mães, que amam verdadeiramente, sempre são muito positivas para nossos enfermos.

1828 - SETEMBRO

Revendo a ficha de Giacomo, Eliam olhou para os últimos lançamentos:

– Reencarnação: 1782 – Treviso – Itália. [seguiam informações sobre os pais, família, etc.]

– Desencarnou em 1799 – Ferrara – Itália – Suicídio por afogamento.

– Chegada na Legião dos Servos de Maria – 1810 – despertar: 5 meses. – Cursos frequentados e tratamentos realizados [seguia-se uma lista pequena de 4 cursos, sendo um deles "Introdução ao Espiritismo" e uma sequência de tratamentos, todos de natureza psicológica e psiquiátrica]

– Previsão de reencarnação: 1830 – Budapeste, Hungria.

Nada mais aparecia, embora Eliam soubesse que as informações devem ser tratadas com discrição, para que tudo só beneficie o paciente.

Eliam, então, solicitou uma reunião com os encarregados atuais do caso Giacomo, e uma outra, a seguir, com o próprio.

Na reunião com os encarregados atuais do caso, Eliam foi informado de que certa tendência para se considerar diferente, melhor mesmo do que outros pacientes, ainda era uma característica forte em Giacomo. Que sua fixação com a música prosseguia sendo seu traço dominante.

Que sua natureza, de modo geral, mostrava ser ele um solitário. Era claro que ele julgava não precisar de relacionamentos meramente sociais.

Consciente de tudo isto, e por experiência própria de muito mais, Eliam se dirigiu até onde se encontrava Giacomo.

Eliam trabalhou mentalmente para alterar a aparência externa de seu períspirito, ficando com uma apresentação que seria facilmente tomada pela de um médico.

Aproximou-se de Giacomo e entabulou uma conversa simples.

– Giacomo, diga-me, que te parece regressar à Terra e recomeçar sua caminhada? Nossos guias de planos superiores dizem já ser tempo de você retornar ao plano físico.

Giacomo disse: Poderei voltar a ser concertista. Ou a música já não encontra lugar na Terra?

– Ao contrário, grandes músicos se encontram lá. Eu diria mesmo que hoje se vive um momento brilhante da música e da pintura.

– Bom, e eu terei direito a desfrutar de meu talento, serei reconhecido?

– Sim, poderás desfrutar, mas vais precisar cautela para não te envolveres em ações que podem te prejudicar. – E principalmente, terás de encontrar meio de, com tua arte, ser útil para aqueles que nada têm, os relegados ao abandono pela sociedade.

– O Planeta, especialmente aonde tu deverás renascer, está no caso de um período de grandes convulsões sociais e, logo, irá ingressar numa fase de progresso das artes. Também, por bênção do Pai Eterno, Jesus enviou à Terra um de seus mensageiros que lá já está se preparando para o desenvolvimento de uma obra destinada a mudar definitivamente o cenário do comportamento moral dos homens. Tu tens que passar por testes e provações para demonstrar que teu íntimo está refeito, que já sabes respeitar e cultuar o amor familiar, que já reconheces no teu próximo, um irmão, para ser amado e respeitado.

Neste ponto, Giacomo o interrompeu e exclamou perguntando:

– E Donatella Augusta, eu vou vê-la, vou tê-la junto a mim?

– Meu caro Giacomo, Donatella é um ente independente. É certo que entre vocês há o vínculo do amor. Mas, voltaste logo da Terra, tinhas somente 17 anos, e Donatella, que tinha a mesma idade, contraiu núpcias, constituiu família e, ao modo da sociedade de seu tempo e das circunstâncias do meio em que vive, vem sendo feliz, e hoje é uma bela, digna senhora de 46 anos, que acaba de se tornar avó. No momento está seguindo uma outra trajetória de trabalho, e como tem uma alma adiantada e amante a Deus, está felizmente sendo muito bem sucedida. Vejo como perigoso seu novo caminho se cruzar com o dela. A meu ver, não serviria a nenhum propósito prático para vocês dois. Contudo, não sou dono de seu futuro, se aprouver a Deus, tudo é possível. E já que estamos em reminiscências, informo que também tua antiga família

não estará ao teu alcance. Vais passar por uma outra trajetória, tens muito que aprender sobre o amor filial, familiar e esponsalício. Tens muito que aprender sobre a verdadeira lei de Deus. Teu curso de "Introdução ao Espiritismo" dar-te-á uma grande vantagem para viveres os novos tempos. Creio que agora já sabes no teu íntimo que Deus nem dá, nem tira nada. Deus já te deu a vida, te fez infinito como espírito, te oferece a vida num corpo perfeito que, aliás, não respeitastes em tua última existência. Vai permitir que uma vez mais tenhas uso de teu talento. Só posso esperar que desta vez consigas superar tuas fraquezas, medos, paixões, ansiedades, que aprendas a ser útil. Nós vivemos no universo criado pelo Senhor Nosso Deus, nós temos o dever de contribuir para a obra Dele, seguindo-Lhe as Leis.

Então, posso contar com tua boa vontade, teu esforço?

Giacomo, cabisbaixo, demorou um pouco para responder, em sua cabeça rugiam muitas perguntas, mas ali, naquele ambiente, diante daquele homem que lhe lembrava alguém que não conseguia definir, mas que sem dúvida o tratava com carinho e respeito, ali, ele não podia se rebelar. Acenando com a cabeça fez que sim, e disse: – Pode.

Eliam então sugeriu que fizessem uma oração de súplica a Deus, para que tudo o que estivesse planejado para Giacomo pudesse ser realizado com sucesso.

– Senhor nosso Deus, obrigado Senhor pela vida. Vós que sois a vida, o princípio de tudo, tivestes para conosco a bondade de não somente nos criar, mas, também, de nos dar ajuda e apoio para que pudéssemos conquistar um lugar *dentro de Vossa obra. Senhor, reconhecemos que somos ainda aprendizes na escola da Vida, mas temos os ensinamentos do Cristo Jesus para nos guiar.*

Dai-nos forças para podermos superar nossas fraquezas íntimas e não nos abandone, mesmo que nós venhamos a faltar com nossas obrigações. Tende piedade de tudo o que criastes. Amém.

Após a oração, Eliam lembrou-se da entrevista que teve em plano superior e ficou pensando: Que fará Giacomo agora, como é que chegará a alcançar os objetivos almejados?

Baniu o pensamento, formando outro: Deus vai nos ajudar!

Encerrou a entrevista, despediu-se dizendo a Giacomo:
– Filho, eu estarei sempre ao teu lado. Cultiva sempre o hábito da oração, pois assim é mais fácil a nossa comunicação.

1830 - BUDAPESTE, HUNGRIA

Numa tarde de janeiro do ano de 1830, na mansarda de uma casa senhorial, uma jovem serviçal da casa, com pouco mais de 17 anos, estava em trabalho de parto. Uma parteira experimentada a estava assistindo.

Do lado de fora do pequeno cômodo, no topo da escada que conduzia da residência até ali, uma senhora de cerca de 50 anos, vestida com certo luxo, sentada em uma cadeira, esperava, demonstrando ansiedade.

A jovem era além de bela, bastante robusta, traindo sua origem camponesa. Contorcia-se, e a parteira ia lhe dizendo como proceder. Subitamente, depois de uma contração mais forte, a jovem deu um pequeno grito, denotando a dor que sentia, e um menino robusto nasceu. A parteira logo cuidou de limpar-lhe o sistema respiratório, e um vagido forte se fez audível no pequeno cômodo.

"Giacomo" acabava de renascer.

A parteira colocou a criança limpa nos braços da mãe. Esta falando baixinho, como se quisesse que ninguém mais a ouvisse, repetia mais para si, do que para o bebê – Andrassy, Andrassy.

Dez minutos depois, a dama que a tudo ouvira, entrou na mansarda. Mãe e parteira olharam para ela com temor.

– Dê-me logo esta criança, é preciso tirá-la daqui o quanto antes. Não podemos tê-la nesta casa.

A mãe, com grossas lágrimas descendo de seus olhos, pediu para olhar o filho mais uma vez. Com enorme esforço, ajudada pela parteira, conseguiu sentar-se, pegando novamente o bebê, retirou todos os tecidos que o cobriam e olhou todo ele, sabendo que seria a última vez que o faria. De imediato, notou que no topo do pezinho direito havia uma mancha parecida com um botão de rosa.

– Vamos, dê-me a criança, andem logo. A parteira temerosa, perante a autoridade imposta pela mulher, recolheu o bebê, enrolou-o como se preparando para uma viagem, pois lá fora, a neve caía intensa. E, finalmente, entregou-o à senhora. Esta, sem mais delonga, sem palavras, sem titubear, abriu a porta, saiu e partiu levando o precioso fardo.

A parteira voltou a dar atenção à jovem, que chorava baixinho o seu drama. Limpou-a, buscou para ela um caldo quente, e logo conseguiu que ela dormisse dominada por todo o cansaço e por todo o sofrimento.

Aquela mansão era da família do Barão de H. – e estava quase vazia naquela época do ano, pois a família toda buscava paragens mais quentes, para passar o inverno, logo depois das festas do Natal.

A senhora desceu as escadas com firmeza. Carregava sem dificuldade o fardo. Chegado ao andar térreo, saiu por uma porta lateral e entrou em uma carruagem, que a estava esperando havia umas duas horas.

— Vamos ao bairro cigano, rápido, falou em tom baixo de voz, mas de modo imperioso.

O cocheiro atiçou os cavalos, e partiram.

Um drama de vida estava se desenrolando ali.

Vítima de sua beleza física, a jovem camponesa fora trazida das propriedades da família H, para servir em sua mansão em Budapeste. Logo que lá chegou, depois de bem vestida, cabelos arrumados, os olhos concupiscentes dos dois homens da casa caíram sobre ela. Um era o Barão de H., homem duro, cinquentão, dado a esbórnia, desfrutando fortuna e posição, pelas quais nenhum esforço havia feito, dedicava-se a atividades dos homens de sua classe – jogar, dançar, beber, duelar uma ou outra vez e buscar "distração" (como ele mesmo chamava) junto às mulheres, não importava onde as encontrasse, ou de que classes sociais fossem. Só lhe importava que fossem jovens. Casado, havia já três décadas, com uma mulher cinco anos mais velha, nunca tivera com ela um relacionamento sincero e honesto. Sempre a traiu, nunca a respeitou, tudo o que tinham em comum era o filho, havido unicamente para perpetuar o nome.

O jovem herdeiro, criado por babás, empregadas e empregados, cedo aprendera a tratar de maneira abusiva os das classes menos favorecidas. Era prepotente, mau. Sentia prazer em fazer os outros sofrer. Ao tornar-se adulto, começou a entender os procedimentos do pai. Nenhum deles respeitava o lar onde residiam. O Barão investia animalescamente, sobre as empregadas, muitas cediam, quem sabe por ignorância, ou por interesses outros. Outras fugiam ao assédio, ou davam desculpas para fugir; o jovem herdeiro, então, as marcava como alvos preferidos. Elaborou um método pelo qual se apresentava como protetor das jovens, em defesa contra o pai. Assim, ganhando-lhes a confiança, em pouco tempo conseguia delas o que elas negavam ao pai.

No caso da jovem, que vimos dar à luz, fora diferente, ele a trouxera do campo, ele a colocou a seu próprio serviço e, em pouco tempo, cativante, insinuante, levou a ingênua moça a crer que era querida. Grávida, viu-se relegada ao esquecimento. A baronesa até então nunca havia tido um caso similar na casa. Mas não tardou a tomar a decisão sobre o que fazer. A criança bastarda teria que ser levada para longe dali. Em algum tempo, seu plano ficou ainda mais diabólico, resolveu dar a criança aos ciganos. Estes estavam sempre em movimento, viajando por toda a Europa, levariam a criança para longe, talvez a perdessem por lá, ou talvez a mesma viesse a morrer. Qualquer coisa servia, desde que ela não tivesse que ter a infeliz criança sob seus olhos.

Mas não teve coragem ela mesma de executar seu plano, ordenou à mulher do mordomo que ficasse de plantão e que ato contínuo ao nascimento, imediatamente, levasse o bebê para os ciganos. Ela não desejava nem mesmo saber se o nascituro era um homem ou uma mulher.

E assim foi feito.

Quando fazia a entrega do pobre menino a Georgy, o cigano, este penalizado de ver o recém-nascido assim retirado de sua mãe, perguntou à mulher diante dele. – E a mãe lhe deu um nome? Ela retornou com outra pergunta: – Qual seu próximo destino, para onde vocês irão partindo daqui? Ele não compreendeu, mas disse: – Nossa próxima visita será a Paris, França, já faz muitos anos que não passamos por lá, ouvi dizer que depois que o imperador morreu, a França está de novo crescendo, tudo muito bom para os negócios. Sim, vamos a Paris. Ela, então, respondeu a ele a primeira pergunta, o nome do menino é Louis.

Começava assim, a nova existência de "Giacomo", a quem sua nova mãe chamou "Andrassy" e que, horas depois, virou "Louis". Sem pai, sem mãe, dado como se dá um pequeno animal, para os Ciganos.

Em abril, no início da primavera, os ciganos partiram. Paris era o destino.

Na verdade, durante esta existência dificilmente Louis veria de novo alguém que tomou parte neste drama inicial de sua vida. Seus avós, seu pai, a mulher que o levou.

Todos eram almas desgarradas de qualquer compromisso afetivo. Estavam juntas para ver se algo de bom surgia entre eles, para que tivessem seus corações, seus sentimentos despertos, para poderem uma vez sensibilizados, iniciar de fato sua caminhada para o progresso. Eram pessoas que viviam pelos instintos. A única pessoa que sempre se lembraria dele seria sua mãe.

1830 - PRIMAVERA - PARIS

Chega a Paris o grupo de ciganos e se instalam nas cercanias, na região próxima de sudoeste, entre o Rio Sena e o Hospital Geral. Georgy e sua mulher Milena, já cuidavam de Louis havia quatro meses. A criança era forte, comia e dormia bem, de modo que de certa forma não atrapalhava a vida deles, por isto, em troca recebia cuidados e atenção normais. Logo no início, quando Louis chegou, Georgy avisou a Milena para não se apegar ao garoto, pois ele pretendia ver se em Paris poderia fazer um bom negócio, obtendo algum lucro com a venda do garoto. Ainda falou rindo.

– Tudo é mercadoria, vender ou comprar bem é questão de oportunidade.

Louis, sem saber nada, começava a perceber e a sorrir para a sua "mãe" e para o seu "pai".

Há um ditado que afirma "O Homem põe e Deus dispõe".

Chegados a Paris, os ciganos começaram a desenvolver suas atividades costumeiras. Milena muitas vezes saía com as outras mulheres, para ler a sorte dos incautos. Como é hábito entre as ciganas, elas carregam consigo seus filhos por onde quer que andem e, assim, também agia Milena. Só que havia algo que chamava a atenção. Milena era morena, de cabelos bem pretos, lisos, Georgy também, e Louis era louro, de olhos profundamente azuis, com a tez branca leitosa. Por onde quer que ela passasse carregando o menino no colo, todos notavam a disparidade de tipos. Muitos até perguntavam, outros somente olhavam. Ela então inventou uma história de que haviam encontrado um homem e uma mulher louros, no sul da França, mortos num acidente com a carroça no meio da estrada. Com eles estava a criança, que se salvara por estar muito bem enrolada e acomodada na carroçaria. Não havendo ninguém por perto e não desejando voltar à cidade mais perto, de onde havia partido horas antes, resolveu trazer a criança, a quem deu o nome francês de Louis. Mas, que ela pretendia encontrar uma boa família francesa que o aceitasse. Por enquanto ela cuidava dele.

Mas o tempo foi passando. Os negócios, principalmente com joias, aumentavam dia a dia.

A cada dia, Louis se tornava mais esperto e atraente. Quando se deu conta, era novamente inverno, Louis estava chegando ao seu primeiro ano de vida. Milena se apegara a ele. Como nunca lhe negaram o direito, Louis chamava Milena de mãe e Georgy de pai.

Certa noite, o assunto veio à baila. Georgy disse então para Milena: – Olhe mulher, loiro ou não, a criança nos chama de pai e mãe. Ele não me parece maligno, poderá ser um bom cigano se o ensinarmos corretamente desde agora. Contudo, se aparecer um bom negócio eu o passo adiante. Milena nem se alterou. Meneou a cabeça, como quem diz sim. Mas, por dentro, ficou muito alegre com a ideia de continuar a tê-lo como filho.

Em vinte e cinco de janeiro, dia em que Louis nasceu, comemoraram seu primeiro aniversário.

Daquele dia em diante Louis, passaria a ser conhecido como Louis Asszony, foi o que declarou Georgy, diante de sua comunidade. Seria iniciado por ele um novo nome cigano, a família "do Órfão".

Naquele dia, ocorreu um fato que, sem dúvida, deixou todos os membros daquela pequena comunidade, gente afeita às dores da vida, a fatos estranhos, tomados de surpresa. Apesar de ser inverno, dois dos homens trouxeram seus violinos para junto da fogueira e logo após o anúncio feito por Georgy, puseram-se a tocar velhas czardas do repertório cigano da região dos montes Tatra. Preso ao colo de Milena, o pequeno Louis, começou a se mover ao ritmo das músicas, como se soubesse exatamente os movimentos a fazer. Iniciou também um solfejar que parecia quase um cantarolar. Milena sentiu-se surpresa. Os que estavam próximos dela ficaram espantados.

Louis, contudo, parecia adorar aquilo tudo. Cantou, cantou até que quando os violinistas cessaram de tocar, ele, então, se pôs a chorar. Milena estranhou o fato incomum, pois Louis era uma criança calma, que chorava pouco, foi então que pediu que voltassem a tocar, sendo atendida, viu tudo se repetir do mesmo modo. Percebendo que se ficasse ali, Louis não ficaria calmo quando a música voltasse a parar, Milena foi se afastando, enquanto ela mesma cantarolava fazendo coro com Louis. Quando chegou à sua carroça, ela começou um diálogo sem lógica com o pequenino Louis.

– Mamãe vai procurar uma verdadeira drabardi[1], ela vai me dizer tudo sobre a sua dudee[2]. Eu sei, eu sou Gitana[3], eu sei você não vai ser um simples Ferka[4]. Tenho certeza, Fifika[5], sua dudee vai brilhar nos céus de Paris.

Os lindos olhos azuis de Louis olhavam para ela com inocência, e a cada palavra estranha ele ria.

Em 1830, depois da deposição final de Napoleão Bonaparte, os Bourbon foram retornados ao trono, mas isso foi contra a vontade do povo. Iniciou-se então uma luta pelo real poder naquele belo país. O rei, querendo demonstrar seu poder, convocou e depois dissolveu a câmara de deputados; para calar as vozes dissidentes, ordenou a suspensão dos direitos da imprensa livre.

Liderados pelos jornais o Tempo e o Nacional começou uma revolução civil. O governo contava com 4.750 homens da Guarda Nacional, 4.400 das tropas normais do exército, 1.100 do batalhão de veteranos e 1.300 gendarme da polícia.

Locais como a Place Vendome, na frente do Palais Royal, a Praça Louis VI, viraram praças de guerra. Um pesado tiroteio ocorreu na Porta St. Martin. Os insurgentes armavam

---

[1] Drabardi = leitora de mãos, nesta história usada como "médium".
[2] Dudee = estrela.
[3] Gitana = cigana.
[4] Ferka = homem francês.
[5] Fifika = Deus aumenta.

barricadas. Como sempre, seu objetivo era La Bastille. Batalhões passavam pela Porta de Saint Dennis, no mercado dos Inocentes. Até mesmo diante do grande edifício Cour Batave surgiram barricadas.

Nem o Hotel de Ville, adjacente ao Place de Greve, logrou escapar. Ruas e mais ruas, tudo obstruído. Finalmente, depois de meses, diante do Louvre, o exército regular debandou. Os revolucionários venceram.

Momentos difíceis para nossos personagens, mas Georgy filosoficamente dizia: – As guerras e batalhas, conquanto não destruam tudo, acabam sendo portas para novas oportunidades, logo estaremos fazendo bons negócios.

No início de fevereiro do ano de 1831, Milena conseguiu encontrar, junto a outro grupo cigano, uma verdadeira "drabardi". Era uma mulher pequena, encarquilhada. Deveria ter mais de 90 anos de idade, era cigana de origem espanhola, chamava-se Violante e, planejava ir-se para sua Valência, onde esperaria em paz a passagem para o lado espiritual. Recebeu Milena com simpatia. Ouviu a história sobre Louis e predispôs-se a ajudá-la, mas pediu para ver o menino.

Milena não queria que Georgy soubesse da consulta à "drabardi". Ela temia alguma verdade difícil de ser aceita, assim arrumou tudo de modo a levar Louis em um dia em que ela saísse para trabalhar, lendo mãos. Logo a oportunidade se ofereceu.

Louis, já estava com um ano de idade, seus passos ainda que incertos, já o levavam a todos os lugares no círculo de carroções. A maioria das vezes, para onde residia um dos violinistas. E lá chegando ele sempre pedia: – Toca, toca, e começava a solfejar. Depois começou a fazer com os pequeninos braços os movimentos, como se segurasse um violino e um arco invisíveis. E quando o velho cigano o atendia, ele ria de alegria.

MARÇO - 1831
O REENCONTRO

Os ciganos sempre foram um povo inteligente. Sabem tirar vantagens de oportunidades de situações que outros nem se apercebem. Têm grande tirocínio comercial. Assim, de um modo geral, não trabalham sempre, mas na medida do que precisam e quando uma boa oportunidade se apresenta.

Num dia em que a situação política e de segurança estava favorável, Milena e suas companheiras saíram para ler a sorte. Muita psicologia, bom nível de informação sobre costumes locais, habilidade de comunicação, e o quadro estava formado. Mas, naquele dia Milena tomou direção oposta. Com Louis a seu lado, seguiu para o acampamento de Violante.

Lá chegando foi levada a uma bela carroça, toda decorada com belos símbolos orientais. Dentro, ela encontrou a velha cigana em profunda meditação. Após alguns minutos de espera, uma voz grave se fez ouvir:

– Dá-me a criança. No que foi prontamente atendida.

A mulher colocou Louis de pé, à sua frente e pousou a mão direita sobre sua cabecinha. E voltou ao silêncio. Lentamente girava sua mão. Até que subitamente, voltou a falar.

Dolor, mucha dolor! La musica, si la musica. Siglos, siglos!

Volvemos a nos encontrar he pequeñito? Sigues con tu destino, yo con el mio.

Pero te voi decir, sin amor, sin perdón, sin buscar comprehender tus deveres, vás a sufrir y después yo no estaré más por acá para decir tu suerte. Aprende a amar, aprende a servir, aprende a bajarte perante la vida. Tu puedes hacerlo, tienes grandes protectores, pero es necesario hablar con ellos. Si tu tienes el corazón limpio, lleno de amor tu podrás hacerlo, de otra forma no. Donde vás busca los buenos. El futuro te vá presentar uma revelacion. Estudia la doctrina de los espíritos, estudia y pratical.

Apontando para Milena, falou ainda: – Mujer tu no eres la madre. Pero quieres mucho a este pequeñito, ayudalo a tocar el violino, muestra tu arte, tu psycologia, muestra como vivir entre los hombres. Puedes ayudarlo. No temas, el destino sigue su camino.

[Dor, muita dor! A música, sim a música. Séculos, séculos. Então, voltamos a nos encontrar, hein pequenino? Tu segues com teu destino e eu com o meu. Mas, vou dizer, sem amor, sem perdão, sem buscar compreender teus deveres, tu vais sofrer e eu já não estarei mais aqui para ler a tua sorte. Aprenda a amar, aprenda a servir, aprenda a curvar-te diante da vida. Tu podes fazê-lo, tu tens grandes protetores, mas é necessário que tu fales com eles. Se tu tens o coração limpo, cheio de amor, tu poderás fazê-lo, de outra forma não. Aonde tu vás, busca os bons. O futuro te vai oferecer uma revelação. Estuda a doutrina dos espíritos, estuda e pratica.

Mulher, tu não és a mãe. Mas tu queres muito a este pequenino, ajuda-o a tocar o violino, mostra-lhe tua arte, tua psicologia, mostra como viver entre os homens. Tu podes ajudá-lo. Não temas, o destino segue seu caminho.]

Terminava ali a consulta. Milena registrou tudo em sua memória. Voltando do transe, Violante, ainda sob a influência da entidade que se comunicara por intermédio dela, voltou a falar para Milena.

– Encontrei este pequeno na Itália, em outra vida. Agora é preciso fazer com que ele aprenda tudo sobre a Doutrina dos Espíritos.

Milena agradeceu a ajuda, retirou-se. Voltou lentamente para seu acampamento. Em seu espírito ideias se cruzavam. Era grande seu desejo de ajudar Louis. Sim, teria que dar a ele a condição de aprender a tocar o violino. Ela mesma já havia notado a grande atração que o instrumento e sua música causavam-lhe. Agora, que história era aquela de Doutrina dos Espíritos? Teria a velha gitana se enganado. Tal doutrina não existia.

Mal sabia Milena que, em poucos anos, uma grande luz seria lançada sobre a Terra. Kardec já estava a postos. Cerca de 23 anos depois, quando a França estaria invadida por magnetizadores, explorando a curiosidade pública pelo fantástico, no que se convencionou chamar "mesas falantes", Kardec se dedicaria ao estudo sério do fenômeno, buscando respostas científicas para o que parecia ser mais um espetáculo circense. As gerações vinham se sucedendo. Está no Antigo Testamento, desde tempos imemoriais, os fenômenos espíritas – que são universais – sempre se manifestaram entre os homens. Profetas, oráculos, sibilas, leitoras de mãos, cada um no seu nível de evolução, sempre deram mensagens ao mundo. Cada um passava aquilo que seu próprio desenvolvimento lhe permitia captar das mensagens lançadas pelas entidades espirituais. Estas, também, dos mais variados calibres moral e intelectual, donde a riqueza de certas mensagens e a pobreza, ou ridículo de outras.

Decorre deste fato, a resistência de muitos que se opõem, por seus próprios motivos pessoais, a aceitar como verdadeiras as comunicações sérias, vindas do plano espiritual. Também, não é de se admirar, como é que um rei, um poderoso qualquer, vai aceitar que ele já foi, ou poderá vir a ser um servo, um pedinte. Como é que se explica a um rematado egoísta, mentiroso, enganador, que ele vai ter que voltar à vida, em um outro corpo, para aprender com seu esforço e sacrifício, o verdadeiro caminho ditado pelas leis de Deus e pagar seus erros. Deus é um personagem, de quem muitos deles nem mesmo aceitam a existência. Embora sejam filhos DELE, negam-se a reconhecê-LO.

Por enquanto, Milena teria que se concentrar em dar ao filho o que o destino lhe legou, princípios morais e de convivência social. Lembrou-se também da sugestão: '– Donde vás, busca los Buenos.' – e ficou meditando sobre isto.

O tempo seguiu seu ritmo. A França recebia mais e mais espíritos reencarnados, já dotados de alguma compreensão, que voltavam com compromissos ligados às artes, à cultura.

Milena tomou a sério a tarefa de guiar Louis. Para felicidade de todos, Georgy ia muito bem nos negócios e não pensava em partir. Assim, dispunham de tempo e tranquilidade para dar atenção ao processo de educar o pequeno Louis. Dubrov, o cigano violinista, começou a ensinar música para Louis quando ele completou dois anos. Membros da colônia o chamaram de louco. Mas ele conhecia bem a inteligência do pupilo. A alfabetização de Louis, se assim podemos chamar, se deu através do ensino das letras musicais. Dubrov tinha um método muito pessoal. Fazia Louis copiar as letras e, em seguida, tocava a escala ao violino. Mostrando, com paciência e cuidado o posicionamento dos dedos, a inclinação do arco. Tocava repetidas vezes, até que percebia que Louis era capaz de identificar cada letra e ligar a cada som produzido pelo violino. Assim, transcorreu o ano. Logo Louis atingiu três anos. Dubrov, então, achou que seria hora de falar com Georgy. Foi um diálogo, a princípio, difícil. Georgy não gostava de fazer gastos, gostava de colher lucros. A proposta de Dubrov era que ele desse ao filho um "Picolo", daqueles feitos pelo "luthier" Girolamo Amato, de Cremona, por volta de 1613, dos quais havia uns dois ou três em Paris. A conversa entre os dois homens foi se estendendo, até que ele se lembrou de dar a Georgy uma demonstração. Pediu para ele esperar um pouco, correu até a carroça de Milena, buscou o pequeno Louis. Voltou. Sentou-o em frente ao pai, lançou mão de seu violino, e tocou uma bela czarda húngara. Ao terminar, pediu a Louis para cantar as letras tocadas. O menino, sem pestanejar, declinou uma a uma todas as letras tocadas e, depois, seguiu cantarolando baixinho a mesma música.

    Georgy viu ali uma oportunidade. Sonhou com os

lucros que Louis poderia trazer. Crianças com grande talento eram fontes de fortunas. Não cedeu de imediato, para não fazer a coisa parecer fácil. Mas prometeu uma resposta logo.

Alguns dias se passaram até que, numa noite, Georgy, agindo como se guardasse um segredo, convocou Dubrov à sua carroça. Milena olhava ansiosa para o marido. Louis, sem saber que sua vida estava sendo decidida, olhava com tranquilidade para todos. Seus olhos azuis demonstravam a calma que tinha no espírito naquele momento.

Desde os tratamentos que fizera na Legião dos Servos de Maria, Louis, embora endividado perante a Lei de Deus, havia aprendido a dirigir-se ao Pai Eterno, especialmente quando seu corpo dormia e, assim, evitava sonhos ruins, pesadelos. Tinha aprendido algo de bom.

Todos ali sentados entreviam a seriedade do momento. Quando Georgy apareceu com um pacote.

Abriu e depositou sobre a pequena mesa, um "Picolo". Os olhos de Louis se estatelaram, mesmo antes de o pai falar alguma coisa, ele soube que aquele violino era para ele. Dubrov e Milena se entreolharam, com alegria. Georgy então falou:

– Louis Asszony dou a você seu primeiro instrumento de trabalho. Faça bom uso dele. O próximo instrumento, você é quem vai comprar com seu próprio talento.

Louis desceu de onde estava, foi até o pai e o beijou. Voltou-se para mãe e também a beijou.

Em seguida, foi a vez de Dubrov. Ele, pequenino, abraçou

o velho cigano pelas pernas, e ali ficou por longo tempo. Selava-se ali uma grande amizade.

Em seguida, pegando com todo o cuidado o "Picolo", pediu a Dubrov para afiná-lo. Uma vez feito isto, o instrumento voltou para as suas pequenas mãos. Embora todos esperassem algo, não estavam preparados para o que se seguiu.

Louis acomodou o violino junto ao queixo, tomou o arco e, naquela pequena carroça, fez-se presente um som maravilhoso. Todos os três adultos viram a figura do pequeno de três anos se agigantar, com maestria incomum ele tocou. Quando terminou sua apresentação, todos indagaram onde ele tinha aprendido aquela música. Como ele tinha aprendido a tocar. Se não tivera aulas. Ao que ele respondeu:

– Papai e mamãe, eu sei muitas músicas.

Dubrov tremia. A emoção era superior a tudo o que ele havia sentido em toda sua longa existência. Acabava de ouvir um "lied" de Franz Schubert.

Música que ele não havia ensinado e que ninguém mais no acampamento poderia ter ensinado a Louis.

Depois daquela noite, o que se seguiu foi como uma avalanche. Louis dedicava quase todo seu tempo ao instrumento. Músicas e mais músicas se derramavam no pequeno recinto onde vivia. Dubrov se maravilhava. Nas festas da comunidade, os dois tocavam duetos. Logo começou a correr a notícia do pequeno cigano louro que, aos quatro anos, tocava magistralmente.

Milena receava a rapidez com que as coisas aconteciam. Não se esquecera das palavras de Violante.

Georgy ficava ansioso para começar a ver o resultado financeiro daquilo tudo.

Milena, com frequência, sentava-se e colocava Louis à sua frente. Contava para ele as ideias e filosofias de vida dos ciganos. Ensinou que só há um Deus. Que este Deus nos dá todas as condições de irmos para o paraíso. Que depende de nós, da vida que levamos chegar lá ou não.

Que muitos não ciganos os tratavam como se fossem ladrões. Mas, que isto tinha um nome, preconceito. Que em todas as classes, em todas as raças, em todos os países, sempre há gente de bom caráter e gente sem caráter. Ensinou a Louis, explicando com detalhes, cada um dos dez mandamentos, dizendo que aquela tradição Cristã, vinha de tempos muito antigos na Índia, onde muitos ciganos tiveram origem.

Ela buscava cumprir o papel que lhe coubera, o de mãe.

Certo dia, no ano de 1835, apareceu no acampamento um Cura. (Padre)

Procurava pelo cigano Georgy. Este estava ausente. Foi atendido por Milena.

O Cura Jean Colbert Dalvon, era um jovem ainda, tinha pouco mais de 30 anos. Disse que ouvira maravilhas sobre o pequeno violinista cigano. Disse ainda que gostaria de poder contar com ele para abrilhantar as missas aos domingos. Ele foi sincero, disse que acreditava que se pudesse apresentar uma atração significativa, atrairia mais fiéis, pois os tempos não estavam favoráveis para as coisas de Deus.

Milena ouviu e pensou. Depois falou. Padre, meu filho

é pequeno, tem idade para aprender a escrever e ler. Eu quero que ele vá para o Conservatório, se ele tiver cultura isto só vai ajudar.

Podemos fazer uma troca. O Senhor o ensina a escrever e ler, que eu permito que ele vá tocar nas missas de domingo. Ele escolhe o repertório. O Senhor lhe dá, também, o almoço de domingo.

O Padre sorriu, mas julgou a proposta justa. E disse, se seu filho for tão inteligente como dizem, vou ter pouco trabalho. Vamos fazer uma experiência por seis meses.

Eu o espero toda segunda, quarta e sexta para estudar. No domingo ele deverá estar lá às 8h. Tocará nas missas das 9h e das 11h00, almoçará e retornará para aqui. Eu mesmo o trago.

Assim foi feito. Georgy achou pouco o resultado da barganha. Mas, como era somente por seis meses, poderia resultar em novas oportunidades.

Desta feita, o sucesso do pequeno Louis não foi imediato. Tardou quase dois meses. Mas, o Padre ficava realmente encantado com o talento do pequeno, tanto no que dizia respeito ao violino, como no que dizia respeito a aprender a ler e a escrever.

Dois meses eram passados desde o início do acordo feito, quando o Padre recebeu nota dizendo que o Bispo de sua diocese viria para assistir à missa das 11h no domingo próximo.

Pediu a Louis que fizesse um programa especial.

O espírito encarnado, muitas vezes tem inspiração para certos momentos. Não sabe como tais pensamentos lhe chegam e, quando as pessoas estão equilibradas, as interpretações destes sentimentos tendem a ser bem precisas.

Louis, sem saber, traçou o mesmo programa que tocou quando ainda era Giacomo, em Ferrara.

Após o final da missa, que aliás contou com uma grande presença de paroquianos, atraídos pela visita do Bispo, todos estavam boquiabertos. Como era possível, uma criança com cinco anos e alguns meses de idade, demonstrar tal maestria ao violino, tal domínio das músicas escolhidas, tamanha tranquilidade diante de uma igreja lotada? Como tinha domínio para conduzir o coro em música tão bela?

O Bispo, repetindo frases ditadas por seu espírito político, concedeu ao pequeno Louis um cumprimento similar ao que ele tinha recebido no passado em Ferrara.

– É para a glória da nossa Igreja, é para a glória de Nosso Senhor Jesus Cristo.

Depois procurou tomar providências imediatas para que o pequeno Louis fosse batizado.

Impensável, dizia ele, que um pagão tocasse na missa. Mas como tal condição não era da responsabilidade do pequeno, soube não culpá-lo, e promoveu seu batismo.

Louis foi registrado, com a idade de cinco anos, e recebeu o nome de Louis de Marie Asszorny.

Ex-interno da Legião dos Servos de Maria, Louis agora prestava com seu novo nome uma homenagem de respeito àquela que se tornou Nossa Mãe, ao ser escolhida por seus elevados dotes morais para ser a mãe de Jesus.

Depois daquele dia, a igreja passou a receber grande número de fiéis. As cerimônias da Semana Santa tinham seu ponto máximo na procissão do encontro, que era realizada na Sexta-Feira Santa, mas o encerramento com a missa da Ressurreição, no hoje denominado Domingo da Ressurreição, era a grandiosa coroação de toda a semana. Louis, tocando peças de Vivaldi, de Bach, encantava a todos.

Entre 1835 e 1840, Louis se desenvolveu física e espiritualmente. Em 1836 foi levado por seu amigo, o Padre Jean, para se apresentar no Conservatório de Paris, onde pleiteava um lugar para estudar com os melhores professores e completar sua formação, até então quase que autodidata.

O atual Conservatório Nacional Superior de Música e Dança de Paris, foi criado em 28/6/1669 por Louis XIV, com o nome de Academia Real de Música.

Em 8/11/1793 foi sucedido pela Escola Real de Cantos e Declamações e pela Escola Municipal de Música, que se uniram, para formar o Instituto Nacional de Música. Desde 1806 até 1934, foi conhecido por Conservatório de Música e de Declamação, de Paris.

Quando damos nomes de organizações, muitas vezes nos esquecemos que são as pessoas, que as compõem, que contam. São os princípios que lá são aplicados e praticados que levam aos resultados.

Louis tinha a seu favor o fato de ser louro de olhos azuis, mas carregava a pecha de ser cigano.

Ciganos não iam às escolas de brancos. Minoria que dava sua contribuição ao progresso, era esquecida, evitada e sofria a pressão dos mais variados preconceitos. Nós humanos sempre nos esquecemos de olhar para dentro de nós mesmos, para o que somos e para o que fazemos. Creio que está próximo o dia em que, toda a ignorância sobre a lei da reencarnação vai ceder lugar ao conhecimento pleno deste instrumento da justiça divina. Caminho pelo qual todos os filhos do Pai Eterno são colocados no mesmo plano, não importando raças, títulos, sobrenomes ilustres ou desconhecidos. Logo ficará demonstrado, inequivocamente, que cada Homem vale pelo que é, por suas qualidades morais, seus conhecimentos, pelos seus atos e méritos. Nada mais.

Milena e o Padre Jean levaram o pequeno Louis para os testes de admissão.

Os Mestres do Conservatório passaram longas horas explorando todas as facetas que envolviam a arte inata de Louis. Buscavam um meio para recusá-lo.

Louis, tranquilo, a tudo se submetia. Tinha já, aos seis anos, uma postura de grande violinista. Dominava com segurança todas as peças básicas de um repertório que pudesse ser chamado de sério e respeitável. Sua técnica não apresentava os defeitos, que os clássicos sempre encontravam em ciganos. Dubrov não o ensinou a fazer o "pulso cigano", forma pela qual violinistas ciganos colocavam a mão esquerda sobre as cordas, com a palma semiaberta, para ali recolher dinheiro das plateias em restaurantes ou locais de lazer onde tocam. Louis era perfeito.

Findo o exigente teste. Mandaram um assistente de diretor dizer que infelizmente, naquele momento, Louis ainda não atingia os exigentes padrões do Conservatório, que ele deveria melhorar e quiçá voltar depois.

O padre, que pacientemente esperava pelo resultado, e que, por conhecer a alma humana, havia se oferecido para estar ali, levantou-se e, com calma estudada, respondeu:

"– Pois é com o maior desagrado que vou levar esta infausta notícia à Sua Reverendíssima o Bispo; ele recomendou-me ficar aqui até o resultado final, pois tem particular e especial interesse na carreira musical de Louis. Sua Reverendíssima tem planos para Louis, pois vê o talento do pequeno como uma grande prova da bênção de Deus."

O assistente, ao ouvir a menção daquele nome, apressou-se a voltar ao Diretor e narrar-lhe o que ouvira.

Minutos depois, vinha um séquito de pessoas acompanhando o Diretor.

Este foi até onde estavam o Padre, Milena e o pequeno Louis. Sorrisos, sorrisos, o Diretor saudou Padre Jean Colbert.

Afetando não ver a cigana, dirigiu-se ao Padre somente:

– Meu caro Cura, que engano, que terrível engano! Não podemos mais ter confiança nem mesmo em auxiliares mais diretos. O que lhe mandei dizer é que o pequeno Louis satisfaz os padrões do Conservatório e que deverá voltar dentro de quinze dias, para dar início aos seus estudos. Vemos para ele um grande futuro conosco.

Seguiram-se outros rapapés e salamaleques usados nessas ocasiões.

Ai daqueles que, neste mundo, não tiverem a proteção do Senhor Jesus! Mesmo quando disfarçada na sabedoria social e presença de espírito de um Cura.

Milena, Louis e o Cura saíram dali rindo, muitos felizes. No seu íntimo, o Cura pensava, Deus não vai me condenar, acabo de pregar uma mentira útil. Útil para ajudar um filho DELE, sem causar mal a ninguém. Agora rezemos, para que o Diretor não vá querer "cobrar" o favor que fez ao "Bispo".

Naquela noite, toda a comunidade de ciganos, reuniu-se ao redor da carroça de Milena e Georgy e aplaudiram o pequeno Louis, que os brindou com algumas czardas e caprichos especiais.

Os métodos de ensino do Conservatório tendiam a limitar, aprisionar mesmo um talento evidente como o de Louis. Não fosse o fato de ele ser um gênio inato, teria muita dificuldade para vencer as primeiras barreiras que impuseram a ele. Mas, apesar de, por dentro estar fervendo querendo tocar tudo, o que ele via pela frente era: – Ele queria adquirir conhecimentos teóricos, que ainda não dominava, para vir a compor. E, para isto, os métodos do Conservatório eram muito bons.

Passaram-se os anos de 1836, 1837, e em 1838, irrequieto, querendo voar solo, nosso pequeno saiu um dia em busca de locais onde pudesse se apresentar ao público de Paris. Era chegada a hora de crescer diante da população que ainda não o conhecia. Percorreu estabelecimentos nas ruas de Saint Germain, foi até Saint André Des Art. Em les Halle, buscou na Rue de Saint Honoré. Finalmente, frustrado, pois não encontrava nada, resolveu tocar ao ar livre, foi para a Pont St. Michel, ao lado da Igreja de Notre Dame.

"Que o Conservatório não descubra, pois não vão aceitar nunca esta minha atitude, mas já é tempo de trocar o meu 'Picolo' por um violino normal. Preciso começar a ganhar meu próprio pão. Milena e Georgy têm sido bondosos para comigo, Dubrov também, mas não posso seguir dependente deles.

Agora, que coisa horrível, todos pedem pianistas, parece que somente o piano é que tem valor. Música é música, o que importa é a execução. Um ano mais e poderei iniciar minhas viagens.

Mas, antes, vamos conquistar os meios para meu novo violino." Eram estes os pensamentos que enchiam a cabeça de Louis.

Valsas de Johan Strauss Filho, Rapsódias Húngaras de Liszt, peças de Jacques Offenbach, caíam no gosto do público parisiense, que foi generoso. Continuava tocando aos domingos na igreja do Cura, seu amigo. Tocava em casamentos. Era muito ativo e, em poucos meses, mesmo mantendo os rígidos horários do Conservatório, foi economizando para realizar seu objetivo.

Nesse tempo, Georgy começou a dar sinais de impaciência, achava que Paris estava por demais voltada para o prazer, para as festas, os negócios já não mais lhe davam satisfação. Milena, conhecedora da índole do marido, tentava acalmá-lo.

Georgy nunca chegou a ter por Louis o amor verdadeiro de um pai. Era muito pragmático. Vira em Louis uma oportunidade, depois se sentiu tolhido de tomar as iniciativas que desejava, ao ver que Milena se apegara ao garoto. Depois se entusiasmou com o talento do menino. Assim, todo aquele tempo se passara.

No final de 1839, Georgy avisou: – Na primavera de 1840 partimos.

No início de 1840, Louis prestou seus exames finais e saiu-se muito bem. Quiseram que ele se vinculasse ao Conservatório como professor assistente. Naquela época ele já havia adquirido na casa de Chanot & Letê, um belo instrumento originário de Cremona, fabricado por Giovanni Battista Ceruti, em 1805.

Ele, cada vez mais preocupado com o papel de coadjuvante que o violino tomara, diante do grande sucesso do piano, vem saber, que Niccolò Paganini estava à morte, em Nice, sul da França. Alguma coisa nele fez com que ouvisse a notícia com indiferença.

Ficar, partir. Era a sua dúvida. Se fosse partir queria ir para Viena. Os pais tinham decidido voltar para a Hungria.

Escreveu para a ópera de Viena, buscando lugar. Polidamente lhe responderam que, violinistas era o que não lhes faltava.

Na primavera, os pais partiram. Nunca mais os veria em vida.

O momento da separação foi particularmente pesado para Milena e para Dubrov. Louis e Georgy não se deixaram afetar por ela. Mas, Louis soube atender aos últimos anseios por carinho e afeição daquela que fora sua mãe. Foi muito atencioso, carinhoso e agradecido até o último instante. Prometeu que escreveria. Ele tinha plena consciência que havia sido dado a eles, que, verdadeiramente não era cigano. Mas, também, não teve curiosidade para saber mais. Tinha coisas mais imediatas com que se preocupar.

Julgou prático aceitar a posição de professor assistente.

Depois começou a examinar o ambiente social que o cercava. No mundo das artes, quem era quem.

Mais uma vez, aos dez anos estava só. Mais uma vez aos dez anos queria vencer e dominar tudo e todos com a sua arte.

A Lei do Progresso é igual para todos. Muita vez, quando nos decidimos por uma carreira, usando nossos talentos particulares, acreditamos que vamos vencer sem ter competidores. Na verdade, não é assim. Ao nos lançarmos, sempre encontramos outros competindo conosco.

Para podermos vencer temos que lutar, temos que ter algo que nos torne especiais. E, mesmo assim, não temos a segurança nem a certeza de que venceremos.

A "Casa" é do Pai. Os "Moradores" são filhos do Pai. Todos os que se aplicam, se esforçam, todos têm direitos "Na Casa do Pai".

Vejamos como estava a Europa contemporânea de Louis de Marie Asszorny.

1840 – Estavam no planeta, desde 1798 Eugenè Delacroix, pintor do Romantismo; Auguste Rodin, uma das maiores expressões da escultura; Frederic Chopin dava seu bem sucedido concerto de piano no Hotel Lambert; Claude Monet, luminar do Impressionismo, havia nascido; Gaetano Donizetti dava a conhecer sua ópera "Lucrezia Borgia", no Teatro dos Italianos.

O jornal "L'Atelier" é criado.

Auguste Comte estava ativíssimo, defendendo seu Positivismo; Honoré de Balzac lança "La Rabouilleuse"; Charles Dickens lança "The old curiosity shop"; Schopenhauer publica "Os dois problemas fundamentais da Ética"; e Schumann divulga sua "Sinfonia da Primavera".

1841 – Na antiga Tchecoslováquia, na região da Boêmia, nasce Antón Dvorák, autor que comporia muitos trabalhos para o violino; Johannes Brahms havia visto a luz do mundo em 1833 e também daria seu talento a textos para o violino; Franz Liszt, em 1839, produziu *20 Rapsódias Húngaras*, todas baseadas em temas populares daquele país, excelentes peças para o violino.

1842 – Nascem dentre outros: Stéphane Mallarmé, Camille Flammarion, Massenet. Balzac lança "A Comédia Humana"; Rossini compõe o "Stabat Mater"; Domenico Donizetti compõe a "Linda de Chamounix"; Verdi, num lance de grande inspiração, dá ao mundo o "Nabuco", um grito de liberdade.

1843 – Auguste Comte prossegue prolífico, sempre sobre o mesmo tema O Positivismo.

Nasce E. Grieg. Dickens lança "Contos de Natal". Wagner apresenta seu "Voisseau Fantôme", e Donizetti, o seu "Don Pasquale".

1844 – Auguste Comte pública o "Tratado de Filosofia e de Astronomia Popular", mas não é reeleito para a Escola Politécnica.

Nascem: Verlaine, Anatole France, Nietzsche, Rimski-Korsakov.

Paris ferve de energia. Aproxima-se a época chamada "Segundo Império": 1850/1871.

Mas o instrumento que fala mais alto é o piano. É a fase áurea de Chopin, de Liszt.

Louis, que esperava ter plateias para ouvi-lo tocar, para admirá-lo, viu-se obrigado a trabalhar como professor e membro de orquestras. No entender dele, meros coadjuvantes dos concertos para piano. Louis queria ensinar fora do Conservatório, onde o número de alunos querendo aprender a tocar o violino era pequeno. Mas, ele se via cercado de futuros pianistas, de futuros tenores, barítonos, baixos e das candidatas a soprano. Era o domínio do piano e das óperas.

Mesmo considerando que a maioria dos componentes de uma orquestra sinfônica eram as cordas, Louis somente via a posição de destaque do solista do piano. Sentia que os aplausos do público eram apenas para o pianista. Que, só depois do maestro, é que os aplausos vinham para eles, os músicos. E ele queria ser o centro das atenções. No entanto nem era notado.

Isto o deixava fora de si.

Louis procura se fazer conhecido nos meios culturais de Paris. Busca encontrar uma abertura para chegar até um mecenas, que pudesse ajudá-lo a se tornar conhecido. Mas, em seu caminho, somente encontra outras tantas almas buscando a mesma solução. São centenas de candidatos, aos mais variados campos das artes, muitos sem talento, mas alguns, gente de capacidade admirável, ainda que lhe doesse ter que reconhecer nos outros algum elemento que, eventualmente, os levasse ao tão aspirado sucesso.

Sem se dar conta, tendo ficado só, sem a proteção direta da mãe, Louis reinicia seu processo de obsessão. Ele se descuida, não faz suas orações, reabre seu cérebro para que nele entrem ideias de egoísmo; a paranoia latente começa a tomar espaço.

Vê em todos os professores, dirigentes do conservatório, inimigos a serem combatidos. Ele não compreende que ali estão todos trabalhando para o sucesso comum. Que é a musica, e a primorosa execução das composições, o que leva a alegria e a felicidade a todos. Que este é um dos objetivos da vida, alegria, felicidade.

Na orquestra, aonde vem galgando espaço entre os primeiros violinos, Louis almeja ser logo reconhecido como "spalla"[1], assim terá uma das mais importantes posições na condução da orquestra.

Como havia deixado vir à tona sua capacidade para a dissimulação, fez-se amigo do spalla de sua orquestra. Michel Driguescu, que era Romeno, e já estava na função havia longos quinze anos. Louis, pouco a pouco foi se fazendo útil, foi se fazendo de assistente de Michel. Era pródigo nos presentes. Procurava evitar que outros músicos

---

[1] Spalla – ombro, em italiano. Referindo-se à escapula, o úmero e à clavícula. Na orquestra sinfônica é o primeiro violino, último músico que entra no palco, antes do maestro. Cabe a ele dar o tom para a afinação da orquestra toda. Até meados dos séculos XVI e XVII ocupava a função de maestro, com o surgimento das óperas, estes dirigentes vieram ocupar aquela função.

se acercassem dele para resolver problemas. Foi realmente meticuloso no seu plano.

Durante os ensaios, Louis era sempre o primeiro a estar lá, era o último a sair, e logo depois de notar que, nem o maestro nem Michel estavam, ele partia célere, pois tinha outro plano em desenvolvimento.

Através da amizade que fizera na comunidade italiana, radicada em Paris. Louis logrou ser apresentado em casas de nobres italianos e, incentivado por eles criou um conjunto para tocarem música de câmera. Serviam como distração durante almoços, jantares, festas que se seguiam após a ópera. Tocavam nos batizados, nos casamentos.

A princípio foi um sexteto, mas logo, percebendo que em um quarteto ele poderia se sobressair melhor mudou a configuração do conjunto. Louis era hábil. Conhecedor de amplo repertório, trabalhou fazendo arranjos onde podia fazer intervenções solo, atraindo para si os olhares e a atenção de todos. Esta estratégia produzia seus efeitos. As damas vendo aquele belo jovem, alto, louro, profundos olhos azuis, com seus quinze anos, tão senhor de si no que dizia respeito à música, tão distraído no que dizia respeito aos jogos de atração praticados nos salões, lançavam seus encantos para atraí-lo. Quando não viam resultados, partiam para criar eventos em suas mansões, onde pudessem tê-lo presente.

Seja porque em seu cérebro só havia espaço para pensamentos de sucesso, seja porque seu espírito guardava no subconsciente a saudade de alguém que ele conheceu e que perdeu, Louis resistia às investidas, mas fazia bom uso delas, provocando-as, para isto utilizava seu talento único para as músicas ciganas.

O espírito cigano toca com grande sensibilidade as cordas mais sensíveis dos espíritos românticos, suas músicas se afinam com os corações sonhadores, corações que, ainda imaturos, aspiram viver grandes e arrebatadores romances. Provinha daí grande parte do sucesso de Chopin, de Liszt, de Wagner, cujas apresentações em público arrebatavam a todos, levando aos gestos extremados de louvor e admiração, que provocavam amores impossíveis de serem realizados.

Louis, contudo, participava dos jogos. Tirava proveito deles, trabalhando muito e fazendo-se conhecido. Mas, sempre voltava à sua base, a orquestra, onde estava a um passo de se tornar spalla.

Quando sozinho, mesmo caminhando pelas amplas avenidas de Paris, ou em casa, Louis falava sozinho, conversava com pessoas invisíveis. Eram os desafetos de antigas existências, espíritos parados no tempo da evolução, que vinham atraídos pelos pensamentos que Louis lançava ao espaço. Ele, com seu cérebro excitado, funcionando como um aparelho de rádio transmissor-receptor sintonizava, por meio de seus pensamentos de ódio, de vingança, de ambição, com os planos mais inferiores da espiritualidade, recebendo deles incentivo para suas ideias. Fazendo deles companheiros inseparáveis, os quais somente se abstinham de aproximar-se na hora em que o talento de Louis extrapolava em performances inesquecíveis. Aumentando suas vibrações para o nível de planos mais elevados.

1847 - UMA GRANDE PROVAÇÃO

Outono. Em toda parte as folhas se cobriam daquela característica cor de ouro velho e se derramavam pelas avenidas e bulevares parisienses.

Louis e seu quarteto haviam sido convocados para tocar no que seria a apresentação de uma jovem condessa italiana à juventude dourada de Paris. Solicitaram um programa suave, leve e romântico. Para Louis era uma grande oportunidade, demonstraria todo seu talento, com certeza colheria os tão desejados aplausos. Elaborou um repertório abrangendo Vivaldi, Bach e românticas peças do repertório cigano.

Desta vez Louis disse para si mesmo, vou mudar algumas coisas. Avisou que chegariam todos os músicos no horário aprazado, em coche especialmente puxado por lindos cavalos brancos. Isso porque pretendia entrar pela porta principal da mansão e não mais pela porta dos empregados.

Tinha em mente algo até então nunca realizado antes.

No dia apropriado, todos os músicos vieram a ter em casa de Louis. Lá, ele os vestiu ao estilo do tempo de Luis XV, depois partiram em uma carruagem, especialmente alugada, que fora decorada com guirlanda de flores. Por onde passavam, tocando com grande estilo, chamavam a atenção de todos.

Finalmente chegaram a um Château nas cercanias de Versailles. Ele conseguiu, contrário ao costume da época, a carruagem avançou pela pista do jardim e parou diante da entrada principal. Dela desceram Louis e outros três músicos, todos empunhando seus violinos, e tocando *As Quatro Estações* de Vivaldi. O impacto planejado se fez presente de imediato.

A Dama que os contratou, ao invés de reclamar porque os músicos estavam entrando pela porta principal, achou a inusitada entrada maravilhosa, algo fora do comum, nunca visto em Paris, convocou todos os jovens para acompanhá-la, desceu célere as escadarias e foi recebê-los:

– Que maravilha, que som belíssimo. Vamos todos ouvir, venham, venham!!!

Quebrava-se ali um hábito arraigado. Criava-se um novo procedimento.

Foi uma tarde de glória para Louis. Todos os jovens se deixaram enlevar pelas músicas. Todos envolveram o quarteto e se puseram a deliciar-se com os belos temas ciganos. Louis tocava e dançava ao som da música. Sorria para todos e sua capacidade de comunicação se fazia presente. Os jovens, diante da novidade, achavam tudo maravilhoso, tudo encantador.

Quando findou a programação, Louis foi convocado à presença da jovem homenageada.

Até aquele momento, tudo o que Louis havia notado era a beleza incomum da jovem.

Quando fez a reverência Louis ouviu.

– Senhor, agradeço seu esforço para fazer desta bela tarde um momento de alegria inesquecível para mim. Eu estava temerosa de vir a Paris, agora sei que poderei ser feliz aqui como era em minha terra natal. Saiba, sua música, seu talento e sua delicada homenagem, vestindo-se com tamanho apuro, lembrando a corte do rei Sol, muito me sensibilizam.

Estendeu sua bela mão, a qual Louis respeitosamente osculou. Ao olhar para aquele lindo rosto e admirar de perto aqueles cabelos negros e lindos olhos azuis, Louis despertou para uma nova realidade.

Começava um novo drama. Louis vencia com sua arte, Louis encontrava seu destino.

Raffaela Augusta Del Provere i Urbino, era a neta do novo embaixador Italiano em Paris, Duque de Urbino e de sua mulher Donatella Augusta Del Provere i Urbino.

Alegre com o sucesso alcançado pelo seu estratagema, Louis se encontrou com a imagem daquela que um dia ele amara. Sua memória não o alertou de nada. Seu inconsciente fez seu coração disparar. A partir daquele dia na vida de Louis estaria presente o amor.

Procurou saber mais sobre o novo objeto de suas atenções. A idade de Raffaela Augusta era quinze anos. Nascida em Roma, vinha ao exterior com os avós, com quem sempre residiu, pois ficou órfã ao nascer. Tinha excelente nível cultural e, isto refletia na sua personalidade, era educada e calma. Segura, pois seus conhecimentos de filosofia a dotavam de grande conhecimento das questões que afligem o Homem. Dominava os três idiomas mais importantes da época – o Italiano, o Francês e o Alemão.

Apreciava os clássicos gregos. Tinha curiosidade pelas teses de Auguste Comte. Mas era a música o que lhe dava alegria e encantava o espírito.

Durante algum tempo Louis não tornou a vê-la.

Como resultado de sua ousadia ao fazer a entrada triunfal que fizera, seu nome passou a ser dos mais citados nos meios musicais. Seus serviços mais requisitados. Sua fama crescia.

No íntimo, Louis julgava aquilo tudo pouco. Queria mais, queria tocar à frente de uma orquestra com um mínimo de cem violinos. Queria ver e ouvir um público imenso se render ao domínio de sua arte. Seus sonhos de grandeza estavam crescendo. Agora ele via, durante a vigília da noite, centenas de pessoas aplaudindo e pedindo bis a imaginárias apresentações suas.

Certa tarde, logo ao fim do inverno de 1848, Michel Driguescu, foi vítima de um atropelamento por uma carruagem. Foi a abertura para Louis se tornar spalla da sinfônica.

Grande transformação. Se, até então, tinha sido prestativo, amigável, paciente. Tornou-se irritado, egoísta, ostensivamente antissocial. Logo que assumiu sua posição, numa oportunidade em que o público aplaudia a peça que acabavam de tocar, vendo o Maestro se curvar, levantou-se e foi até ele para cumprimentá-lo. Talvez tenha sido criado ali o hábito hoje tão comum, que vemos repetido nas orquestras modernas.

Tudo em Louis era estudado para causar efeito. Ele não suportava ficar em segundo plano. Ele não aceitava que antes dele tivesse existido alguém que tocasse o violino tão bem.

Sua paranóia crescia. Se alguém se destacasse, pois há momentos em muitas peças orquestrais em que outros profissionais são chamados a destaque, tocando solo, ele passava a maltratar aquele colega. Pisava em público. Abusava da posição conquistada. Agia insanamente. Todos ou o temiam ou odiavam.

Andando nas ruas, seguia falando com suas sombras. À noite, ele se ocultava em seus sonhos de grandeza. Nunca mais se lembrou de sua mãe, do pai, de ninguém.

Ele era seu personagem favorito. Restava apenas uma pequena questão, seu coração vibrava por Raffaela Augusta.

Na primavera, teve oportunidade de revê-la. Fora chamado a tocar em uma festa na embaixada Italiana.

Os salões estavam cheios, homenageava-se alguém muito importante vindo de Roma.

Mas, ele recebeu de um dos garçons uma nota escrita.

Dizia: – Prezado Senhor: Agradeço uma vez mais a belíssima recepção que me proporcionou quando cheguei a Paris. Creio que convenci minha avó a permitir que eu tenha aulas de música, para tocar o Violino. Seria possível que o senhor viesse ter com ela para acertar os detalhes? Ou para minha idade já é demasiado tarde? De qualquer modo agradeço sua resposta. RA.

Antes de se retirar, Louis voltou a falar com o Mordomo e, por meio dele, mandou a resposta.

Prezada Senhora Condessa: Honrado que tenha se

recordado de minha humilde pessoa, apresso-me em dizer que para a música não há idade. Poderei vir no próximo sábado, em uma hora que a Senhora Condessa determinar. Seu servo Louis.

Dois dias depois chegou um envelope onde estava um cartão dizendo apenas:

Sábado – 11h00 da manhã. RA.

Paris, ano de 1848, estamos no limiar do que viria a ser conhecido como segundo império. Louis-Napoléon Bonaparte, sobe ao trono como Imperador Napoléon III (1852).

Sob a direção do prefeito Haussmann, Paris vai ter grande progresso urbano.

Arquitetos famosos trabalham na construção do novo Louvre; na edificação da Ópera; acontece a construção de igrejas, sinagogas, bibliotecas, prefeituras, teatros, as primeiras grandes lojas de departamentos, grandes hotéis, magníficas fontes luminosas; todos contribuem para o que viria a ser um espantoso crescimento, triplicando a área da cidade em dez anos. Superando Viena. A cidade atrai artistas aos milhares. Era o surgimento da verdadeira Cidade Luz.

Louis ainda sonha com glória. Mas seu comportamento, desde que se tornou spalla, aumenta o número de seus desafetos. Também no conservatório, onde queria postos mais elevados, faz inimizades sérias. Pouco a pouco, da ausência de amigos e conhecidos, que era característica de sua existência, Louis vai ficando isolado. Julga-se superior a todos, melhor do que todos. Sua vaidade e orgulho vão além do aceitável socialmente. Somente seus lances de marketing é que o preservam sob os holofotes de uma sociedade que ama o espetacular, adora o bizarro, tem sede e ânsia pela novidade. Louis continua repetindo o estratagema da carruagem e cavalos brancos e dos trajes Luis XV. Trajes diferentes, fantasias exóticas, tudo para chamar atenção. E tudo dá resultado. Paris tem ânsia por alegria, por lazer.

No dia aprazado, Louis comparece à residência do Duque d'Urbino. Conduzido a uma bela biblioteca, aguarda por breves minutos. Logo tem diante de si, a Condessa e sua neta.

Sem o saber, Louis e a Condessa, cada um registra na alma um sentimento súbito de surpresa e de tristeza. Versados nos jogos sociais, nenhum se deixa trair, nem mesmo por um leve tremor.

Na alma da Condessa, contudo, um turbilhão arma uma reação emocional muito forte, e a custo ela consegue se conter.

Na aparência, Louis não era parecido com Giacomo, mas os olhos são as janelas da alma. Estes eram idênticos. Os gestos atenciosos. A forma respeitosa de tratá-las, tudo fazia com que a Senhora Condessa se visse retornando a Ferrara, na sua juventude. Mas, o entusiasmo de Raffaela Augusta pela ideia de poder se iniciar na música interrompe os seus pensamentos.

– Vovó, conforme lhe pedi, eu gostaria de completar a minha educação, que a senhora e meu querido avô me proporcionam, acrescendo o conhecimento da música. Desde que ouvi Mestre Louis, na memorável tarde de minha apresentação aos jovens nobres de Paris, que me convenci de que um músico como ele, sem dúvida deve ter o poder de ensinar com perfeição, tal é o talento que demonstra ao tocar seu instrumento. Assim, eu vos peço, permita que ele venha ser meu tutor musical.

A Condessa, falando de modo pausado, pensando em cada palavra que dizia, respondeu:

– Querida Raffaela Augusta, seu avô e eu somente cumprimos com nosso dever ao proporcionar a você o que há de melhor, em tudo. Também eu, na minha juventude experimentei aprender algo sobre a bela música e o violino. Foi uma pena, que minha vida logo me apresentou responsabilidades que não me permitiram continuar praticando tudo o que logrei aprender em cerca de quatro anos de estudos. Quero que você ouça o que vou dizer com o grande senso prático que sei que você tem. Em breve surgirão, também para você, as mesmas oportunidades de vida que, inesperadamente, surgiram para mim. Você será chamada a cumprir o seu papel de mulher na vida de algum nobre cavalheiro, que esperamos saberá amá-la e respeitá-la como seu avô nos ama e respeita. Assim, eu concordo com que você inicie estudos de música. Se Mestre Louis puder aceitá-la por aluna, teremos aulas, às quais faço questão de assistir, pois me dará oportunidade de relembrar tudo o que aprendi. Espero somente que tanto você quanto seu Mestre compreendam que não sabemos até quando as aulas poderão durar. Somos sujeitos ao que a vida nos apresenta, devemos cumprir com nosso papel.

Enquanto falava, a Condessa Donattela Augusta Del Provere i Urbino, olhava firme para Louis. Era como se dissesse que ali não poderia acontecer nada além do que aulas de música. Ela não havia se esquecido de Giacomo, nem das emoções que sua música havia provocado em seu coração juvenil. Queria evitar para sua neta as dores que teve de superar, quando seu pai a levou para Roma, para casar-se. Sabia, contudo, que isto seria difícil, pois, quando se é jovem, o espírito anseia pelo amor. Daí se propunha, também a estar presente às aulas, ainda que já naquele tempo tal comportamento não estivesse mais nos hábitos das pessoas. Mestres e tutores tinham acesso direto a seus educandos.

Tudo resolvido, inicia-se um novo período de aprendizado para aquelas almas.

Louis saiu da entrevista mais confuso do que nunca. Não era Raffaela, na verdade era Donatella Augusta, a condessa, quem lhe causava brutal impacto nos sentidos. Donde vinha aquela voz, donde vinha aquele equilíbrio, aquela firmeza? Onde ele tinha conhecido aquela beleza madura? Como pudera se equivocar sonhando com a neta, era a avó, ainda jovem, quem o atraía?

As aulas se iniciaram.

Entre 1848 e 1850, os estudos abrangeram toda a base teórica necessária ao domínio da leitura e da composição dos textos musicais. O tempo requerido para as aulas era pouco, tanto a jovem aluna, quanto a família tinham que atender a muitos compromissos.

Contudo, Raffaela Augusta era dona de arguta inteligência. Sua atenção, sua dedicação deixavam mestre e avó, plenamente satisfeitos. Louis criara o hábito de, ao fim de cada aula, brindar as duas damas com uma peça musical.

Assim, aqueles encontros, não criavam oportunidade alguma para extravasar para outros assuntos que não a música. Embora desiludido, sofrendo, Louis dissimulava perfeitamente seus sentimentos por Donatella Augusta. Ali, era gentil, atencioso, respeitoso. Fora dali era agressivo, vaidoso, exigente, grosseiro, impertinente. Buscava de todos os modos compensar suas frustrações amorosas e a ausência de grande sucesso em sua carreira, agredindo a todos, mesmo desconhecidos.

Suas ideias megalomaníacas o levavam a se chocar com muitas pessoas, algumas poderosas.

Louis queria, por todos os propósitos, brindar a população de Paris, com um grande espetáculo de Primavera, quando se propunha, à frente de mil músicos, tocar as mais belas peças para violino e orquestra, de modo a arrebatar Paris e seus visitantes.

Sem o saber, anos depois, já no início do século XX, Johann Strauss Filho, realizaria seu sonho, durante uma turnê pelos Estados Unidos. Em meados daquele mesmo século, Jean Michel Jarre repetiria o fato. Hoje em dia, embora não servindo ao que podemos chamar de a melhor música, os famosos "shows" reúnem facilmente, não mil músicos, mas dezenas de milhares de pessoas do público.

Seu trabalho se ampliou, quando no ano de 1851, finalmente, Raffaela Augusta começou a se exercitar com o violino. Seu aprendizado teórico demonstrou logo, aliado a um talento inato, que a moça estava pronta para progredir rapidamente, bastando para isto total dedicação. E foi isto que ela fez. Em alguns meses, Mestre e aluna, diante de uma avó embevecida, tocavam belos duetos.

1850 - PARIS - AS MESAS FALANTES

Como já dito, Paris era um cadinho de muitas culturas, cérebros mais e menos privilegiados, aventureiros de toda espécie, sendo o centro do mundo, a Cidade Luz, atraía todos.

Nas reuniões, saraus, encontros, surgiam modas todos os dias. Uma delas foi a das sessões para brincar, fazendo uso de mesas e cadeiras falantes, e copos que dançavam sobre alfabetos.

Era chegado o tempo de a humanidade dar um dos mais importantes passos para sua evolução.

Quando passou pelo planeta, o Cristo Jesus prometeu enviar um Consolador, que completaria sua obra. E, felizmente, o momento era chegado.

A espiritualidade superior, que podemos chamar de engenheiros siderais, ou ainda pedagogos universais, concluiu, sob a inspiração do Pai Eterno, que já era chegado o tempo de trazerem ao conhecimento dos encarnados algumas verdades, que se encontravam amortecidas no esquecimento, para ajudar a completar a formação moral do ser humano. Muitas almas recém-encarnadas já haviam sido iniciadas nessas verdades, as quais embora universais e eternas encontravam-se adormecidas na consciência humana.

Séculos antes, quando Moisés esteve na Terra, a primeira tentativa de divulgar as possibilidades da comunicação entre encarnados e desencarnados havia descambado para o mau uso, pela fraqueza da alma humana, para caminhos não desejáveis. Logo o mundo daquela época se viu presa de feiticeiras, leitoras de sorte, etc., as quais assistidas por espíritos de baixo nível de desenvolvimento, davam espetáculos de zombaria contra as verdadeiras leis de Deus. O processo foi, então, amortecido, para que em outros tempos, quando o homem tivesse amadurecido um pouco mais o seu espírito, pudesse ser retomado. Era preciso que o Homem alcançasse muitas outras conquistas morais, sociais, culturais, antes de ser dado a ele, livremente o conhecimento e o mecanismo da mediunidade.

A própria imprensa, instrumento básico para a divulgação da cultura e dos ensinamentos, só foi possível ser concretizada em 1430, quando a raça humana atingiu, em boa proporção da população da Terra, a capacidade do raciocínio contínuo.

Durante todos aqueles séculos, muitos espíritos, empregando corretamente o livre-arbítrio, foram alcançando patamares mais elevados de conhecimento. Foram crescendo, moral e intelectualmente, foram conhecendo e utilizando todos os recursos que Deus põe ao dispor do homem para ajudá-lo. Grandes filósofos, grandes descobridores, grandes inventores, almas de alto grau de desenvolvimento foram comparecendo, pouco a pouco e dando suas contribuições, para que, como é justo, como é certo, o progresso fosse alcançado mediante o esforço e o trabalho do próprio Homem.

Ao mesmo tempo, espíritos rebeldes, orgulhosos, prepotentes, preguiçosos, de todo jaez, continuaram com seu esforço de tudo destruir, de a todos intimidar. Por isto temos assistido, há séculos, às guerras, às pragas, às endemias. Surgimento de classes raciais mais privilegiadas que outras, numa humanidade que é filha de um único Deus. Manutenção feroz de preconceitos de raça, cor, religião, etc., onde todos são iguais.

Mas, retornando ao nosso assunto principal, era chegada a hora de algumas verdades serem desvendadas. Para lograr sucesso, lançou-se mão de um artifício, foi permitido que o assunto surgisse entre as pessoas levianas, que vivem à busca de emoções e distração. Era preciso divulgar os eventos.

Mas, ali em Paris, pelo menos duas almas estavam preparadas para ver o assunto com a seriedade que ele merecia e requeria.

Uma delas era Hippolyte Léon Denizard Rivail – o Allan Kardec; a outra pessoa era Léon Denis.

Homem culto e sério, Rivail quando foi confrontado por mesas que "falavam" [respondiam a perguntas por movimento mecânico sobre letras do alfabeto, dispostas no solo] raciocinou que, coisas inertes, não têm vida própria, nem inteligência, mas que na presença de pessoas com dotes especiais, logo chamadas de "médiuns" (ou intermediários), respondiam com inteligência a perguntas feitas com lógica. Da observação à conclusão, podemos dizer foi um passo. Deveria haver oculto, por detrás de tudo aquilo, ou mesmo vindo do invisível, alguém que fosse a fonte daquela comunicação inteligente. Rivail era Cristão e conhecia a existência da alma. Concluiu que estava diante de comunicação com almas inteligentes.

Passou a investigar mais. Logo viu que os fenômenos se repetiam por toda Europa, e nos Estados Unidos. Passou a corresponder-se com pessoas, no mundo todo, e obteve evidências de que as falas por detrás dos objetos inanimados, e outros fenômenos, eram de caráter sério, relatavam ensinamentos de conteúdo moral irrepreensível. Isto sempre que as perguntas fossem sérias.

Não saberia dizer quando ocorreu, mas a moda das mesas falantes, como todas as modas, logo cedeu.

As comunicações conduzidas sob ambientes controlados, utilizando-se de médiuns, prosseguiram. Novas capacidades de comunicação, depois denominadas de Psicofônia, Psicografia, Visão, Materialização, foram surgindo em pessoas diferentes que, mediante procedimentos sérios, em grupos que buscavam orar e suplicar a ajuda de Jesus para seus trabalhos vinham, pouco a pouco se formando, em Paris, Lyon, Milão, Londres.

Foram anos de trabalho, do levantamento de milhares de fatos ocorridos em sessões, de confirmação apurada de dados básicos para autenticação das fontes. Finalmente, em 1857, veio à luz o Livro dos Espíritos[1], obra básica da

---

[1] É vital que todos entendam: Kardec não inventou o espiritismo. Kardec não é o dono do espiritismo. Na verdade, ninguém o é. Ninguém detém direito algum sobre os ensinos espíritas, e os fenômenos espíritas são universais. Em todas as latitudes e longitudes, sob as mais variadas circunstâncias, médiuns servem [vejam bem: servem] de instrumento para que espíritos tragam seus ensinamentos e instruções. Kardec é apenas o CODIFICADOR do Espiritismo Cristão, sim, porque o Espiritismo se baseia nos ensinamentos e exemplos do Cristo, ampliando, na medida do que é possível para a compreensão humana do momento, a visão do magnífico universo que foi criado por Deus para que nós, Suas criaturas cresçamos em moral e inteligência. Sempre que ouvirmos falar de algo dito por um espírito, devemos comparar com aquilo que Jesus Cristo ensinou. Prevaleçam sobre tudo o mais, a palavra e o exemplo de Jesus.

Codificação do Espiritismo Cristão.

O Espiritismo é Cristão, porque veio do Cristo e dos ensinamentos de seus auxiliares, que administram a Terra, dentro dos planos de Deus. O Espiritismo não veio destruir religião alguma, veio explicar e expandir o conhecimento das Leis de Deus.

Como resultado do comportamento de Louis, do sucesso de Raffaela Augusta, as aulas e os pequenos saraus, vez ou outra se estendiam, para diálogos sobre o que transcorria em Paris.

Isso significava, falar do Positivismo de Auguste Comte. E neste particular, os pontos de vista esposados pela senhora condessa, deixavam mestre e neta admirados. Ela buscava palavras que não ferissem a sensibilidade de quem quer que fosse, nem mesmo dos servos que vinham trazer-lhes o chá.

Donatella Augusta, dizia que havia lido o manifesto Comunista de Karl Marx, que lera artigos publicados por Comte. Que, a seu ver, de modos distintos, os dois aspiravam uma perfeição da sociedade, um nível de justiça, uma condição de ordem, de respeito, de progresso, que as pessoas, as populações, não estavam ainda preparadas para fazer funcionar, não tinham a suficiente base psíquica para suportar. Teremos que evoluir muito, para chegarmos a um nível de

---

Todos nós somos espíritos encarnados, pela vontade de Deus, num processo infinito de aprendizado moral e intelectual. Todos somos irmãos, filhos do mesmo Pai. Tudo o mais, em termos de organizações hierárquicas, classistas, é fruto do orgulho, vaidade e teimosia dos seres humanos. Na verdade, se soubéssemos valorizar a vinda do Cristo Jesus à Terra, na real medida que tal visita teve e tem para a humanidade, teríamos evitado o desperdício de séculos e séculos de sofrimento, os quais teimamos em repetir a cada lustro, sem nos darmos conta do precioso tempo que estamos jogando fora. A verdadeira felicidade, a paz, a nossa união com outras humanidades, mais avançadas do que a nossa, depende somente do nosso esforço.

entendimento, conhecimento moral, sob os quais possamos instaurar quiçá o misto das duas filosofias. Aliás, na verdade, estas teorias são em si desnecessárias, basta que obedeçamos aos Mandamentos da Lei de Deus, para que tudo o mais funcione a contento. Eu sinto em mim, uma certeza, nós não viemos ao mundo uma só vez. Os sábios da Índia creem na reencarnação, como um processo de purificação que nos levará ao Nirvana dos Budistas. Eu só vejo uma forma da perfeição da Justiça de Deus, todos têm que crescer moral e intelectualmente, para chegarmos a merecer sermos felizes para sempre, e isto requer várias existências, pois no pequeno prazo de uma vida, não vejo como alguém possa atingir a condição necessária para desfrutar da felicidade eterna. É um processo de aprendizado e crescimento que, através do mérito individual, nos faz, pouco a pouco, aproximar de Deus.

Tanto Louis como Raffaela Augusta ouviram embevecidos. Louis até então tinha se mantido afastado de questões filosóficas. Fora dali, insistia em pensar apenas sobre suas aspirações pessoais. Disse que iria meditar sobre aquelas palavras e depois voltariam ao assunto.

Naquele dia, Louis ficou realmente acabrunhado. Seu pensamento não se afastou da figura de Donatella Augusta, ele sentia que ela nunca poderia ser companheira dele. Havia empecilhos intransponíveis, além da idade, de ela ser casada, ele via quão honesta e pura ela era. E, no entanto, tudo nela o fazia sentir-se mais e mais atraído.

Que injustiça, ele com todo o talento de que dispunha, seguiria sendo um mero spalla, um professor. Enquanto isso, outras pessoas nasciam para desfrutar de todas as benesses. Ele quase compreendia o pensamento dela sobre as vidas sucessivas, ele também começava a pensar que uma vida só não era o suficiente para todos serem felizes. Tinha que haver algo mais. Ou, então, Deus havia fracassado em Sua obra. As bases das motivações dos pensamentos da Condessa eram bem diferentes das de Louis, embora tratassem do mesmo assunto.

Apesar de ter recebido todo o carinho e o amor de Milena, apesar de ter sido instruído por seu amigo, o Padre Jean Colbert, e eles nunca lhe terem acenado com a possibilidade da reencarnação; apesar de não se lembrar no consciente, seu inconsciente, tinha vivas as lembranças do curso de Introdução ao Espiritismo, que havia frequentado no espaço, antes de nascer. Mas Louis queria o poder, queria mesmo era dominar as plateias; queria tê-las a seus pés, implorando por mais demonstração de seu talento. Jamais lhe ocorreu que ele era simples intérprete. Tinha muita técnica, era muito hábil, mas a beleza era conteúdo das músicas, que eram fruto da inspiração de outros. Nunca pensou que os frutos são o resultado do "esforço" das árvores. Que todos devemos nos dar as mãos, para juntos caminharmos na obra grandiosa de Deus. Ele nunca olhou em derredor, para ver quantas vezes mãos esquálidas estavam estendidas, pedindo a misericórdia pública. Ele nunca parou para pensar que, enjeitado sabe-se lá o porquê, nunca passara fome, nem frio. Mesmo agora que vivia só, nada lhe fazia falta. Era somente a fama, o sucesso, o reconhecimento que lhe faltavam. Isso o deixava completamente desequilibrado. Nestas fases, tornava-se um carrasco para aqueles que trabalhavam com ele. Humilhava e pisava todos.

Louis estava passando pela segunda existência sem nunca olhar para os pobres, os enfermos, os desabrigados. Por duas vezes, tinha encontrado a segurança material, mas como todos nós, estudantes da verdade, aprendizes do amor universal, ainda não havia aberto bem os olhos para a verdade ao seu redor, ainda não havia aprendido a amar o próximo. Somente pensava em si, nos seus objetivos, nos seus desejos, nos seus sonhos, na sua segurança. A ampulheta do tempo corria célere, e ele, assim como quase todos nós, não se dava conta de quão precioso é o tempo, muito menos se recordaria de que "a quem muito for dado, muito será pedido."

1850 - 1857
O ALVORECER DE UMA NOVA ERA

Louis ficou curioso sobre as mesas falantes. Também ficou pensando sobre a multiplicidade das existências. Afinal, ele sonhava muito, via-se em locais e épocas distantes, falando idiomas que ele desconhecia. Sempre ligado à música, mas eram sem dúvida épocas passadas. Por quê? Indagava de si mesmo. Teria ele uma mente tão criativa? Mas, se era somente sua criatividade, por que os temas sempre se repetiam? E, que história era aquela de mesas responderem a perguntas?

Logo que seus outros compromissos permitiram, procurou um jornalista conhecido e manifestou a ele a sua curiosidade. Saberia o amigo dizer onde ele deveria ir para testemunhar uma sessão com mesas falantes?

Foi encaminhado a um endereço em Mont-martre. Era residência de uma senhora sul-americana, uma brasileira, disse-lhe o amigo. Lá certamente ele teria oportunidade de satisfazer sua curiosidade.

No dia indicado, para lá se dirigiu Louis.

Ao chegar, foi amavelmente recebido por uma dama de

uns cinquenta anos de idade e de invulgar simpatia. Apresentou-se, disse ao que vinha, mas não revelou nada sobre suas atividades, nem nacionalidade, e foi admitido à residência de Madame Maria da Glória de Morandé. Ali, naquela casa, encontravam-se diversas outras pessoas. Casais, pessoas sozinhas, militares e um sacerdote da Igreja. Quando o grupo já perfazia umas vinte pessoas, Louis viu chegar um senhor robusto, que foi recebido por todos com sinais de amizade e de respeito. Indagou de quem estava mais próximo quem era o novo visitante. Obteve por resposta um nome ao qual não ligou nenhuma importância de imediato: – É o Professor Denizard Rivail.

Vendo que, todos os que deviam estar presentes, ali se encontravam, Madame de Morandé, tomou a palavra.

– Meus amigos e irmãos em Cristo, agradeço a vossa presença. Agradeçamos agora ao Pai por esta oportunidade de estarmos nos reunindo em Seu nome. Convido-os a orarem comigo o Pai Nosso.

Segui-se a oração que o Cristo nos ensinou, e Louis curioso notou que somente o Padre se persignara. Mas todos oraram de modo respeitoso.

– Temos hoje o prazer de contarmos com o Professor Denizard Rivail, que vem nos orientando sobre nossas pesquisas com magnetização das mesas e nossos primeiros contatos verbais com o invisível, através da mediunidade da Senhora Charlotte, esposa do Coronel du Brigadier. Professor...

Denizard Rivail dirigiu-se calmamente a todos: – Amigos e irmãos, cada vez fico mais convicto de que já não carecemos mais das mesas, para nos comunicarmos com o invisível. Todas as informações que recebo de toda a Europa indicam mesmo que tal recurso deve ser abandonado, pois, é chegado o momento de irmãos e irmãs nossas, médiuns, começarem a dar seu testemunho no trabalho da comunicação entre este plano físico e o plano espiritual. Meus estudos, minhas pesquisas, as correspondências que recebo relatando a replicação dos fenômenos, tudo me permitem dizer que, temos em mãos uma chave para abrir uma porta que vai nos conduzir a um tesouro único. Creio mesmo que poderei até me comprometer em dar-lhes, em breve, um livro sobre o assunto. Mas não percamos tempo com divagações, nosso tempo é precioso.

Vamos nos concentrar e pedir a Deus que mais uma vez nos abençoe. Que permita que Madame du Brigadier possa mais uma vez nos pôr em contacto com os espíritos.

Fez-se silêncio, todos se deram as mãos. Ouve concentração, recolhimento e, cerca de cinco minutos depois, Madame du Brigadier começou a falar com voz nitidamente masculina.

Louis era o único ali a demonstrar espanto. Todos os demais já haviam se acostumado com o fenômeno.

A entidade então falou: – Louvado seja o Senhor Nosso Deus, criador de todas as coisas no Universo. Louvado seja o Senhor Cristo Jesus, nosso irmão maior, que nos permite a alegria de vir até aqui para lhes dar nossa palavra de orientação e conforto, para guiá-los no caminho da luz.

O momento é de grande valia para o progresso

da humanidade. Já se faz presente a necessidade de a humanidade ter acesso a mais informações sobre os mecanismos das leis do Criador, para que possa prosseguir com sua evolução moral e intelectual. Vencidas várias etapas, ao longo destes quase dois mil anos da vinda do Cristo, chegou o momento de darmos aos estudantes e trabalhadores da seara divina, melhores instrumentos, para conhecerem e compreenderem as verdades eternas.

Lembremos que assim como o Cristo, que é puro e perfeito, que veio apenas para nos ensinar e para nos ajudar, também, devemos nos preparar para as dificuldades que serão levantadas pela ignorância, pelos interesses do mal, que vão assacar contra todos os que buscarem estes novos caminhos do progresso, na tentativa de impedir a verdade de ocupar seu lugar no conhecimento humano.

Hoje, mediante pedido de um irmão nosso, vamos dirigir uma mensagem àquele que domina as cordas. Meu caro irmão, nascido na distante Budapeste, vieste com teus protetores viver em terras francesas. Voltaste ao caminho abandonado em outra vida, e segues com tua arte encantando a muitos. Que isto baste para dar-te alegria. Querido filho, não te esqueças de ajudar aos que sofrem, não penses que podes dobrar o tempo e dispô-lo ao teu prazer. Lembra das lições que tua mãe te ensinou. Segue sozinho no teu caminho, ainda desta vez, dia virá em que poderás de direito, por teus méritos, ter tua família na Terra. Mas até lá, evita alimentar qualquer ilusão. Se persistirdes, farás muito mal a quem amas. Aproveita e acompanha os estudiosos do bem. Conhece-te a ti mesmo, aprende a amar teu próximo. Ouve teus guias espirituais.

A entidade ainda teceu alguns comentários mais.

Louis, perdido em meio àquela mensagem, que era evidentemente para ele, pois ali não se achava ninguém do meio musical, sentia fortíssima emoção. Nunca poderia imaginar defrontar-se com o que acabava de ouvir. Viera até ali, para ver algo mais parecido com um espetáculo de circo, e acabara recebendo um recado profundamente importante. Tudo o que foi dito era possível de ter sido descoberto por alguém, mas a menção velada ao amor impossível, esta ninguém conhecia, era seu segredo, o mais íntimo que guardava.

Ao término dos trabalhos, que duraram cerca de hora e meia, Louis agradeceu ter sido recebido, pediu para voltar, no que foi aceito e despediu-se. Chegando ao Professor Denizard Rivail, ouviu dele uma frase de simpatia.

– Caro jovem senhor, apraz ao coração ver jovens interessados no estudo sobre os espíritos. Espero vê-lo em outra ocasião.

Ao toque de suas mãos, Louis sentiu um influxo de bem-estar e paz que, de pronto, serenou seu espírito assustado. Mas ele teria material para pensar muito, durante o resto da noite e por muitos dias vindouros.

Como sabiam que ele "dominava as cordas"? Como sabiam que ele havia nascido em Budapeste, se tal fato não constava de nenhum documento, e nem ele mesmo jamais havia sequer citado algo sobre o assunto de sua origem? Como tinham desvendado o segredo de seu amor impossível? Como, como? Ele teria que voltar e procurar as respostas para todas essas dúvidas. Ele queria conhecer mais sobre aquele mistério.

Louis ficou ainda mais pensativo, mais reservado. Algo lhe dizia que a fonte daquela mensagem poderia dar-lhe mais informações sobre sua vida, por que, estando cercado de gente de cultura e das artes, num mundo que valorizava tais qualidades, ele se via, com todo seu talento, sua maravilhosa técnica, seu vasto repertório, subordinado a ficar em posição secundária?

Ele sentia que o momento era próprio para valores individuais brilharem nos céus da França. E, naquela época, sair-se bem na França era ser bem-sucedido no mundo todo.

Teria que voltar. Agora, como ele iria comentar a experiência com a Condessa e com sua neta? Seria conveniente trazê-las a uma daquelas reuniões?

No plano espiritual, aqueles que não queriam ver Louis se livrar de suas influências nefastas, voltavam à carga. Ideias do tipo: – Que nada, é tudo falso, é tudo arranjado! Vai ver que o jornalista conhecido passou a ficha dele para aquela senhora Tolice. Como é que ele ia negar-se o direito ao amor? Afinal era a felicidade dele que estava em jogo. E, outras coisas do tipo circulavam por sua cabeça, como se fossem ideias originais dele, mas eram na realidade insufladas pelos seus "parceiros" espirituais que, longe de querer a felicidade dele ou o domínio da verdade, queriam é que tudo fosse ficando cada vez mais confuso e triste. É no caos que estas entidades vicejam.

Na orquestra, surgiu um outro empecilho para que

Louis tão cedo voltasse às reuniões. Os dirigentes da mesma haviam firmado compromisso para uma turnê por várias capitais da Europa. Assim, previa-se, estariam fora de Paris pelo menos por quatro meses.

Louis atirou-se àquela oportunidade. Começou um plano para influenciar o maestro dirigente, para que este colocasse no programa algumas apresentações "solo" do spalla. Novamente, Louis foi pródigo com presentes, com atenções, com sorrisos, etc.

O resultado foi que seus desejos foram atendidos. Sim, ele teria a oportunidade de tocar algumas peças solo.

Quando voltou à mansão da Condessa, Louis tinha muitas novidades.

Obviamente narrou em primeiro lugar a notícia da turnê. Ressaltou o papel que iria desempenhar.

Tecia castelos no ar. Só depois foi que abordou o assunto da sessão. Narrou que, naquele grupo em que estivera, já não mais operavam com mesas, nem com nenhum outro recurso inanimado.

Que agora as comunicações se realizavam por meio de pessoas, a quem chamavam "médiuns".

Disse que as palavras ouvidas nas mensagens eram de conteúdo moral e religioso. Mais amenas, mais sinceras do que aquelas que ele estava acostumado a ouvir nas missas. Ressaltou que havia conhecido várias pessoas que lhe pareceram ser pessoas de bem. Dentre elas, mencionou o Professor Denizard Rivail. Nada falou sobre a mensagem direta que recebera.

A Senhora Condessa considerou interessante tudo o que ouviu. Cumprimentou o professor pela turnê que faria. Finalmente, disse que ela iria buscar mais informações sobre o assunto das sessões, porque amigos de Milão haviam escrito contando que lá, também, o assunto era a ordem do dia. Qualquer coisa que fossem fazer sobre o assunto poderia esperar a volta do ilustre professor.

A vida sempre nos apresenta um aspecto de dualidade. As situações, eventos importantes, nunca vêm sós. Há um lado bom e há um lado, digamos, menos bom. Descobertas, invenções, muitas vezes não são inspiradas apenas a um cérebro privilegiado, havendo casos conhecidos de duplicidade.

Como já vimos, um gênio muitas vezes não vem só ao mundo. Em algum outro lugar, na mesma época surgem outros. Um dos casos mais famosos da história é o de Salieri e Mozart.

Na época que retratamos, como costuma acontecer hoje, na Europa, entre as classes mais abastadas, desenvolveu-se o hábito do uso da morfina. A desculpa para a manutenção do vício eram dores musculares, cansaços, necessidade de se obter relaxamento, etc. Mas, o procedimento é nosso conhecido, e os terríveis resultados também. Vidas eram e continuam sendo destruídas por essa concessão à fraqueza humana.

Por serem mais liberais, mais abertos, os meios artísticos, servem como canal para que tais pragas se espalhem com maior facilidade.

Chegado o momento, a Orquestra Sinfônica iniciou sua trajetória: Paris – Gênova – Milão – Florença – Roma, Viena, Zurique, Munique – Paris.

Louis estava maravilhado. Viajar era um dos seus grandes sonhos. Viajar e ter oportunidade de tocar solo completava sua felicidade. O que ele não conhecia era, de fato, como tais turnês se desenrolam. Há muito trabalho, há muita atividade social, que antecede e sucede às apresentações. Ao redor desses eventos, gravita uma sociedade que é ávida por atenções. Assim, logo em Milão, já começavam a sentir as pressões que tais compromissos não previstos impunham. Além disso, os ensaios preenchiam uma grande parte das manhãs. Uma grande orquestra não apresenta um único programa durante toda uma turnê. Há que variar, pois o objetivo é não só mostrar a competência nas performances, mas também uma riqueza e variedade de repertórios, que tornem aquela orquestra mais famosa, mais cultuada, do que as outras.

Após algumas apresentações, seguiam-se festas. Ele como spalla e solista, não só desejava estar em todas como, literalmente, era obrigado. Logo, o ritmo cobrava seu preço. Um grande cansaço físico se manifestou.

O mal está sempre de plantão. Toda a vez que encontra uma "porta" aberta, penetra sem titubear para "divulgar" seus encantos. Era já a terceira noite que tocavam em Milão, quando Louis após uma apresentação especialmente longa, pois foram muitos os pedidos de "bis", sentiu-se mal.

Um colega pressurosamente se ofereceu para ajudá-lo e, sem explicar corretamente o que estava fazendo, aplicou-lhe uma dose de morfina. Dizia que aquele remédio iria renovar suas forças e dar-lhe novo ânimo. Louis sentindo-se melhor ficou muito agradecido.

Seguindo o trajeto planejado para a orquestra, não faltaram oportunidades para que Louis, novamente cansado, se socorresse junto ao mesmo colega para, por muitas mais vezes, obter o relaxamento que sentira em Milão.

Cada droga traz seus efeitos colaterais típicos. Contudo há entre todas elas uma característica comum, todas escravizam suas vítimas, tornando-as fantoches que se obrigam a continuar usando-as, cada vez mais, até que finalmente os destroem.

Ao regressarem a Paris, cerca de quatro meses depois, Louis estava viciado, dependente da morfina para manter-se à frente de suas obrigações. Toda droga arrasa o patrimônio físico e moral do usuário. Com Louis o processo não foi diferente.

Retomando seus afazeres em Paris, esqueceu-se de voltar aos meios que estudavam os fenômenos espíritas.

Junto à casa dos Urbino, ele comparecia para dar sequência ao trabalho que tinha com Raffaela Augusta. A Condessa observou que Louis estava mudado. Mais pálido, mais magro, desatento, outras vezes excitado.

Mas não teve a presença de espírito para perceber que havia um problema sério em desenvolvimento. Louis já não tocava com o mesmo entusiasmo, suas performances não eram assim tão envolventes, tão emocionantes. Faltava brilho.

Ainda assim a Condessa voltou ao assunto das reuniões sobre temas espirituais. Solicitou que Louis fosse o intermediário entre ela e a Senhora de Morandé, pois desejando ir a uma das reuniões, educadamente aguardava ser aceita. Na primeira delas, disse que não incluiria a neta. Ela se faria acompanhar por uma dama de companhia, empregada sua, de origem húngara, a quem muito estimava, Klára, era seu nome.

Louis, embora estivesse confuso, pois o vício o deixava prostrado, psiquicamente incapaz para o estudo de novos temas musicais. Desatento. Descuidado com sua aparência e sua alimentação.

Lutava muito, pois a sua inteligência natural ainda não havia sido minada totalmente pela terrível droga.

Mas, além da luta no plano físico, Louis enfrentava uma outra tão árdua quanto, a nível espiritual. Neste outro nível, a batalha era maior, mais complexa, mais exaustiva. Isso porque, vendo nele uma possível fonte para alimentar seus próprios vícios, entidades que se comprazem naquele vício, comparecem pontualmente para exigir que a "vítima" se drogue mais, e mais, pois só assim eles podem usufruir as sensações que a "vítima" passa no plano físico. Seguem sendo viciados. São chupins da alma e da matéria. Aí estava o maior drama de Louis.

Desde que adquirira o vício, Louis passou a ter seus sonhos invadidos por tais entidades. Gritavam com ele, exigiam que ele desse a elas a sensação que desejavam. Em meio a gargalhadas diziam: – Você não queria ser grande, pois aí está, você é grande, um grande drogado. Só assim é que você atinge seus sonhos. E fomos nós quem te demos isto. Agora você nos deve, tem que dar para nós o que queremos. Outras vezes, sem ele saber como, as entidades se disfarçavam, apareciam a ele com a aparência da Condessa Donatella Augusta, acercavam-se como se fossem íntimas, sugeriam coisas impensáveis e quando ele, no torpor causado pela droga aliada ao sono, se dispunha ao jogo, corriam, gritavam em algazarra, e riam dele deixando-o ainda mais frustrado.

Louis havia voltado para o umbral, sem sair da Terra.

Tardou umas duas semanas, mas ele encontrou forças para ir até Mont-martre e obter a concordância da Senhora de Morandé para que a Condessa e sua dama também estivessem presentes à próxima reunião. Ao vê-lo pálido, a Senhora de Morandé, gentilmente, indagou se ele tinha problemas de saúde. Ele se saiu com evasivas, justificando tudo com o cansaço físico, imposto por muita atividade.

No dia aprazado, tendo já passado para a Condessa o endereço e a indicação do horário. Louis se dirigiu ao local da residência da Senhora de Morandé.

Novamente uma assistência de pessoas já de certa idade, elegantes. As conversas todas direcionadas para os temas que vinham sendo desenvolvidos e estudados nas sessões anteriores.

Faltando alguns minutos para as 8h, apresentou-se a Senhora Condessa, seguida de Klára. Louis se antecipou e fez as devidas apresentações. Ao cumprimentar Klára, Louis sentiu um tremor frio se apossar dele. Crendo que aquilo era sinal de carência da droga, procurou disfarçar. Mas, ao olhar para ele, Klára emudeceu. Ali diante dela estava o retrato vivo daquele que um dia fora seu amante, pai daquele infeliz Andrassy, a quem ela nunca mais tinha visto. As obrigações sociais do momento, contudo, sobrepujaram os dramas pessoais que se desenrolavam.

A Senhora de Morandé começou agradecendo a presença de todos. Informou que o Professor Denizar Rivail não os acompanharia aquela noite por estar em viagem a Lyon, onde suas pesquisas o haviam levado. Falou também que, além da Senhora du Brigadier, naquela noite teriam a colaboração do Senhor Fabius du Plessis, que não somente dava comunicação psicofônicas, mas também psicográficas.

Desta feita, ao invés de sentarem somente em círculo, contavam com uma mesa onde o Senhor du Plessis se instalou, tendo diante de si vários lápis e folhas soltas de papel.

A Senhora de Morandé fez a oração inicial, baseada em suas próprias palavras:

– Senhor Nosso Deus, excelso criador do Universo, nós Seus filhos, que ainda peregrinamos pelos caminhos da Terra, no aprendizado da lei do amor, pedimos uma vez mais a Vossa bênção para prosseguirmos com nossos trabalhos de estudos das palavras dos mensageiros benditos, que a Vossa bondade nos envia. Muito temos aprendido Pai, queremos aprender também a pôr em prática tantas e belíssimas lições. Para tanto pedimos, permita o Senhor nosso Pai, que nesta reunião, que estamos iniciando em

Seu nome, possamos ser aquinhoados com novos ensinamentos. Agradecemos a oportunidade de podermos estar no Planeta, neste momento em que a Vossa justiça faz derramar sobre a Terra tão preciosas lições. Senhor esteja no meio de nós.

Seguiu-se a oração do Pai Nosso. Depois todos buscaram guardar silêncio, em concentração.

A Senhora du Brigadier logo deu início a uma comunicação de teor moral, falando sobre a responsabilidade dos suicidas. Onde, por primeira vez, os presentes ouviram falar em suicídio indireto. Querendo dizer, não aquele causado apenas por golpe direto contra o invólucro físico, mas aquele que é causado indiretamente, lentamente, pelo uso de drogas, tais como o álcool, os estupefacientes. Os excessos que abusam da real capacidade do corpo. A mensagem demonstrava, claramente para todos, que o corpo humano é um empréstimo, feito por Deus, ao homem para que ele possa "cursar" na Terra os estudos, que o tornarão mais capacitado para ascender a planos espirituais superiores.

A entidade comunicante concitou todos a abandonarem, de imediato, o consumo de tais substâncias e pediu comedimento na prática de esportes, tudo deve ser feito com equilíbrio. Todo excesso provoca consequências inesperadas e danosas.

Enquanto a Senhora du Brigadier dava passividade, foi também a vez do Senhor Du Plessis, que, assumindo um dos lápis disponíveis, passou a escrever com grande rapidez. Logo várias folhas estavam preenchidas e postas de lado.

A reunião toda durou mais de duas horas. Ao término, a Senhora de Morandé, tomou das folhas para ver seu conteúdo. E, logo disse:

– Meus amigos, escutem o que nos está sendo instruído. E começou a ler a folha que estava sobre todas as demais:
– Senhora que dirige estes trabalhos. Cada mensagem está dirigida a uma pessoa específica, cujo nome aparece no cabeçalho da mensagem. Não ler em voz alta. Entregue as folhas aos interessados. E assim foi feito.

As últimas pessoas que receberam suas folhas foram: Louis, a Condessa Donattela Augusta e sua acompanhante Klára.

Louis dobrou as suas e as colocou no bolso do paletó. Desejava guardar sua privacidade.

A Condessa teve gesto semelhante, guardando as suas na bolsa que portava.

Klára, muito surpresa por ter sido aquinhoada, deu início à leitura de suas páginas, assim como vários outros presentes o faziam.

O silêncio ainda se mantinha, quando subitamente Klára soltou uma exclamação em idioma desconhecido, para quem ali se encontrava, e, ato contínuo, ela se abraçou à Condessa e iniciou um choro muito sentido.

– Klára, o que se passa, o que foi que você leu que te faz agir assim? Klára, diga-me! Falava a Condessa, que também abraçava sua dama de companhia.

Todos os presentes observavam em silêncio. Madame de Morandé se apressou em oferecer um copo com água para Klára. Esta aceitou a bebida e foi se recompondo, segurando nas mãos as três folhas que lhe couberam. Logo voltou à calma e baixando os olhos, justificou-se dizendo:

– Na verdade não é nada para se preocuparem, é uma informação sobre o passado, nada mais.

Voltando à tranquilidade, todos comentaram a beleza da mensagem sobre o suicídio. Que aquele tema deveria ter um estudo só para ele, pois ele se desdobrava em causas passadas e presentes, influências espirituais e físicas, o ato em si, consequências espirituais do ato, consequências para o perispírito, recuperação e reencontro com a vida. Talvez, o tema exigisse um livro dedicado só ao estudo do fato.

Eram assim as primeiras reuniões do espiritismo, que nem mesmo tinha recebido este nome.

Algumas pessoas se despediram e partiram, entre elas estavam a Condessa e sua dama de companhia, agora totalmente recomposta.

De volta ao coche que as havia trazido, a Condessa Donatella Augusta, vendo-se só com Klára, e conhecendo-a bem, sabendo que ela era uma mulher forte e equilibrada, voltou a instar para que lhe contasse o que a tinha afligido tanto ao ler as páginas psicografadas.

Seja porque Klára trabalhava para a Condessa já havia mais de 15 anos, seja porque tivesse por ela grande amizade e confiança, ou fosse porque o peso que sentia era demasiado para ela carregar sozinha, Klára voltou a chorar e disse:

— Senhora Condessa, na minha juventude, minha beleza física foi motivo de perdição para mim, atraí a atenção de um nobre, em meu país, ele tomou-me por empregada e, enlevada por sonhos impossíveis de amor, nós nos tornamos amantes. Deste fato resultou uma gravidez. A mãe de meu amor não admitiu que a criança ficasse em meu poder. Assim, meu pequeno Andrassy foi retirado de meus braços na hora em que nasceu. Levado, para local que ignoro, nunca mais o vi.

Meu amante, acostumado àquele tipo de conquistas, sequer voltou para ver-me. Logo que pude, parti daquela casa onde a felicidade e a tristeza tinham me atingido de modo implacável. Vaguei pela Hungria, no sonho vão de encontrar meu filho. Pois ele tem sobre o pé direito, uma marca de nascimento. Mas não obtive sucesso algum. Até que, vim a trabalhar para meus antigos patrões, da casa de quem vim ter a honra e a felicidade de vir tratar da vossa casa. Nestes vinte anos, aprendi a amar sua neta e a senhora, e consegui calar em meu coração o desejo de ver o meu pequeno.

Até que hoje ao estarmos presentes nesta reunião que, sem dúvida, deve estar sob a proteção de Deus, recebo estas páginas que dizem mais ou menos isto: — Klára, filha, chegou de novo a hora do testemunho de seu amor de mãe, seu filho corre perigo de novamente fracassar na vida que o Pai Excelso lhe deu, encontra-se envolvido em dramática condição, que poderá perdê-lo mais uma vez, como no passado. Isto muito agravará seus compromissos perante as leis do Eterno. É preciso ajudá-lo. Ele se encontra ao alcance de seus braços. Aproveite a porta que está sendo aberta para você, através deste movimento ao qual estás te unindo. Lute por dar a ele a verdade. Fazê-lo aceitar a vida que Deus lhe permite viver. Mas, que seja longe do mal e do vício. Você deu a ele o nome de Andrassy, a vida lhe deu o nome de Louis. Ajuda-o melhor que puderes. Eliam.

Senhora Condessa, que faço? Como vou lidar com esta informação e, se for verdade, como vou ajudar meu filho?

A Condessa muito carinhosamente abraçou a amiga, pois há muito que a via como tal, disse:

– Vamos ver se podemos comprovar a informação. Depois saberemos o que fazer.

Fizeram o resto do trajeto em silêncio. Mas, em cada coração, ferviam ideias mil.

A Condessa se questionava: – Deus, será verdade tudo o que vi e ouvi? O que tenho eu para descobrir quando ler as páginas que me couberam? Deus, ajude a todos nós.

Logo as duas mulheres chegaram à mansão onde viviam, e cada uma se dirigiu para seus aposentos.

No recesso de sua câmara particular, a Condessa retirou da bolsa as folhas que recebera e leu:

Senhora Donatella Augusta Del Provere i Urbino -

Em tua vida atual, coroando várias existências em que não mediste esforço para permanecer no caminho da retidão, sempre buscando ouvir teu coração para não ferir quem quer que fosse. Sempre atenta ao que ensinou e exemplificou o Mestre Jesus, vens dando testemunho ao Pai da tua boa vontade. Assim, é chegado mais uma vez o momento de ajudar aquele por quem teu coração muitas vezes palpitou no passado, e que não soube estar à altura de teu amor. Giacomo, o suicida de Ferrara, hoje se apresenta sob nova indumentária física, mas traz na alma, quase inalterada, os sentimentos que o perderam no passado. Investe agora por caminho extremamente perigoso, do qual não logrará sair sozinho. É necessário dar a ele o máximo de apoio, sem atender-lhe as vontades. É necessário encaminhá-lo para o conhecimento da lei de Deus, sob a nova apresentação, que breve será dada a conhecer para todos neste mundo. Já te encontras ligada, a partir de hoje, a um grupo desses mensageiros da boa nova. Resta agora ajudar Louis, para que ele se liberte de suas fraquezas e aprenda a superar seus sonhos imaturos de grandeza. Estaremos aqui prontos para ajudar. Que Deus abençoe sua boa vontade e encaminhe seus passos. Eliam.

A Condessa, dada todas as circunstâncias de sua vida e por suas múltiplas experiências bem-sucedidas em vidas anteriores, adquirira uma força íntima apreciável. Estava preparada para grandes embates, sem esmorecer. Possuía uma fé estruturada e inabalável em Deus. Mas, naquele momento, deixou seu coração falar mais alto e, por seus lindos olhos, desceram pérolas de sofrimento. Como tudo aquilo era possível, sessenta e seis anos haviam passado, como aquele passado voltava desta forma? E Klára? Será que elas iriam conseguir confirmar ser Louis o filho perdido?

Recolhida, Donattela Augusta chorou muito. Pediu a Deus forças para fazer frente àquele drama. Ficou longo tempo orando e não viu quando o cansaço a levou ao sono. Naquela noite, ela recebeu passes espirituais para que seu corpo e seu espírito repousassem. As emoções tinham sido muitas.

Dois dias depois dos eventos narrados, era dia da aula de Raffaela Augusta. Louis chegou e sua palidez logo chamou a atenção de todos.

Quando chegou ao salão, onde a aula era realizada, lá encontrou esperando por ele, a Condessa e Klára. Raffaela estava ausente.

Foi-lhe dito que Raffaela Augusta teve um súbito compromisso social, ao qual não pôde se furtar e que aquela aula seria compensada. Mas, que havia um pedido que tinham para fazer, que, embora estranho, era muito importante de ser atendido.

Louis também havia guardado suas páginas psicografadas, para lê-las em reserva. Chegando a casa, naquela noite, sentiu-se exausto, e foi dormir sem fazê-lo.

No dia seguinte, muitos compromissos o mantiveram ocupado. Somente à noite foi que teve tempo para abri-las e ler seu conteúdo.

A mensagem dizia: – Meu filho Louis, temos trabalhado com amor, carinho e perseverança para conduzir-te ao caminho do amor, do respeito, à obediência das leis de Deus. São múltiplas as existências tuas, em que buscamos encontrar, pelos meios que nos são concedidos, conduzir-te para o progresso espiritual. Vários espíritos, ligados a ti, estão em plena ascensão. Enquanto tu teimas em repetir e agravar tua posição perante as Leis do Eterno. Filho, estás correndo enorme perigo. Tua nova fraqueza poderá conduzir-te a uma morte muito sofrida, estarás desperdiçando uma existência, que te foi dada por Deus, agravando assim quadro do passado recente. Se tal acontecer, terás que enfrentar existência de enorme dificuldade para ti, e que pode refletir na daqueles que te amam e que não te abandonam. Agora, estás recebendo uma bênção única, estas folhas que trazem esta mensagem são um presente do meu amor, com a permissão de Deus. Espíritos ligados a ti vão estar ao teu lado, em busca do melhor caminho para tua recuperação imediata. As lições maravilhosas, que começam a tomar forma, na base do que logo virá a ser conhecido como Espiritismo Cristão, já estão sendo dispostas, e tu tendes acesso a um grupo onde estas matérias são estudadas com seriedade. Aproveita mais esta bênção, que desce do infinito sobre ti.

Dê ouvido apenas ao que for originado no bem. Deves esquecer tudo o mais. Abre teu coração para com a Condessa Donatella Augusta e para com Klára. Ouve o que estas duas mulheres valorosas vão dizer. São tuas amigas assim como eu o sou. Permita que te ajudem. Fica em paz. Eliam.

Estava preparado o cenário para o grandioso exercício do livre-arbítrio. Cada uma das personagens de nossa história seria chamada a dar testemunho dentro da Lei do Amor.

Louis, então respondeu: – Senhora Condessa, faça a sua pergunta. Terei muito prazer em responder.

A Condessa sorriu tristemente e pediu a Louis que retirasse o sapato e a meia do pé direito.

Surpreso, Louis, quase contestou: – Por quê? Mas, diante do olhar sereno e seguro da Condessa, viu que não se tratava de uma brincadeira de mau gosto. Mesmo sem saber o porquê, Louis cumpriu com a solicitação.

Diante dos olhares das duas mulheres, logo pôde ser vista uma mancha sobre o pé direito, uma mancha que parecia um botão de rosa.

Mantendo um autocontrole absoluto, Klára levou a mão ao coração, mas não fez um gesto ou comentário algum.

As damas agradeceram, disseram que ele podia se recompor.

A Condessa disse ter ainda uma pergunta a fazer: – Quem havia assinado a mensagem que ele recebera na última reunião em que estiveram?

Louis respondeu que a assinatura era de Eliam.

Condessa e Klára se entreolharam. Esta última, em silêncio absoluto, tinha os olhos marejados de lágrimas.

A Condessa, então, falou:

– Mestre Louis, temos por seu talento grande apreço. Sua dedicação ensinando, com esmero, nossa neta, conquistou nosso respeito e admiração. Assim é que, notamos que, ultimamente, depois que voltou da turnê, o Mestre se encontra bastante enfermo. Sua aparência assim o denota. Conversei sobre o assunto com meu esposo e, em agradecimento pelos anos de dedicação que temos sido objeto, gostaríamos de lhe retribuir e oferecer uma pequena propriedade nossa, na Provence, próxima aos vinhedos de Malucene. Trata-se de uma região de invulgar beleza e completa paz, que lhe permitirá renovar as energias físicas e espirituais. Aceitando esta nossa oferta, o senhor poderá se recompor e breve estará de volta a Paris, para alegria de todos os que apreciam o seu talento, a sua arte. O senhor mesmo verá, a região toda exala perfume peculiar e agradável, proporcionado pelas flores dos campos, e o silêncio do campo o porá em contacto com sua paz interior. Para que o senhor não tenha nenhum trabalho, somente descanse, estaremos mandando com o senhor nossa amiga Klára e um outro empregado de nome Baptiste. Não terá que se preocupar com nada. Tudo o que pedimos é que descanse e se recupere para voltar a nos dar a alegria de ouvi-lo tocar.

Louis estava psiquicamente enfraquecido. Pela terceira vez na existência, chorou. Depois, sentindo estar diante de duas pessoas amigas, narrou seu desatino, usando a morfina por quase cinco meses.

Embora estivessem preparadas para algo grave, as duas mulheres ficaram penalizadas. O quadro era mais sério do que esperavam. Mas, coerente com tudo o que tinham combinado horas antes de Louis chegar, não deram a conhecer a ele, qual era a posição de cada uma delas com relação a ele. O que era importante era ajudá-lo. Salvá-lo de si mesmo. Encaminhá-lo para o bem, assim que sua saúde estivesse refeita. Mas esperavam a resposta dele.

Louis disse que sim, que aceitava a ajuda oferecida. Que iria solicitar permissão à orquestra e ao Conservatório, para afastar-se para tratamento da saúde. E assim foi feito.

Três semanas depois, chegavam a Malucene, nosso personagem, acompanhado por Klára e por Baptiste.

Malucene é uma vila, próxima de Avignon, na Provence. Uma das partes mais abençoadas que há na França. A paz que se sente em seus campos e mesmo em suas ruas medievais, atinge até mesmo corações duros. Afora a beleza dos vinhedos, que se espalham por todos os lados, o que resta de terras cultivadas é coberto por flores, que emitem aroma muito agradável. Na verdade, toda a Provence é um tesouro pelos perfumes únicos que tem dispersado em sua atmosfera. A pequena população de Malucene é composta por pessoas amigas, a maior parte, parentes uns dos outros.

Ali Louis estaria afastado das pressões de Paris. Não teria onde buscar a droga que o envenenava, e, pela primeira vez em sua vida adulta, poderia ficar tranquilo, em paz. Quem sabe conseguiria se recompor.

Klára, embora conhecendo a seriedade do problema vivido por Louis, estava feliz, pois, o filho perdido, estava ali ao lado dela, estava recebendo os cuidados dela. Ela estava podendo ajudar o filho. Apesar de o fato não ter sido revelado a Louis, para ela que o julgava para sempre perdido, aquela oportunidade era única.

Louis conseguiu três meses de licença.

As primeiras quatro semanas foram extremamente difíceis. Aquilo que hoje denominamos "síndrome de abstinência" manifestou-se forte. Baptiste foi obrigado a exercer grande esforço físico para conter Louis em suas primeiras crises. Klára ao mesmo tempo em que orava, fazia chás bem fortes, para buscar lavar o organismo de Louis. Foi um mês difícil para o três. Em meados do segundo mês, a situação estava sob maior controle, mas Louis ainda não resistiria a uma recaída.

Certo dia, ao início do terceiro mês, Louis, sem mesmo saber o porquê, resolveu se abrir um pouco e contou para Klára e para Baptiste, tudo o que sabia de sua origem. Disse que sabia que tinha nascido em Budapeste. Sua vida, os amigos que teve, na pessoa do cigano que o ensinou a tocar o violino, do padre Jean Calbot, falou de sua mãe Milena, dizendo que ela sempre o tratara com carinho e, também, do pai Georgy, que lhe dera o primeiro violino. Achou graça de a Condessa e Klára terem pedido a ele para ver a rosa no seu pé direito. Mas, ele julgou que aquilo tinha sido algum sinal pedido pelo espírito que escrevera a mensagem. Nada mais. Mal sabia ele, que acabava de dar a Klára a absoluta certeza de ser ele o filho perdido.

Klára se desdobrava em atenções, o que de certo modo agradava ao espírito carente de Louis.

Ela também disse que, assim que voltasse a Paris, queria continuar assistindo às sessões, pois considerava os assuntos lá tratados muito importantes. Louis disse que sim, que ele também o faria, mas não foi enfático.

No final do terceiro mês, quase chegado o momento de voltarem, Louis se viu fortalecido, sem sentir necessidade da morfina, e começou a se mostrar nervoso por retornar ao centro do sucesso – Paris.

Jesus disse: "Vigiai e orai para não cairdes em tentação". Nesta sentença está contido um dos mais belos ensinamentos e conselhos do Mestre. Se soubermos manter nossos pensamentos em faixa elevada, cuidando de coisas boas, necessárias e importantes para todos, teremos nossa mente ocupada e não seremos presas de entidades que trabalham pelo mal. Se não nos mantivermos na ociosidade, não daremos oportunidade para que estas entidades penetrem nossas mentes com suas ideias destruidoras, más, inúteis e vãs. Ocupados, não cairemos em tentação.

Sentindo-se melhor, com energias renovadas no corpo físico, Louis deixava o espírito aberto, novamente às sugestões do mal. Sua natureza, embora atendida, desveladamente, por Klára, novamente se abria para a necessidade de aplausos, sucesso, era seu orgulho, sua vaidade cimentando o caminho para o fracasso.

Restava a oportunidade lembrada por Klára, de voltar a frequentar as sessões de estudos. Indo ali, ele teria pessoas com quem interagir, elementos cultos dos quais aprender normas de vida amparadas no Cristianismo. Teria exemplos. Seria lembrado, frequentemente, de seus deveres e seria orientado em como empregar seus direitos. Será que ele iria seguir o exemplo de sua nova amiga e voltaria aos estudos? Afinal, ele tinha recebido ajuda diretamente de seu guia, Eliam. Será que somente se visse seus desejos pessoais atendidos é que ele chegaria a acreditar em algo? Ou ele seria daqueles que receberam de Jesus o benefício direto de um milagre, e mesmo assim saíram reclamando, querendo mais?

As bênçãos prosseguem sendo dispensadas pelo Pai e sendo recebidas pelos filhos.

Muitos de nós, durante anos a fio, recebemos diariamente, das mais variadas formas, bênçãos únicas do Pai Eterno. Podemos começar citando o nosso corpo perfeito. Enquanto milhões de nossos irmãos carregam um corpo imperfeito e doente, nós o temos perfeito. Mas, ao invés de agradecermos, nós descuidamos de tratá-lo com o carinho e o respeito merecidos.

Muitos de nós temos pais amorosos e que se desdobram cuidando de nós, todos os dias de nossa vida. Mas, ingratos que ainda não aprendemos o significado do "Honra teu pai e tua mãe", somente encontramos motivos de reclamar. Ou seguimos, incansavelmente, pedindo mais e mais.

Em algumas outras circunstâncias, temos mestres que se desdobram em esforços múltiplos, para passarem para nós, todo o conhecimento que nos valerá para atingirmos sucesso na vida. E nós os desdenhamos.

Outros logram obter trabalho – uma das maiores bênçãos de Deus ao Homem –, mas ao invés de unirem suas forças e conhecimentos para o progresso das empresas que os empregam, revelam-se militantes de causas que não são fundamentadas na lógica, no interesse comum real, na atitude honesta voltada para o crescimento e o progresso. Passamos a lutar para destruir a "casa" que nos acolheu e nos sustenta, em permuta apenas pelo nosso trabalho honesto.

Assim, poderíamos seguir detalhando os milhares de formas pelas quais somos aquinhoados com algo de bom, algo de necessário, às nossas vidas materiais e, mesmo, psíquicas. Esquecendo-nos que sol, lua, estrelas, chuvas, vento, estações do ano, tudo provém de Deus.

Como se fosse natural, plenamente justificado, damos vazão ao nosso orgulho, nossa vaidade, nossa ganância, e todos aqueles outros sentimentos que nada edificam, nada constroem, que só prejudicam a nós mesmos e a nossos semelhantes.

Torcemos o nariz para as boas causas, para os assuntos construtivos. Abraçamos de corpo e alma atividades e iniciativas que somente atendem e satisfazem aos sentidos. Num flagrante desrespeito para conosco mesmo, para com nossos próximos e, perante Deus, que é nosso criador.

Assim tem sido por séculos, assim será por séculos, enquanto cada indivíduo não se aperceber de que, "sem uma reforma íntima dentro dos preceitos do Cristianismo", jamais chegaremos à felicidade que almejamos.

Agora, desde 1857, contamos com mais instrumentos de ilustração sobre como devemos viver nossas experiências na Terra. Contamos com mais ensinamentos, mais exemplos, mais esclarecimentos de dúvidas, sem condenações eternas, sem punições injustas, numa liberdade única que respeita nosso "Livre-Arbítrio", mas que mostra, também, as consequências de nossos atos impensados e irresponsáveis perante a Lei de Deus. Vejam bem, Lei de Deus, não a vontade partidária ou seletiva de um deus, que tem uns poucos eleitos ou escolhidos, que toma partidos, que apoia este ou aquele em detrimento de outros. Não, aqui se trata de uma Lei Geral, de aplicação irrestrita, que vale para todos os Filhos Dele, em todos os momentos, em todos os planos e universos. Para Deus não há sangue azul, não há títulos nobiliárquicos ou outros, para Deus há somente o mérito individual, a pureza, o bem, a capacidade de amar.

Deus é uma entidade de tal perfeição, que podemos afirmar que nós da Terra, ainda não atingimos o desenvolvimento mental e espiritual, que nos permita aquilatar a grandeza Dele.

É por isto, por esta falta de capacidade, pela ignorância que cultivamos, que nós acreditamos que construindo igrejas, acendendo velas, usando símbolos que nós mesmos criamos, com gestos sacramentais, nós estamos honrando este Deus. Nós esquecemos que o Cristo falou "o que fizerdes a cada um destes pequeninos, a mim o fareis", demonstrando que é pela caridade que encontramos o caminho da salvação.

Chegados de volta a Paris, cada um dos personagens retomou suas atividades normais.

Alguns dias haviam passado, Louis retomara a frequência das aulas com a Condessa Raffaela Augusta, quando se viu cobrado pela avó dela, sobre a possibilidade de retomarem os estudos espirituais. Agora ela desejava que a neta, também, os acompanhasse.

Sentindo-se cobrado, Louis buscou contacto com o grupo liderado pela Senhora de Morandé e acertou o comparecimento à próxima reunião.

Louis, ainda cultivava em seu espírito, ideias de grandeza, de sucesso material que ele percebia conflitavam com os ensinamentos de humildade, que ele entrevia nos ensinamentos. De mais a mais, aquela ideia de reencarnação batia de frente com seus sentimentos quanto ao direito de sangue, sucessão de títulos, heranças de sobrenomes ilustres, coisas que ele apreciava e desejava ter ardentemente.

Definitivamente, até este ponto da história de Louis, ele ainda não captou que os valores que realmente contam são os de ordem moral. Que, também, contam os valores intelectuais, mas não para humilhar os que não os possuem, mas sim, para ajudar aqueles que ainda não os conquistaram a desfrutarem de mais segurança, digamos no plano da saúde. Na melhor urbanização das cidades, nas técnicas da pedagogia, na odontologia, etc., os que mais sabem devem ensinar os que sabem menos.

Os valores têm que fazer parte da obra universal de Deus e não somente servir aos interesses pessoais daqueles que os alcançam.

Mesmo tendo seus reparos a fazer, Louis se dirigiu para a reunião no dia e horário aprazados.

A Senhora Condessa Donatella Augusta, acompanhada por sua neta e por Klára, também se dirigiu ao mesmo local.

Nesse dia, fora solicitado que as pessoas antecipassem sua chegada em trinta minutos.

Eram 19h30, quando todos já haviam se apresentado. O número de pessoas presentes havia aumentado consideravelmente.

Depois de se cumprimentarem, Louis, as Condessas e Klára, tiveram oportunidade de identificar a presença dos companheiros antigos e também dos novos. Nesse dia, o Professor Denizard Rivail se fez presente.

A Senhora de Morandé, gentilmente, fez com que soasse um sino e, tomando a palavra, disse: – Meus queridos amigos e irmãos, como vocês podem ver, nosso grupo está crescendo e nossas instalações já não bastam para acomodar a todos com conforto. Solicito, pela absoluta falta de cadeiras, que os cavalheiros mais jovens permaneçam de pé. Estamos providenciando uma sala em uma escola, próxima daqui, onde passaremos a nos reunir. Eu farei as comunicações, peço ainda que no livro, que se encontra na antessala, todos lancem seus nomes e endereços, para que possamos enviar-lhes as notícias que se façam necessárias, divulgar sobre locais e novas reuniões.

Assim, vemos que, mesmo buscando evitar uma estrutura organizada tradicional, algumas coisas terão que ter, para melhor resultado de nosso trabalho, uma estrutura. Solicito agora que nosso caro Professor Denizard Rivail, faça a oração de abertura.

Rivail se pôs de pé.

– Oremos para que energia e coragem em abundância sejam dadas a todos os que buscam trabalhar por um mundo de compreensão e bom senso; que o bem exista de verdade no coração de cada Homem, e que ele possa ser aumentado dia a dia, conduzindo-nos à luz; que os Homens, principalmente os que detêm poder temporário na Terra, vejam com maior clareza não aquilo que nos divide, mas aquilo que nos une; que cada hora, cada dia, de nosso esforço e nossa boa vontade possam nos aproximar mais e mais da vitória, não a vitória passageira de uma nação sobre outra, mas a de Homens sobre seus próprios erros e fraquezas; que o verdadeiro espírito de Humanidade – em sua alegria, sua beleza, sua esperança, sua sabedoria –, possa viver em meio de nós! Que as bênçãos da paz sejam nossas – a paz para construir e crescer, para viver em harmonia e simpatia com os outros e para planejar para o futuro com confiança. Que Deus e o mestre Jesus estejam conosco, hoje e sempre.

A Senhora de Morandé assegurou-se que a Senhora du Brigadier, os senhores Fabius de Plessis e Honoré du Corvalan [este um novo médium], estivessem bem acomodados e com material para psicografia. Em seguida, reduziu as luzes. E tornou a falar oremos e declinou o Pai Nosso.

Em seguida fez-se silêncio.

A sessão iniciou-se com a manifestação de um suicida. Demonstrando um quadro psíquico doloroso, o manifestante, pois era o espírito de um homem, falou por intermédio do Senhor du Corvalan. Reclamava em altos brados, as dores que sentia, também em palavras patéticas, dizia-se perseguido por vários espíritos que o queriam atingir. Dizia que não tinha bastado ele ter ficado como presa do corpo, que se decompunha, que agora, ele que esperava se livrar de todos os problemas ao tirar a própria vida, via-se confrontado por novos e mais graves problemas. Que os espíritos, que o estavam perseguindo, diziam querer fazê-lo sofrer mil vezes a dor que ele sentiu. Que não podia esquecer-se da família, da qual desertara. Como era possível que Deus permitisse aquilo tudo. Onde a bondade deste Deus, perguntava insano? E, qual o resultado das cerimônias religiosas e das orações encomendadas em seu benefício? E, toda a caridade que ele praticara em vida?

E, por aí afora, a entidade seguiria reclamando muito se, numa atitude ainda não experimentada em sessão pública, o Professor Denizard, não o interpelasse.

– Meu irmão, por favor, fique calmo, veja você se encontra entre amigos. Todos os que estamos aqui desejamos ajudá-lo. Aliás, olhe ao seu redor, você vê as pessoas que o trouxeram até aqui? Se você as vê, pode compreender que há pessoas que estão cuidando de você. A dor que você alega estar sentindo, como consequência de seu gesto, não pode ser real, pois você não está mais no seu corpo físico. Aliás, você mesmo o viu extinguir-se. Assim, não há dor alguma, tudo é reflexo de sua imaginação. O mesmo vale para esses espíritos que o seguem. Eles estão aí porque você permite. Eu peço que você eleve seu pensamento a Deus, que peça perdão pela medida extrema que provocou ao querer se evadir da vida, sem saber que apenas estava mudando do plano físico para o espiritual. Ao fazer isto, você verá, dor e espíritos perseguidores vão desaparecer. Só ficarão ao seu lado os espíritos que estão aí para ajudá-lo, para guiá-lo para um local onde você será tratado. Onde você vai ficar em paz. Quanto à sua família, não se preocupe, Deus cuida de todos os Seus filhos. Há quanto tempo você está no espaço espiritual? Quando foi que você tomou a medida extrema?

– Eu morri em 1800. Mas Deus me esqueceu. Deus quer é castigar-me pelo que fiz.

– Veja bem, você diz que partiu da Terra em 1800, hoje estamos no ano de 1852, e só agora é que você está podendo compreender a sua nova condição. Fique calmo, na verdade, você acaba de descobrir, também, que o espírito não morre, que o espírito é infinito. Vamos orar, se você não se lembrar de uma oração, eu vou orar com você, basta que você ponha sinceridade nas suas palavras. Se você me acompanhar, verá tudo mudar, você terá paz outra vez, a paz que você tanto anseia. Depois, você será levado para um hospital, onde vão tratar de você. Deus não se vinga, lembre-se Ele é pai. Vamos orar, repita comigo:

– Senhor meu Deus, meu criador, perdoa-me, por ter fugido às responsabilidades assumidas com a vida no plano físico. Deus, permita que eu encontre a paz agora, para que depois eu possa reiniciar, com Vossa ajuda, a minha caminhada para a Luz. Eu vos peço. Amém.

A entidade repetiu as palavras. Ao final da oração foi dando sinais de estar caindo em um sono profundo, agradeceu a ajuda e partiu.

O Professor Denizard, então, completou: – Senhor nosso Deus e Pai, agradecemos a ajuda que foi dada ao nosso irmão. Agradecemos, Senhor, pela oportunidade de ver a Vossa Justiça sendo praticada. Que todos possamos contar com ela, hoje e sempre.

Enquanto essa manifestação tinha lugar, o Senhor du Plessis escrevia com velocidade regular, e várias folhas já se acumulavam diante dele.

Novamente o silêncio. O Professor Denizard, que não voltara a sentar-se, solicitou a todos os presentes que prosseguissem orando, concentrados, com seus pensamentos voltados para o plano superior, já que outras entidades poderiam manifestar-se.

Em alguns segundos a Senhora du Brigadier, demonstrando estar em transe, começou a falar:

"Queridos irmãos, que a paz do Senhor esteja presente no meio de todos vós. Aqui estamos por permissão do Mestre Jesus. Vamos comentar, hoje, sobre a Paz. Desde séculos imemoriais, nos diversos períodos da evolução da humanidade, que o homem sempre utiliza a guerra, para dominar outros homens. Nesta atividade insana tudo é destruído, desde o homem propriamente dito, que perde a vida, mas também estruturas importantes para o progresso, como as famílias, as escolas, as artes, a agricultura. Naqueles períodos, em que cegos pelo ódio, os Homens se digladiavam, surgiu, com toda a violência, o lado animal que ainda resta em cada um de nós. É a influência desse lado que devemos combater todos os dias de nossas vidas. Autocontrole nas mínimas coisas é vital para o nosso progresso, para a formação de estruturas sociais harmônicas.

Torna-se já imprescindível, encontrarmos meios de trabalharmos todos juntos pela paz. Se, Deus dividiu o homem em raças, se existem cores distintas, se países se formaram, foi na verdade para dar condição de algumas parcelas do todo irem se estruturando, de acordo com suas capacidades, para chegado o momento em que hoje estamos, passarmos, através da palavra, do entendimento cordial, a resolver todas as nossas diferenças, sem tirarmos a vida uns dos outros. É preciso lembrar sempre que somente Deus é a fonte da vida. Somente Deus é quem pode tirá-la.

Não há, pois, como tomarmos em nossas mãos tal direito. Nenhuma guerra é justificada. Por séculos, criamos – com nosso orgulho e ignorância – a ideia de "Guerra Sagrada", de "Senhor dos Exércitos"; como? Eu vos pergunto, como? Deus é paz, Deus é justiça. Tudo o que Deus cria é Sagrado, mas as guerras são criações do homem. Como uma guerra pode ser sagrada? Deus não é como nós humanos, Ele não toma partido. Ele é a perfeição absoluta e nós nem sabemos ainda o que seja a perfeição.

Meus amigos e irmãos, orem implorando ao Pai que fortaleça em nós a ideia da paz, do amor ao próximo, da harmonia universal. Peçamos que os poderosos deste mundo aprendam a direcionar os esforços e meios gastos com guerras, para servir à educação, à saúde, à melhoria das condições de vida de todos os que habitam este planeta. Que Deus ouça nossas súplicas, Amém.

Terminada a mensagem, novamente o silêncio se fez. Todos oravam. O sentimento que os trazia até ali era exatamente este, o de trabalhar para que o Homem encontre, sem vaidade, sem orgulho, sem violência, o caminho do progresso. Numa sociedade onde os mais capazes cuidem, com honestidade, daqueles que ainda não alcançaram as condições de se bastarem a si mesmos.

Passados alguns minutos, não ocorrendo nenhuma outra manifestação, a Senhora de Morandé, fez o encerramento daquela reunião, agradecendo à espiritualidade e a Jesus aquelas manifestações.

As luzes foram novamente acesas, e passou-se à distribuição e, em alguns casos, à leitura das mensagens escritas pela psicografia do Senhor du Plessis. Algumas pessoas ao receberem uma mensagem, demonstravam grande emoção e choravam. Outras pessoas, a quem nada foi dado, faziam expressão de desencanto.

É importante lembrar que tudo é realizado com base no mérito. Não há na justiça divina, a concessão de favores, ajudas, etc. Tudo o que acontece tem uma justificativa e visa ao bem e ao progresso de quem é beneficiado.

Louis, as duas Condessas e Klára trocavam impressões, e a Condessa falava:

– Temos que estar conscientes de que fomos aquinhoados da vez passada em que estivemos aqui. Hoje não se justificariam novas atenções, pois ainda não estamos com todas as questões plenamente atendidas. Temos muita responsabilidade ainda, devemos nos dedicar a resolver todas as questões pendentes.

– Raffaela querida, qual a impressão que te causou o que viste e o que ouviste?

– Querida avó e amiga, sem dúvida a senhora está, mais uma vez, acertando plenamente. Ao trazer-me aqui hoje, eu percebo que a senhora está me fazendo ver a vida na Terra sob um outro prisma. Na verdade, somos muito mais responsáveis do que eu imaginava. Temos que ter perante o próximo, perante a nação, perante toda a humanidade, uma atitude que poucos identificaram como sendo responsabilidade deles. Ouvi pessoas falando que o senhor Denizard

Rivail está preparando uma obra sobre o conhecimento espírita e as leis do Pai Eterno. Anseio por ler tal trabalho. Sem dúvida, virá para nos ajudar a compreender melhor nossa missão na Terra.

A avó, sentindo-se, mais uma vez, compensada por sua dedicação na educação daquela jovem, sorriu. Em seguida disse:

— E você Klára, o que tem para nos dizer?

— Senhora, tenho pouco conhecimento das letras, das leis, mas sempre achei que as guerras eram injustificadas. Aliás, acho todo o tipo de violência, tanto física quanto moral, algo que foge da Justiça Divina.

— E o senhor, caro Mestre Louis, que teria a nos dizer sobre o que vimos e ouvimos hoje?

— Senhora Condessa, eu ainda me encontro em meio a grandes dúvidas. Reconheço que a primeira vez que aqui vim tive surpresas inesperadas. Mas, embora tenha sido auxiliado pela Senhora e por Klára, como resultado do que aqui aconteceu, o que agradeço de coração, ainda vejo o mundo como um lugar para fazermos sucesso, para ganharmos prestígio, tudo na medida do talento que temos. Não consigo compreender bem, ainda, está ideia de "o próximo". Compreendo que eu deva ter cuidado, atenção, e mesmo ser agradecido a quem, como a Senhora, por bondade, aquinhoa-me com sua amizade. Mas os demais são estranhos. Eu tenho muito que compreender. Quem sabe, quando a obra do Senhor Rivail for publicada, poderei me aprofundar no conhecimento desta filosofia e, a partir daí, mudar meu procedimento.

A Condessa julgou conveniente encerrar o diálogo. Percebeu que faltava ao jovem professor conhecer melhor os mandamentos da lei de Deus.

Despedidas feitas partiram com a promessa de retornarem em quinze dias.

E, desse modo, nossos personagens foram, cada um agindo de acordo com sua percepção, com sua sensibilidade, com seu desenvolvimento moral, adquirindo mais conhecimento, ampliando seus conceitos, atingindo uma melhor compreensão da Lei, da Justiça de Deus.

Tanto a Condessa como Klára seguiam concedendo a Louis suas amizades. Sendo esta última, por óbvias razões, mais dedicada.

Louis não teve recaída no uso da morfina. Este fato dava muita tranquilidade para as duas damas.

Mas, ele prosseguia na luta pela realização de seus sonhos de grandeza. Sem se dar conta do quanto havia conquistado. Da importância que tinha o papel que desempenhava no meio musical de Paris. Louis não valorizava o sucesso que obtinha no ensino de música para alguns poucos alunos privilegiados, que tinham condição para contratá-lo. Seguia só, sem constituir um lar. Seguia sonhando com o impossível.

Os anos passaram, em 1856 a Condessa Raffaela Augusta, contraiu núpcias com um nobre norueguês. Louis e seu grupo de excelentes músicos tocaram durante a cerimônia religiosa, na Igreja Episcopal, acompanhados por um belo coro de vozes femininas.

Depois, encantaram os convidados para a recepção que se seguiu, onde a peça principal foi a Sinfonia Inacabada de Schubert, em versão somente para violinos.

Terminava ali, a razão das visitas de Louis à mansão dos Urbino. Restavam ainda as reuniões no grupo da Senhora de Morandé.

18/4/1857

Na data acima, felizmente para todos os que já estavam dedicando seu tempo ao estudo das relações com os espíritos, o Professor Hippolyte Léon Denizard Rivail, pôde dar ao mundo sua primeira obra, assinada com o pseudônimo – Allan Kardec –, foi dado ao planeta mais um instrumento para ajudar o Homem no seu caminho para a luz, "O Livro dos Espíritos".

O impacto nos meios intelectuais foi enorme, as opiniões mais desencontradas foram emitidas.

Céticos, cínicos, poderosos apegados a seus preconceitos e vaidades, contestavam a veracidade dos ensinamentos, a validade das respostas apresentadas às perguntas feitas por Kardec. Outros queriam reproduzir em laboratório, no horário deles, no dia da escolha deles, nas circunstâncias impostas por eles, os fenômenos espíritas. Esqueciam que a espiritualidade superior não é constituída de servos, a soldo de e à disposição de quem quer que seja. Não compreenderam a verdadeira ordem das coisas. Mas, uma grande massa silenciosa, cujos espíritos já estavam no aguardo daquela obra, que já comungavam aqueles princípios descritos na obra, entre eles o livro se alastrou em sucessivas edições. Do Francês logo passou para outros idiomas modernos, invadindo bibliotecas em todo o mundo. Também no Brasil (país que tem grande ligação espiritual com a França) o livro alcançou grande sucesso.

Nosso Louis se sentiu ainda mais confuso. Embora confrontado semanalmente com as manifestações, em que espíritos, nos mais variados níveis de desenvolvimento, vinham manifestar-se. Parece que Louis queria algo mais espetacular. Vaidoso, orgulhoso e ambicioso, seu espírito resistia à luz da verdade. O que ele queria era outra coisa. E esta outra coisa estava mergulhada no plano físico.

Contando com vinte e sete anos de idade, Louis, seguia na sua busca por um reconhecimento junto ao público que ou tardava em vir, ou que nunca viria. Aproveita-se de todas as oportunidades. Certa feita, quando o maestro titular da orquestra sinfônica adoeceu, ele assumiu o comando da mesma, regendo e atuando como spalla. Os comentários foram excelentes, mas não o bastante para mudar o curso das coisas como ele buscava. Cessado o empecilho, retorna o maestro e Louis volta à sua posição.

Embora instado a fazer a caridade, nunca a fez. Embora instado a amar o próximo, ele primeiro esperava que o próximo desse algo a ele, para depois sopesar e medir se o que recebera valia uma reciprocidade.

Em 1858, a Condessa Donattela Augusta desencarnou, após breve enfermidade, contava quase 70 anos. Para Louis restava no mundo somente a amizade de Klára.

Quando Louis soube que o Conde Urbino estava de regresso à Itália, ele buscou apurar se Klára aceitava ficar como encarregada da administração de sua casa. Ele percebia o carinho que ela demonstrava para com ele e, aquilo o fez considerar que tal arranjo seria interessante, uma vez que ele não tinha intenção alguma de consociar-se.

Para Klára, a oferta de emprego foi um presente. Ela seguia conservando para si o segredo do nascimento dele. Considerou, porém, que dado os conflitos que Louis tinha com relação às leis morais, agora, mais explicadas ainda por "O Livro dos Espíritos", ela pensou que poderia, pouco a pouco, induzi-lo a compreender as lições cujo aprendizado ele ainda resistia.

Assim, logo que se mudou, Klára iniciou um procedimento no qual sempre trazia à baila algum trecho daquele livro. Era uma forma primitiva do Evangelho no Lar, hoje tão comum nos lares espíritas e que, como é sabido, é praticado também por nossos irmãos cristãos de outras denominações.

A vida prosseguia sem sobressaltos.

A doutrina espírita conquistou um grande número de adeptos. As reuniões passaram do ambiente doméstico, para locais maiores, em auditórios de escolas, de clubes sociais, etc.

Kardec seguia em seu grande trabalho. Em janeiro de 1861, saiu do prelo "O Livro dos Médiuns". Obra que delineou, com clareza, as formas mais frequentes de manifestação dos espíritos.

Entre 1858 e 1869, Kardec editou a Revista Espírita, a qual servia como mídia para a divulgação de centenas de casos, investigados e comprovados, mas que não iriam fazer parte das obras básicas. Até os dias de hoje, aquela publicação é fonte de referência de fenômenos interessantes ligados à doutrina.

Em abril de 1864, Kardec deu novo presente ao mundo, foi editado "O Evangelho Segundo o Espiritismo". Obra essencial, pois analisa em detalhe os ensinamentos bíblicos à luz do entendimento espírita. Portanto, são os ensinamentos de Jesus Cristo, através de seus apóstolos, donde podemos, com tranquilidade e paz de espírito, dizer que o Espiritismo é Cristão. Aquela obra contribuiu, ainda, para desmistificar certos fenômenos normais da categoria de milagres, uma vez que, sendo Deus o Criador de todas as coisas, Ele não teria que derrogar nenhuma de suas leis, fazendo milagres, para comprovar quem Ele é. Fica claro que Deus permite que tudo seja feito, segundo os méritos daqueles que foram ou são beneficiados, sem oposição a nenhuma de Suas leis, as quais são eternas, justas e imutáveis. É por nossa carência de conhecimento das leis de Deus, que não compreendemos o que se passa, damos, então, aos fatos o nome de milagres. Dia virá, contudo, quando teremos pleno conhecimento de como cada um dos fatos assim classificados se dão. E veremos, mais ainda, fatos para os quais nossa limitada visão ainda nem mesmo chamou nossa atenção.

Basta façamos uma breve análise dos progressos alcançados pela ciência nos últimos 100 anos, e teremos uma vastíssima lista para estudarmos.

Em agosto de 1865, recebemos a obra "O Céu e o Inferno" e, em janeiro de 1868, um magnífico estudo, à luz dos dados científicos disponíveis e compreendidos naquela época, dando-nos "A Gênese" do planeta Terra.

Klára lia, depois buscava compreender, quando não alcançava certas coisas, perguntava a outros membros das reuniões que frequentava com Louis. Depois, em casa, repassava os assuntos.

Louis percebia muito bem a perseverança com que ela, metodicamente, adotava tal procedimento. Muita vez, contestou os argumentos. Sua mente pedia um Deus partidário, um Deus que interviesse espetacularmente em certos momentos da vida, quer individual quer pública, para fazer valer Suas leis. Fugia-lhe o conceito de livre-arbítrio e de responsabilidade dentro da Lei de Ação e Reação. Não importava a paciência com que Klára explicava para ele, que Deus dera ao homem o livre-arbítrio para que este obrasse segundo Suas Leis, assim conquistando o mérito do entendimento e da luz.

Louis queria tudo num átimo. Quando veio à luz "A Gênese", e ficou patente o processo evolutivo e reencarnacionista, como base angular do progresso individual e grupal, ele simplesmente alegou que milhões ou bilhões de anos era um tempo impossível. Que ele queria ver tudo hoje, agora. Premiação e punição, ato contínuo aos motivos que lhes dariam razão de ser.

Klára meneava a cabeça, depois ia para seu quarto pedir, humildemente, por aquele filho tão rebelde e reacionário diante da Lei.

Eram dois espíritos, aprendendo. A ideia, ao colocá-los juntos, foi permitir que os dois caminhassem unidos para selar entre eles uma grande amizade, um ajudando ao outro. Mas, somente um deles tinha boa vontade.

Certa noite, Louis teve um sonho estranho: Viu-se à frente de uma grande orquestra, viu que tudo ao redor da mesma era muito diferente daquilo a que estava acostumado. Haviam instalado uns aparelhos que ele desconhecia. As roupas usadas também eram distintas daquelas usadas à época. O público, então, completamente diferente das plateias conhecidas. Era um público mais participativo, aplaudia em momentos inadequados, gritava palavras de incentivo, jogavam ao palco brindes para os músicos. Exigiam os bis, antes mesmo do final do programa. E, Louis se via regente e spalla. Ele também adotava uma gesticulação que fugia ao seu normal. Estava alegre, expansivo, exultante de alegria. As músicas tocadas eram desconhecidas por ele. Mas soavam muito bem aos seus ouvidos. As cordas seguiam sendo importantes, mas os metais, as madeiras e a percussão tinham, também, papéis bem mais importantes do que os normais.

Após o encerramento da audiência, Louis se via cercado de pessoas, falando em diferentes idiomas, todos querendo chamar a sua atenção. Pessoas com máquinas estranhas pipocavam luzes em seus olhos, por vezes cegando-o momentaneamente. Mas, ninguém parecia preocupado com aquilo. Moças e rapazes atiravam flores. Era tudo muito estranho. Mas Louis observou que ele se sentia muito alegre.

De súbito, todo aquele cenário como que se congelou.

E Louis ouviu aquela voz amiga, que em outras ocasiões tinha falado com ele de modo tão doce.

– Meu filho, em breve o planeta vai iniciar um processo de evolução ainda maior do que tem sido experimentado até aqui. Novos métodos de comunicação vão ser criados. A música, que hoje privilegia alguns, passará a ser ouvida e consumida por todos. O número de orquestras irá aumentar. Os ritmos vão ser multiplicados. Novas harmonias serão aceitas, até mesmo pelos clássicos. O planeta vai dispor de meios de transporte muito mais rápidos e seguros. Viajar será algo costumeiro. Em todos os lugares se ouvirá música. Você poderá ser chamado a participar deste processo, o que o fará muito feliz. Contudo, seu passado, ainda apresenta erros não resolvidos. Sua postura diante dos novos ensinamentos, que lhe chegam já pela segunda vez, ainda permanece como a do cético. Sempre exigindo provas, testemunhos ao seu gosto. Colocamos em seu caminho pessoas que o amam sem restrições. Você não sabe fazer uso dessas oportunidades. Seu tempo está terminando, breve você será chamado, aproveite o tempo que lhe resta, ouça a voz de quem te quer bem, leia, aprenda e pratique as lições dos bons livros.

Desse modo, eu vim lhe pedir, aproveite a oportunidade que está sendo posta à tua frente. Não fujas ao bem. Abraça-o como o farias a um filho mui querido. Adeus.

Louis acordou e já desperto foi, pouco a pouco, esquecendo-se do que ouvira, somente se lembrava daquilo que vira, das coisas que lhe agradavam sobremaneira. Pensou de si para si mesmo, finalmente, serei famoso, serei querido, terei as pessoas a meus pés.

Logo que pôde, comentou o sonho com Klára. Mas, a segunda parte, a mais importante do sonho todo, ficou reduzida a um comentário sem a devida profundidade.

Louis seguiu para suas atividades. Naquela noite, ao voltar, demonstrava grande mau humor. Até parecia que o dia havia se iniciado de modo totalmente errado e prosseguido assim o dia todo.

Naquela noite não quis conversar. Negou-se a se alimentar. Buscou o leito para dormir cedo. Em sua cabeça dizia para si mesmo, "quem sabe dormir vai me aliviar das contrariedades".

Dia após dia, Louis seguia contrariado. Klára, sempre respeitando a posição que detinha naquela casa, pois oficialmente era uma empregada, não ousava falar. Orava muito, pedindo a Deus que ajudasse naquilo que fosse possível.

Cerca de uma semana havia transcorrido, quando tocou a ela a vez de receber um sonho.

Viu-se levada a um jardim belíssimo, lá lhe disseram que esperasse. Em alguns minutos viu surgir à sua frente sua querida Condessa Donatella Augusta. Ela quis beijar-lhe as mãos, mas foi contida. Ambas se abraçaram, sendo que Klára ouvia a doce voz da amiga dizendo:

– Querida irmã e amiga, que feliz me faz Deus nosso Pai, por permitir este encontro. Eu não mereço esta graça que, sem dúvida, é o fruto de suas conquistas, através do amor que dedicas ao nosso Louis. As duas se assentaram e trocaram ainda algumas confidências sobre o estado da Condessa. Logo depois esta disse:

– Klára, nosso Louis vai iniciar um processo de aprendizado pela dor. Há séculos, ele vem tendo repetidas oportunidades para abrir seu coração aos ensinamentos do Cristo. Contudo, sempre resvala pelo erro. Sempre persevera em manter seus pontos de vista. O grupo espiritual, ao qual nós e ele estamos ligados, deve seguir adiante, pois o progresso assim o exige. Muito tem sido dado a Louis, o qual tem retribuído com quase nada. Um grande golpe já está em andamento, outros virão, ele poderá não ter resistência física para suplantar tais eventos e sua saúde poderá sair alterada. Caberá a você, querida irmã, dar mais uma prova de seu amor por seu filho. Serão alguns anos de lutas, depois tudo irá para um outro teatro, onde quatro espíritos que querem muito bem ao nosso Louis vão ficar encarregados de guiá-lo. Oremos para que tudo corra conforme o previsto, que novas rebeldias não se façam presentes, que as renúncias pedidas pela Lei do Pai sejam feitas de bom grado e que permitam o aprendizado desejado. Assim, poderemos estar todos de volta a um só plano, o que nos permitirá voltar a estarmos juntos, a crescermos juntos. Que Deus nos abençoe, hoje e sempre.

Klára despertou consciente de tudo. Orou, agradeceu a Deus e pediu forças para enfrentar o que estava por vir.

1869

Passados alguns dias mais, Klára viu publicado nos jornais a notícia que tanto estava mortificando Louis. A orquestra sinfônica, onde ele tocava há tantos anos, seria desfeita e, os quase duzentos músicos e pessoal auxiliar, não seriam mais aproveitados. A cidade estava trabalhando com outros projetos em mente, a música teria que esperar.

Quando Louis chegou a casa naquele dia, Klára levantou a questão. Louis despejou toda a sua ira, toda a sua revolta com mais aquele evento em sua vida. Foi então que Klára veio saber, que também o Conservatório, o havia dispensado. Louis alegava perseguição de pessoas com menos competência que a dele. Para ele, tais eventos constituíam um sinal de morte em vida. Com certeza, não estando mais ligado a um dos mais prestigiados órgãos do mundo musical de Paris, também os alunos veriam nisto motivo para dispensá-lo.

O pior, dizia ele, é que ainda teriam um mês e meio de atividades, durante o qual teria que manter todas as aparências, dedicação, etc. como se nada estivesse para acontecer.

Ele se sentia perdido. Como acontece com muitos profissionais no mundo todo. O prestígio que desfrutam, não lhes pertence, é mais propriedade do órgão ao qual estão vinculados, do que deles próprios. Não é que lhes seja negado o reconhecimento ao talento, mas sozinhos, sem o amparo da grande organização, são apenas mais um.

Este tipo de experiência seria difundido e, em algumas poucas décadas, após o iniciar do século XX, tornar-se-ia um costume do mundo todo, criando um sem número de enfermidades psíquicas e dores físicas, que naquela época não eram nem previsíveis.

Klára disse a ele que ela não via assim tão ruim o quadro das coisas. Louis tinha levado uma vida profissional muito intensa, mas, excluído o período em que fez uso da droga, sempre teve cuidado com seus recursos materiais. Assim, se de todo ficar em Paris fosse inviável, ele poderia mudar-se para algum lugar no interior da França, onde sempre encontraria alguém querendo aprender música e teria meios para se manter. Ela via a situação com outros olhos. Ainda, acrescentou: – Fora de Paris, o senhor terá uma vida mais saudável. Quem sabe encontra uma jovem digna que possa vir a ser sua esposa, companheira e amiga. Ou seja, ali naquela hora ela foi a presença do otimismo equilibrado e da confiança na justiça de Deus.

Louis não a contestou. Mas, por outro lado, não absorveu completamente as ideias formuladas com bom senso. Fechou-se em si mesmo, somente pensando em si. Paris apresentava inúmeros caminhos, que poderiam ser interpretados como "novas oportunidades", mas ele não os via. Ou, não os queria ver. Tudo o que ele queria era ver sua vontade prevalecer sobre os fatos.

Infeliz Louis.

Klára seguiu fazendo todo o possível. Louis abandonou de imediato as reuniões espíritas. Os livros que lia, de vez em quando, passaram a coletar poeira. Louis queria um milagre, bem ao jeito do mundo em que vivia.

Alguns dias depois, transcorria um dia normal, quando bateram à porta da casa. Vieram anunciar que Louis havia sido conduzido, em urgência, ao Hospital de La Pitie-Salpitriere. Não deram mais detalhes.

Klára arrumou-se rapidamente, fechou a casa e dirigiu-se ao Hospital. Lá chegando, não teve alternativa, para ter acesso a Louis, teve que declarar-se – mãe dele. Como de fato o era.

Louis tinha sofrido o que hoje conhecemos por um acidente cardiovascular. A medicina da época não era muito competente em assuntos do cérebro e do coração. Tudo o que faziam, era colocar a pessoa em repouso, receitavam compressas que de nada adiantavam e ainda se viam médicos querendo fazer as medievais sangrias. Também gostavam muito de usar láudano e morfina, ambos opiáceos, que levam as pessoas sob tais condições a dormir. Klára, ouvindo falar em morfina, de imediato se opôs, pois já conhecia a trajetória do filho no uso daquela droga. Mas nada pôde fazer contra o emprego do láudano.

Durante 45 dias, Klára se desdobrou ao pé da cama do filho. Sem nenhuma melhora. Resolveu que o quadro de Louis era irreversível, solicitou que lhe permitissem levá-lo para casa, onde ela ficaria com ele em dedicação total. Foi-lhe fornecida uma cadeira de rodas, pois um médico, ainda jovem, disse-lhe que faria bem ao enfermo sair do quarto, de vez em quando, para ver outras pessoas, que ele acreditava que tais medidas faziam bem aos doentes daquele tipo.

Assim foi feito. Reinstalados na moradia, ia começar a fase final da vida de Louis.

Interromperam o uso do láudano. Louis ficou mais horas acordado. Mas, o que sofrera é o que comumente se chama de "insulto cerebral", tendo como efeitos colaterais uma paralisia motora de um dos lados do corpo.

Louis percebia muito bem as coisas, mas já não conseguia se expressar de modo claro. Sua fala era um tipo de gargarejo pastoso. Seus movimentos do lado direito foram paralisados. Suas pernas perderam a energia para sustentar o corpo.

Klára passou a ser todo o seu mundo. Era ela quem dispensava a ele todo o tipo de atenção necessária. Mulher forte, conseguia carregá-lo do leito para a cadeira de rodas e vice-versa.

Não havia esforço, não havia cuidado que Klára não dispensasse a Louis. Na frente dele estava sempre sorrindo, sempre alegre. Reservava a noite, quando ele finalmente dormia, para rezar e, algumas vezes, chorar. Valeu muito para ela os conhecimentos que havia adquirido sobre as Leis Divinas. Ela sabia que tudo aquilo era uma "colheita" de coisas plantadas de modo indevido por Louis. Não era caso para revolta. Era caso para paciência, para pedido de apoio e forças, que dessem a eles dois a capacidade de viver daquele modo.

Klára imaginou que com os recursos disponíveis, ela

não poderia sustentar Louis do modo que ele necessitava. Como ela não podia se afastar dele, ou pagar alguém para ficar ao lado dele, ela mesma não podia ir trabalhar. Assim, colocou em prática a ideia de ir para o interior. Escreveu uma longa carta ao Conde Urbino, em Roma. Contando a ele o sucedido. Pediu se poderia alugar a morada em Malucene, para onde pretendia mudar-se com Louis. O Conde não se fez esperar. Talvez em homenagem à esposa falecida, talvez influenciado pelo espírito dela, fez oferta da moradia, dizendo que lá poderiam ficar, sem nada pagar. Somente não poderia assumir a responsabilidade de sustentá-los.

Klára ao receber tal resposta não se conteve, colocou os joelhos no chão e agradeceu a Deus. Agradeceu também à Condessa, pois sabia que ela tinha obrado no sentido de ajudá-la.

Quinze dias depois de uma viagem de grande sacrifício, estavam instalados.

Como já dissemos, a região é muito bonita. No verão as frutas produzidas naturalmente são deliciosas. O silêncio refaz as energias de todos os que estão cansados, principalmente aqueles que têm o cansaço espiritual.

Embora não apresentasse melhoras, Louis se sentia tranquilo. Menos irritado, exigia menos de Klára. E as coisas normais ficavam mais fáceis.

O tempo, contudo, cobra seu preço. Lentamente, Louis foi enfraquecendo, perdendo peso. Suas pernas foram afinando, num processo de degeneração causado pela falta de exercício. Somente décadas depois é que iria surgir a noção de fisioterapia. Três anos haviam passado, já era 1872. Louis, já não suportava ser movido para fora do leito. Sua permanência deitada provocava dores e ferimentos em suas costas e pernas. Mas, ele não reclamava.

Klára aplicava-lhe "passes fluídicos", mas ele não era um bom receptor. O bem que poderia receber ficava limitado. Ela também lia para eles trechos dos livros de Kardec. Sempre repassando as questões da esperança, da elevação do padrão vibracional para permitir o contato com a espiritualidade superior. Dizia-lhe que o valor da oração se encontra na sinceridade de quem a fala. Que Deus sempre escuta.

Louis não replicava. Ouvia. Guardava o que tinha ouvido. Era um novo "plantio" que estava sendo feito. Era, finalmente, o início do aprendizado.

Certo dia, no verão de 1873, quando estava tomando banho, após ter tomado sol, Louis segurou o braço de Klára, com sua frágil mão esquerda. Olhou fixo para ela, depois apontou para seu pé direito. Lá estava a mancha de nascença, a rosa. E, com o olhar muito claro, fez com que ela entendesse a pergunta que lhe ia à alma. Com esforço falou:
– Por quê?

Klára lembrou-se da mensagem de Eliam, recebida anos antes. Lembrou-se de que ela e a Condessa, de comum acordo, haviam verificado a existência daquele sinal. Um sinal de nascença, que ela nunca havia esquecido.

Klára percebeu que algo havia sido despertado no espírito do filho. Ele voltou a apontar para o pé e fez a pergunta: – Por quê?

Klára não tinha a intenção de tocar no assunto. Queria guardar em seu coração o segredo de sua vida. Temia que ele tivesse uma reação negativa ao saber a verdade. Mas, ela era mãe. Durante todos aqueles anos sufocara em seu peito a dor por guardar aquela verdade. Agora, ele, o filho que ela tivera, e que lhe haviam tirado, estava perguntando sobre a verdade. Ela estava cuidando dele sabendo que, salvo um milagre, ele não voltaria a ser o que fora. Ela não via nele nenhuma melhora, ao contrário, seu corpo estava cada vez mais decadente. A qualquer momento ele poderia partir para a pátria espiritual. Tomou coragem e, com toda a doçura de que foi capaz, contou para ele a verdade.

Contou que um dia havia sido jovem e muito bela, que se apaixonou e foi abandonada. Disse que, no momento de seu nascimento, ele fora retirado dela, sem nenhuma piedade. E fora Deus quem a guiara até ao trabalho da Condessa, o que fez com ela fosse para Paris. Naquele instante, ela estava de cabeça baixa, humilde, como se estivesse pedindo perdão a ele e foi, quando levantou os olhos, que viu dois fios de lágrimas grossas descendo dos lindos olhos do filho.

Momento de glória, a mãe esquecendo toda a dor, todo o sofrimento de todos aqueles anos, enlaçou Louis nos braços e disse: – Meu filho, meu Andrassy. Louis seguiu chorando. Lentamente, moveu a mão esquerda e a colocou no colo da mãe e, num grande esforço falou, com suficiente clareza: – Eu amo mamãe.

Em duas existências, era a primeira vez que Giacomo/ Louis expressava um sentimento de amor sincero e sem interesse.

Para ambos, havia chegado o momento do entendimento. O momento a partir do qual não mais precisariam estar juntos, pois estariam ligados, eternamente, pela compreensão do verdadeiro amor. Ainda que entre eles pudesse ocorrer algum ponto de disparidade, o amor alcançado entre aquelas duas almas, suplantaria qualquer dificuldade, manteria entre eles um vínculo de paz e respeito.

A partir daquele outono, Louis não mais saiu de sua cama. Iniciava-se a fase final de sua estada na Terra. Klára cantava para ele velhas canções do folclore Húngaro. Ela nutria por ele tamanho carinho e atenção, que houve ocasiões em que ele expressava um arremedo de sorriso. Demonstrava, assim, a felicidade que lhe ia n'alma.

Nunca mais Klára o chamou de Louis. Para ela o nome dele era Andrassy, o filho que ela trouxe ao mundo, por amor.

Chegou o inverno, Louis teve uma forte gripe. Klára lutou muito para vencer a infecção. O resultado foi que mais alguns quilos, dos poucos que lhe restavam, foram-se. Louis estava em posição fetal sobre o leito. Seu peso era mínimo. Não apresentava mais energia para nada. Passava a maior parte do tempo meio adormecido.

O ano de 1874 foi como um réquiem. O ritmo era lento. Raramente quebrado por qualquer coisa que não fosse o cuidado, cada vez maior, que Klára dispensava ao filho. Até que chegou o Natal. Klára, pressentindo algo, não se afastava da cabeceira do filho para nada.

Na madrugada do dia 1º de janeiro de 1875, quando, em muitos lares franceses, celebrava-se o Ano Novo, Klára, semiadormecida ao lado do filho, tendo entre suas mãos a mão esquerda dele, sentiu um leve e curto aperto. Olhando surpresa para ele, percebeu que ele acabava de passar para o plano espiritual.

Klára não chorou. Não se desesperou. Sentiu que isso seria negar a fé que aprendera a compreender e que aceitara por sua. Sentiu-se só. Mas, ela conhecia a solidão, não seria a primeira vez. Beijou o rosto do filho. Recolocou a mão dele sobre o peito. Colocou-o na posição normal. As pernas, que estavam encolhidas foram estendidas. Buscou um outro lençol. Ali mesmo fez para ele uma mortalha. Ela sabia que ali estavam apenas os restos mortais, Andrassy, o filho que ela amara, havia partido para Deus.

No dia seguinte, foi até a vila, fez os registros competentes junto à Prefeitura. Buscou um trabalhador para abrir uma vala. Voltaram para a vila. Quando a vala ficou pronta, Klára carregou nos braços, pela última vez naquela vida, o corpo inerte do filho. De onde lhe veio a energia moral para tanto, somente aqueles que compreendem a religião dos Espíritos, podem entender.

Coberto o túmulo. Mandou fazer uma placa de madeira, onde fez escrever:

Andrassy, Barão de H. por direito de berço. Budapeste, 25 de janeiro de 1830. Malucene, 1º de janeiro de 1875. Filho mui querido. Magnífico músico e virtuoso.

Klára ficou ali, durante mais uns trinta dias. Escreveu ao Conde Urbino, devolvendo-lhe o sítio. Esperou a chegada do novo encarregado. E partiu de retorno a Budapeste.

Havia cumprido fielmente sua missão.

1875 - NOVAMENTE NO ESPAÇO

Devido ao intenso estado de fraqueza, que praticamente acabou com todas as energias do seu corpo, ao passar para o plano espiritual, Louis ficou com a mente muito perturbada. E, agregando a isso a natural perturbação que ocorre nestes momentos, Louis ficou na inteira dependência de seus protetores.

Suas responsabilidades morais em face da Lei se contavam na casa das centenas. Mas tinham fatores positivos, os quais, apesar de representar violações da Lei, não estavam catalogados dentro da categoria de crimes abomináveis. Por essa razão, seu nível de perturbação não era dos mais dramáticos ou severos.

Louis, primeiramente sentiu-se desamparado, caindo por um espaço que não tinha fim. Era como uma síncope. Enquanto caía gritava em busca de apoio e socorro e, seus ouvidos captavam gargalhadas estertorantes, vindas de pessoas que ele não lograva ver. Essa experiência, embora real para seu espírito, era apenas o fruto de sua mente, a qual agindo como instrumento da justiça eterna, apontava para ele por seus erros e falhas. Louis, no entanto, havia aprendido muita coisa enquanto frequentava as reuniões na residência da Senhora de Morandé. Lembrou-se que a oração é o melhor caminho para chegar a Deus. Buscou concentrar-se, fechou os olhos e, lá no fundo do seu íntimo, orou: – Pai Eterno, encontro-me perdido neste momento e não vejo quem possa ajudar-me. Perdoa-me, Senhor meu Deus, se não tenho méritos para pedir a Vossa ajuda, mas conceda-me a graça de voltar a ter paz; sendo possível, Senhor Deus, afasta este sofrimento que me assusta. Obrigado. Ao elevar seu pensamento, por aqueles poucos segundos, Louis mudou a sintonia de seu pensamento e, agindo assim, abriu um portal por onde o auxílio pedido pôde se fazer presente. Ele, então, ouviu em sua mente:

– Meu querido filho, acabas de retornar à pátria espiritual. Teu transtorno é passageiro, fruto de tua própria resistência diante da verdade eterna. Mas agrada ao Pai atender a todos os que pedem com sinceridade. Você será adormecido e, uma equipe de socorristas vai conduzir sua alma a um local de tratamento, espero vê-lo dentro de algumas semanas. Sempre que possível, segue orando, isto será muito útil para sua pronta recuperação.

Louis sentiu imediato bem-estar e, também, lentamente foi adormecendo. Entre o momento de seu desencarne e aquele, haviam se passado dois meses. Começava agora a primeira fase de um tratamento, para prepará-lo a compreender e, quem sabe, para, de boa vontade, enfrentar seu futuro, de acordo com seus méritos.

Os hospitais espirituais servem de exemplo para os da zona física. Assim, lá existem pavilhões onde, em vários leitos, os perispíritos são dispostos para receberem o tratamento que suas almas necessitam. A grande diferença se encontra na forma do tratamento dispensado aos pacientes, no uso de equipamentos, que ainda não têm nenhum significado para nós, e na estrutura geral das entidades hospitalares, onde viceja a harmonia, a disciplina, o respeito, o amor ao próximo, na melhor forma de obediência à Lei de Deus e, para nós da Terra, aos ensinamentos e exemplos de Jesus Cristo.

Geralmente, sempre que viável, os pacientes são assistidos por espíritos afinizados que os antecederam na viagem ao plano espiritual e, que se encontram em condições morais superiores, de modo a poderem compartilhar com o paciente a dose de amor necessária à recuperação do equilíbrio. Assim, pacientes podem ser auxiliados por mães, pais, irmãos, irmãs, tios, tias, avós, avôs e, dependendo das circunstâncias, até mesmo, por filhos e filhas, esposas e esposos, que os tenham antecedido. O importante, até mesmo vital, é que a entidade que auxilia esteja em condições morais superiores às do auxiliado. Tudo se passa no campo das vibrações, de fluidos. Tudo se passa de modo a comprovar a Lei do Amor ao Próximo. Tudo é feito de acordo com o mérito das partes envolvidas.

Para a perfeita administração destes locais, as entidades superiores que os administram contam não só com as fichas completas e minuciosas das vidas pregressas de cada pessoa, mas também, com recursos de uma eletrônica à qual nós aqui na Terra ainda não temos acesso. É verdade que, dia virá quando estes recursos chegarão até nós (como outros já chegaram), mas, até lá, teremos que crescer muito moralmente para merecer ter tais facilidades. Assim é que, cada paciente é assistido por profissionais altamente educados e experientes no campo da psicologia, da pedagogia e da psiquiatria. São profissionais que têm pleno domínio de todas as carências, deficiências, artimanhas, vícios e, também, por que não, das qualidades morais que a alma humana pode acomodar e desenvolver nos mais variados graus.

O trabalho visa induzir, através do diálogo, o paciente a tomar pleno conhecimento de sua "memória". Isto é, de sua história enquanto espírito. Quem foi, quando foi, o que fez, por que fez, e prepará-lo para analisar toda a "sua bagagem" diante das determinações das Leis Eternas e Imutáveis de Deus.

Surgem, então, aspectos de confronto com alegrias, boas surpresas, tristezas, novas esperanças, arrependimentos, negações peremptórias, fugas, atos de desespero, agressividades. Todo o leque de reações que se pode esperar de cada ser humano.

Quando o paciente está em plano de sincera boa vontade para se recompor, de voltar ao caminho da Lei, de retomar a caminhada do progresso e da felicidade, o tratamento flui, pois todos sabemos que a solução se encontra dentro da mente do paciente e não do lado de fora.

Destes estágios pode-se saltar para outros mais avançados, quando o espírito passa a planejar sua vida futura. Tudo sempre dentro do quadro dos méritos de que dispõe. Em casos extremos, o planejamento é feito por entidades superiores, que pautam suas intervenções dentro da Suprema

Lei de Deus. Pois, todos temos que prestar contas a Ele. Estes planos depois de detalhadamente explicados às entidades pacientes, são postos em prática.

Há casos, em que similar ao que acontecia na Terra, as entidades pacientes, pensando que podem enganar, falsear, mentir, negar, como costumavam fazer aqui no planeta, buscam seguir seus velhos hábitos. Quando argumentos, provas verbais, provas testemunhais não são admitidas pelas entidades faltosas, entram em cena os equipamentos mencionados há pouco.

O paciente é, então, colocado em cadeiras especiais ligadas aos aparelhos, que dispõem de mecanismos desconhecidos para nós na Terra, que são capazes de captar as ondas do mais íntimo de cada ser e, de imediato, projetar em uma tela, não somente os fatos detalhados, como demonstrar como eles efetivamente transcorreram, mostrando o papel realizado por cada um dos participantes, mas, também, e mais importante que tudo, quais eram os pensamentos que cada personagem tinha dentro de si enquanto obravam daquela forma.

Este é um tipo de demonstração que não encontra resposta. Muitos pensam poder burlar o mecanismo, usando seu pensamento para tornar melhor a cena mostrada nas telas e os sons dos pensamentos destacados em alto-falantes que lhes estão ligados. Outros se fecham em mudez total, tentando manter limpas de quaisquer pensamentos suas mentes, para somente se verem claramente revelados nas telas e nos alto-falantes, pois o que tentam ocultar já está indelevelmente escrito em suas consciências e, de lá, não podem ser retiradas, a não ser através do resgate, do pagamento dos erros cometidos. O que pode demorar séculos.

É bom lembrar que, entidades espirituais elevadas, não necessitam de tais aparelhos para verem, saberem e compreenderem o que vai n'alma de cada um. Os aparelhos são utilizados para fazer com que as negativas, mentiras, tentativas de engodo, caiam por si mesmas no ridículo. O que os aparelhos revelam é nada mais nada menos do que a Consciência verdadeira de cada indivíduo analisado. E nós não podemos escapar de nossa própria consciência.

É, portanto, num desses hospitais que se encontra nosso personagem. Será este o tipo de tratamento ao qual ele vai ser submetido. Se cooperar e reagir bem, será mais fácil. Se resistir e tentar fugir à responsabilidade, será submetido ao exame na máquina da verdade.

Muitos dos pacientes leitores dirão: – Mas Louis não é assim tão perverso, tão criminoso.

Devemos nos lembrar que a medida da Justiça divina não se compara com as medidas da justiça da Terra. Também, é conveniente lembrar que o Evangelho ensina: "A quem muito for dado, muito será pedido."

As falhas, erros, compromissos assumidos, tudo enfim que vai contra a Lei de Deus, serão medidas, também, em consideração dos conhecimentos dos faltosos. E as medidas corretivas serão comparativas.

Durante uns quinze dias, mais ou menos, Louis dormia e acordava a intervalos. Enquanto dormia, ele recebia passes de refazimento, que davam a ele a energia vital necessária para que seu perispírito se recuperasse. Durantes as horas em que se mantinha acordado, Louis recebia a visita de assistentes psicólogos e psiquiatras, que comentavam com ele passagens de suas duas últimas vidas, buscando fazê-lo ver 'o porquê' daquelas atitudes, as razões íntimas, os desejos ocultos. E depois o levavam à analise e à conclusão das razões que resultaram em fracasso.

Louis já havia passado por muitas experiências, muitas sessões espíritas, onde ocorriam diálogos com desencarnados em situação difícil, ele compreendia tudo muito bem.

Mas também tinha muitas perguntas e recebia as respostas. Tudo se passava em ambientes muito tranquilo, sem interrupções de quaisquer naturezas. Tudo era integralmente registrado, pois formava parte dos arquivos de vida dele. Eram "documentos" que provavam toda a extensão da Justiça Divina em pleno exercício.

Louis quis saber por que, sendo ele um faltoso diante da Lei, não se encontrava nem no purgatório, nem no inferno. Foi-lhe explicado que Deus não é vingativo, Deus é justo. Que tais locais especiais, na realidade, não existiam; que tudo se baseia no padrão vibratório das mentes individuais. Se uma mente vibra em padrão muito baixo, estará em regiões de grande sofrimento, onde outras mentes de padrão vibratório baixo também se encontram. Mentes, que por vibrarem igual, atraem-se. Daí a formação da ideia de que há "locais especiais destinados ao castigo".

De outra vez Louis quis saber por que a pessoa que ele amava (referia-se a Donatella Augusta) não pudera ser sua companheira em duas vidas sucessivas. A resposta foi que, ele Louis não reunia mais o mérito para ter ao seu lado, como esposa, a pessoa dela. Que, em verdade, seria muito difícil para ele vir a tê-la a seu lado de novo em uma próxima existência. Ele, o comportamento dele, as ideias dele eram as causas da distância posta entre eles. Donatella Augusta vibra em padrão superior ao seu, ela merece estar em planos melhores.

Ainda uma outra vez Louis quis saber por que tinha tido tanto talento como violinista, se não pôde exercer no mundo o sucesso que aspirava. Foi-lhe dito que, muitas vezes, a beleza, a fortuna, o poder, o talento são uma forma de provação. A pessoa que os detém, tem que saber fazer bom uso deles. Beneficiar o maior número possível de pessoas, sem se vangloriar, sem orgulho, pois todos os "talentos" são resultados do esforço individual, mas também são graças dadas por Deus a Seus filhos, para que as utilizem para o bem geral.

No final desta fase inicial, uma das entidades que o assistiam disse para ele:

– Louis, dentro em breve, virá vê-lo uma pessoa que tem estado ao seu lado há muitos séculos. Sempre buscando conduzir você para o bem. Para o progresso. Ele terá muito a lhe dizer.

Fazia já quase três meses desde que Louis deixara o corpo físico. A recuperação era digna de nota. Louis se sentia refeito. Levantava-se, caminhava por seu pavilhão, falava com outros pacientes, ouvia suas histórias. Emocionava-se e, também, ria algumas vezes.

O tempo passou, quando estava próximo o final do quarto mês, ele fez menção de solicitar um favor especial à direção da casa.

Louis foi levado à presença do diretor geral do hospital e falou:

— Senhor, agradeço a acolhida que tive neste estabelecimento e reconheço que o tratamento que aqui recebo, é não somente diferente daquilo que temos na Terra, mas apresenta resultados muito superiores.

Faz quatro meses que me dão asilo. Várias vezes, por dia, ouço no ar suave música. Como o Senhor deve saber, fui músico na Terra, e já faz muito tempo que não tenho a alegria de poder tocar. Seria abuso de minha parte solicitar sua permissão para receber um violino, para que eu possa tocar para meus companheiros de pavilhão? Acredito que ouvir músicas, que conheciam, possa vir a contribuir para a melhor recuperação de cada um dos meus companheiros.

O diretor ouviu, sorriu e fez um gesto como que pedindo um instante. Em seguida, cerrou seus olhos e ficou assim alguns minutos, depois de um suspiro, tornou a abrir os olhos e, ainda sorrindo, respondeu:

— "Meu caro Louis, ficamos satisfeitos em ver que você esteja refeito. Sem dúvida seu pensamento é meritório. Você está pensando no bem-estar alheio. Eu acredito que você terá sim a oportunidade de tocar. Mas, posso pedir que você toque não somente para seus companheiros de pavilhão, mas para todos os que se encontram neste hospital. Em breves dias, teremos a oportunidade de receber uma visita de entidade de grande luz, e nesta ocasião você será chamado para tocar para todos. Entrementes, você está autorizado a frequentar nossa biblioteca, onde vai encontrar partituras de músicas suas conhecidas, onde poderá escolher com calma o repertório que irá apresentar. Limite-se a três músicas, pois a visita do eminente espírito se prende a outros motivos, que também deverão ser pontualmente atendidos."

Louis agradeceu e se retirou exultante de alegria. Fazia muito tempo que ele não tocava. Agora poderia fazê-lo para alegrar pessoas como ele. Naquele dia, Louis se lembrou de agradecer a Deus, aquela bênção. Enquanto orava, ele não viu, mas uma tênue luz verde desceu do mais alto sobre sua cabeça. Eram fluídos de amor e paz, que lhe chegavam à alma, que recomeçava a pensar no próximo.

Duas semanas transcorreram, durante as quais, Louis dedicou-se a selecionar as três peças para tocar. Passou muitas horas na biblioteca. Aqui, fazemos um reparo, no plano espiritual os espaços destinados às coisas belas, às coisas úteis, suplantam nossa imaginação. São imensos, são perfeitamente iluminados e ventilados. Apresentam locais amenos, onde todas as belezas que lá estão guardadas possam ser desfrutadas no seu todo. São locais onde os níveis de respeito e educação dos visitantes supera tudo o que nós temos visto até aqui. Há orientadores culturais disponíveis para a solução ou o encaminhamento de qualquer dúvida. Há aparelhos muito parecidos com nossos rudimentares leitores de textos, sendo a diferença no nível de tecnologia que oferecem aos usuários, pois, lá basta que o usuário se posicione diante do aparelho e faça uma concentração mental sobre o tema ou informação desejada, para que em questão de alguns segundos, apareça na tela, tudo aquilo que pode atender à consulta. Lá não há limites quanto aos recursos que oferecem para a educação. Assim, Louis, teve acesso às partituras originais, das músicas que pretendia tocar. Pôde estudar até mesmo anotações pessoais dos autores, e, assim, compreender melhor a interpretação que deveria imprimir à sua execução.

Finalmente, ao entardecer de um dia, todos os espíritos, que estavam concentrados naquele hospital espiritual, ouviram, pelos comunicadores, que no domingo seguinte, todos deveriam dirigir-se ao Auditório central, ao equivalente às nove horas da manhã, pois teriam a oportunidade de acolher a chegada e, depois, ouvir uma personalidade de alto nível espiritual, que ali vinha em missão de amor.

Os poucos dias restantes transcorreram com emoção. Visitas como aquela eram raras naquelas paragens, pois a vinda de um espírito de alto nível até aquele patamar evolutivo implicava grande planejamento e sacrifício, para a entidade superior adaptar-se ao padrão vibratório que prevalece ali. Geralmente eles recebiam mensagens, escritas ou verbais, que sabidamente são fáceis de serem transmitidas.

Louis ainda não tinha posto os olhos sobre o instrumento que lhe seria facilitado para tocar. Contudo, sua inteligência, já restabelecida, dizia-lhe ao íntimo que ele deveria confiar. Que tudo estaria no seu devido lugar, a tempo e a hora.

O AMANHECER DE UM DIA MEMORÁVEL

No domingo, Louis e todos os demais despertaram cedo. Em cada rosto de paciente e dos assistentes, via-se um sorriso. Nos primeiros, o sorriso era de esperança, no desejo de serem presenteados com alegria e felicidade, como há muito não tinham oportunidade de sentir. Entre os segundos, onde o grau de consciência cósmica era muito mais ampliado, a causa do sorriso era pela antecipada felicidade de virem a estar na presença e desfrutar dos efeitos benéficos da aura de tal personagem. Eles sabiam que, com a chegada dele, todo um processo de limpeza fluídica dar-se-ia no ambiente total do hospital, beneficiando a todos os internos e trabalhadores.

Na hora aprazada, todos os que tinham condição de movimentar-se, dirigiram-se para o Auditório.

O local foi construído para acomodar algumas dezenas de milhares de entidades. As dimensões são indescritíveis. A beleza arquitetônica suplantava a dos mais belos templos da Terra, e era estruturada no modelo dos anfiteatros da Grécia antiga, de modo a permitir uma acústica perfeita. Contudo, diferente dos anfiteatros antigos, este era completamente coberto por um teto translúcido muito alto. Todos foram se acomodando, e Louis ficou surpreso ao ver que ali estavam entidades, que poderiam ser a população de uma cidade de tamanho médio no mundo físico.

Todos se moviam, em silêncio, ou falando em tom de respeito.

No horário determinado, o Diretor Geral do hospital, seguido por seus auxiliares mais diretos, assumiram suas posições num palco.

– Meus caros irmãos, estamos reunidos hoje para elevar nosso pensamento ao Pai Criador de todas as coisas, a Jesus o nosso mestre, em agradecimento por todas as graças que sempre recebemos e também pela oportunidade que vamos ter de receber entre nós a entidade que hoje vem nos visitar. Oremos: – Pai, somos pequenos seres dentro da Vossa magnífica criação. A Vossa bondade nos concedeu o dom da vida eterna, e estamos no caminho do aprendizado das Vossas Leis, para podermos comparecer, com o nosso esforço, em favor da Vossa criação eterna. Senhor, permiti que esta nossa disposição se materialize em realizações do bem, do amor. Abençoa-nos, Pai, hoje e sempre.

Enquanto o Diretor orava, uma luz intensa vinda como que do infinito se fez presente sobre o espaço do palco e, ali, diante de todos os presentes, estáticos com a beleza do quadro, suavemente, foi se materializando a figura digna de Eliam.

Eliam trazia um semblante calmo e sorridente. Com um

sinal de sua mão dirigida ao Diretor, obteve deste um gesto concedendo a ele a palavra.

– Deus seja louvado. Caros amigos e irmãos em Cristo. Estamos aqui hoje para trazer as bênçãos do Pai Eterno para todos aqueles que buscam o progresso, que procuram com sinceridade o aperfeiçoamento de suas almas, dentro dos princípios da Lei de Deus. Este é um momento de alegria e de felicidade, pois esperamos que nesta oportunidade de nossa reunião, destinada ao louvor do Pai, contribuamos para fazer concretizar reformas íntimas, que estão em andamento, dentro de cada coração aqui presente. Para muitos, o dia de hoje deverá se constituir na passagem de uma fase de grandes aflições morais, para um estágio de grandes esperanças. Todos já reconhecem que o progresso que buscamos somente é atingido pelo mérito individual. Que a prática do amor ao próximo, na sua mais alta e bela expressão, é a força que constitui a energia de luz, que nos faz mover em direção aos planos mais elevados. Todos já começaram a compreender que devemos renunciar às glórias efêmeras da matéria, todos já têm o entendimento de que o exemplo a seguir é o de Jesus. Assim, devemos abandonar as práticas antigas, superar nossas fraquezas e buscar em cada gesto, em cada pensamento, somente o bem.

Mas, este é um dia de festa. E para alegrarmos mais ainda os nossos corações, vamos ter a oportunidade de ouvir a arte e o talento de um de nossos irmãos, que vai nos brindar com peças musicais, que um dia ouvimos no plano terrestre. Assim, com a permissão de nosso irmão Diretor, chamamos o paciente Louis para vir até aqui e nos dar esta demonstração.

Emocionado, com os olhos derramando lágrimas de uma alegria incontida, Louis foi até o palco. Lá recepcionado por Eliam, recebeu das mãos deste um violino e o respectivo arco.

Louis solicitou permissão para se dirigir à plateia. O que lhe foi concedido.

– Meus irmãos, vou procurar transmitir aqui os sentimentos que algumas belas composições de músicos da Terra nos inspiram.

Louis iniciou por um tema romântico: tocou com beleza até então desconhecida, a Sinfonia Inacabada de Schubert. Durante a execução, pétalas de flores e sublime perfume invadiram o espaço do imenso local, caindo lentamente sobre todos os presentes. Eliam, resplandecente, emitia fluidos que beneficiavam a todos os corações. Em muitos locais, lágrimas sinceras desciam dos olhos fascinados dos pacientes presentes. Encerrada a primeira peça. O silêncio que se fazia presente, falou mais alto do que qualquer aplauso. Era a um só tempo o reconhecimento de um grande talento musical, como também, um hino respeitoso de agradecimento pela felicidade que todos experimentavam. Louis então iniciou a segunda peça. Desta feita foi a Sonata número 9 em Lá Maior de Beethoven. Ele fizera uma adaptação somente para o violino. Os mesmos efeitos continuaram a se manifestar. Finalmente, Louis iniciou "A quatro estações", de Vivaldi. Nesta execução, ele percebeu que recebia o acompanhamento de músicos invisíveis. A magnífica obra, que tanto encanta e alegra nossos corações, revelou-se a cada entidade presente como algo de natureza divina. A emoção e o padrão vibratório daquela assembleia estavam no mais alto nível de manifestação possível para quantos se achavam ali. Ao terminar a execução da peça magistral, todos os presentes se puseram de pé. Nunca houve aplauso maior que aquele. Todos, como Louis sempre havia sonhado, todos estavam ali desfrutando daquele momento de beleza, e Deus tinha sido compassivo dando a ele, um iniciante no aprendizado da verdade, aquela felicidade de ter sido o executante. Ali, ele compreendeu o significado de amar ao próximo. Que sua arte, na verdade não era só dele, era do mundo. Agradeceu a todos com um gesto de sua cabeça, dirigiu-se até Eliam e entregou-lhe o violino e o arco. Recebeu deste um abraço amigo e calmamente voltou o ocupar o seu lugar na plateia.

Caro leitor, narrada assim, está cena maravilhosa fica pálida, pois nos faltam as palavras que poderiam aumentar a transmissão sobre os detalhes da beleza do momento. Queira nos perdoar esta deficiência, a verdade é que temos diante de nós uma tarefa superior às nossas forças.

Eliam, retomando a palavra falou: – Queridos irmãos em Cristo, esta reunião está sendo abençoada por nosso Mestre que, diretamente nos envia todos os fluidos que estão descendo sobre nós, vindos do infinito. Vamos conservar esta energia maravilhosa como suporte de nossos mais íntimos sentimentos. Vamos absorver esta força no mais profundo recanto de nossos sentimentos, para que ela nos beneficie pelo máximo de tempo possível. Sejamos gratos à boa vontade de Louis em tocar para nós. Saibamos que todos, indistintamente, podemos contribuir para o bem comum, desde que façamos o propósito de sempre fazer o bem, seja no que for que nossa capacidade nos permita. Oremos:

– Jesus, quando nossas fraquezas te conduziram à Cruz, éreis o mais puro, o mais inocente, o mais digno dos filhos de Deus, sem erro algum que justificasse aquele sacrifício, no entanto, aceitastes a punição dos ladrões. Permita Jesus que tenhamos a compreensão para saber que teu gesto foi um exemplo, o qual devemos seguir. A demonstração máxima de amor pela humanidade, a renúncia maior. Ajuda-nos, através de teus mensageiros de luz, para que nos modifiquemos intimamente e possamos atingir os planos da felicidade perene, para que lá, também, venhamos a participar da criação de Deus.

Esteja sempre ao nosso lado, fortalece nossa resolução em favor do bem. Afasta, na medida do possível, o mal de nosso caminho. Ajuda-nos a ser o amparo justo e bondoso para todos os que nos cercam. Se nossas fraquezas nos desmerecerem, saiba, Senhor, que é apenas momentâneo, que logo voltaremos ao caminho do bem, porque hoje sabemos que fora dele não há salvação, recebe-nos em teus braços hoje e sempre.

A reunião se encerrou. Eliam e os dirigentes da casa se dirigiram a um local menor, dentro do prédio da administração. Os pacientes e demais atendentes foram se dispersando, de regresso às tarefas diárias. No caminho, Louis recebia sorrisos e frases de agradecimento provenientes de muitas pessoas – pacientes e atendentes. Ele agradecia a todos e sorria, sentindo-se feliz, pela primeira vez em muito tempo.

Pensou na mãe e fez uma breve prece de agradecimento pelo amor que ela tinha demonstrado por ele, nos últimos anos de sua vida.

Quando atingiu seu leito, pois ainda não recebera alta, lá encontrou um mensageiro que o esperava com um convite. Ele seria esperado dentro de uma hora, na sala principal da administração.

Sentou-se, novamente buscou serenar seus sentimentos. E fez uma oração silenciosa.

– Senhor meu Deus, sinto ser chegada uma hora de grande importância para mim. Ajuda-me, Senhor, a manter a serenidade, a confiança, a boa disposição para receber o que quer que eu tenha que enfrentar. Sei que, perante a Vossa lei, eu estou na categoria dos faltosos. É meu desejo mudar este quadro, tornando-me um participante da Vossa obra. Dá-me, Senhor, a força e a fé necessárias para tanto. Amém.

Exatamente uma hora depois, Louis se apresentava na sala principal da administração.

O Diretor de o Complexo Hospitalar encaminhou-o até um salão. Lá dentro, várias cadeiras se achavam dispostas em forma circular. Louis foi convidado a sentar-se em uma delas. E foi-lhe dito que os demais já haviam chegado e que entrariam em seguida.

Em menos de dois minutos, uma outra porta foi aberta e um grupo de pessoas adentrou o recinto. Ao vê-los, Louis se pôs de pé. Para sua surpresa, ali perante ele estavam presentes – Mateo, Isabela, Donatella Augusta, André (duque de Ferrara), Eleonora e Stefania, Milena e Klára e o Cura Colbert.

Todos estavam tomados de grande emoção, alguns ali estavam com seus períspiritos, pois já haviam desencarnado, outros ainda presos à matéria, vieram apenas em espírito. Todos sorriram uns para os outros e guardaram respeitoso silêncio. Ao sinal do Diretor, cada um tomou assento em uma das cadeiras. O Diretor fez a mesma coisa e falou: – Caros irmãos, em alguns instantes teremos conosco a entidade responsável por promover este encontro memorável, por enquanto guardemos silêncio.

Sem dúvida, no íntimo de cada pessoa ali presente havia o desejo de se unirem num grande abraço, de falarem uns com os outros, pois aos olhos de cada um o outro parecia com a forma que mais lhes era agradável, que suas memórias mais recordavam. Porque ali se encontravam reunidos espíritos que tinham séculos e séculos de convívio harmônico, e que, especialmente, tinham entre si, um fator comum, Louis.

Novamente a porta principal abriu-se e por ela entrou a augusta figura de Eliam. Ele se dirigiu para o centro do círculo de cadeiras e, sorrindo para todos, saudou-os com um gesto.

– Meus amigos, meus irmãos, agradeçamos a Jesus e ao Pai Eterno esta oportunidade única, que nos é concedida de estarmos aqui para falarmos do futuro. Meu filho, disse ele olhando para Louis, estamos aqui principalmente por tua causa. Há muitos séculos nossos caminhos vêm se cruzando e, a cada oportunidade, aprendemos algo que ajuda a nossa evolução, mas, também, devido às nossas fraquezas, criamos novas responsabilidades, que depois demandam dolorosos resgates. Deus nosso Pai tem, ao longo de todos os tempos, enviado à Terra Seus mensageiros de luz. Eles nos trazem ideias e filosofias que ampliam nossa incipiente capacidade de pensar, mostrando a cada um que o caminho do amor, da compreensão, do perdão, do respeito, é a melhor forma para nos conduzir até a almejada felicidade. Muitos, contudo, apesar de evoluírem muito em certo sentido, não o fazem amplamente no campo moral. Deixam-se levar pelo egoísmo, pela ambição, pelo desprezo e desrespeito para com seus semelhantes. Ficam, assim, com seu desenvolvimento prejudicado, e se afastam dos grupos aos quais estavam afinizados. Aqui, estamos nós, um grupo afinizado com a sua pessoa. Um grupo que se compõe de pessoas que o amam, pessoas que o perdoaram por seus rompantes passados, um grupo que o tem ajudado nas suas inúmeras tentativas de seguir adiante no plano evolutivo.

A Terra, como planeta, atinge agora um dos seus momentos de maior expressão, Jesus, o excelso dirigente desse planeta, enviou há pouco o Consolador, que Ele havia prometido há quase dois mil anos, quando esteve pessoalmente entre nós. Foi necessário o transcorrer de todo esse tempo, para que uma grande parcela da humanidade se encontrasse em condição de compreender a renovação dos puros ensinamentos cristãos. As revelações de certos mecanismos de comunicação que, embora sempre tenham estado presentes, não eram bem compreendidas pelos Homens. As obras de Kardec descortinam horizontes que eram insuspeitos para nós. Assim, este Jesus, que é o nosso Mestre, vê como necessário o crescimento daqueles que vêm acumulando experiências morais positivas, pois os tempos são chegados para que a Terra, como morada transitória de espíritos em evolução, cresça para melhores condições, deixando para trás a sua condição de planeta de sofrimento e dor, para planeta de regeneração.

Assim, é que, em muitos recantos da Terra, espíritos que se encontram no limiar do entendimento vão passar por experiências novas. Esperamos que estas experiências repercutam no íntimo de cada um deles, criando as condições de progresso, que lhes dará acesso a planos melhores do que aqueles que foram capazes de atingir até agora.

O Homem precisa compreender que os estágios vividos na matéria são fases de aprendizado concentrado, onde o mérito sobressai em favor da evolução. Examinem de perto os exemplos daqueles que vivem por dedicar-se ao bem da humanidade, o traço que ressalta em suas existências é sempre o da renúncia pessoal, o da dedicação ao bem pelo próximo. O comportamento da simplicidade, a fuga das glórias efêmeras do mundo, a confirmação da fé inabalável e do total respeito aos mandamentos da Lei de Deus.

Olhemos para o universo que nos cerca, cada ponto de luz é uma das múltiplas moradas do Senhor. Nelas todas vivem e trabalham almas dedicadas ao progresso constante. À medida que crescemos moralmente vamos conhecendo novas etapas da verdade que nos conduz à Libertação. Mas, para chegarmos lá, temos que deixar para trás hábitos, costumes, modos de pensar, que não se coadunam com a felicidade que almejamos alcançar.

E isto nós mesmos é que podemos fazer. Deus, porém, permite-nos contar com o apoio daqueles que nos amam. Não somos obrigados a viver sós, isolados, embora a prova suprema sempre seja única para cada um de nós. É por isso que estamos aqui hoje.

– Meu filho, espíritos que auxiliam Jesus na administração do planeta, estudaram em detalhe suas várias encarnações. Notadamente as duas últimas. Cada palavra, gesto, pensamento seu foi escrutinado, pesado e considerado de acordo com as facilidades e oportunidades que lhe foram dadas. Também, examinaram as conquistas, que cada um dos presentes alcançou durante o mesmo período. Cada espírito aqui presente foi consultado, segundo seus méritos, sobre se estaria disposto a voltar a conviver com você em uma nova e, esperamos, definitiva existência para o estágio que você está por terminar. Devo declarar que todos assentiram de bom grado.

Assim, recebi o encargo de trazer, para ser apresentado a você e a eles, o planejamento para sua próxima existência na Terra. Reuniões como esta já foram realizadas anteriormente, antes que você iniciasse suas últimas experiências. Você sempre acatou, calado, as propostas que lhe foram feitas. Ao agir assim você se comprometeu ter um comportamento, que infelizmente não foi concretizado no seu todo. Pois, em uma oportunidade, você se deixou dominar pela vaidade e pelo ódio incontroláveis e tirou a vida de um semelhante seu.

Em outra, você se deixou levar pelo desespero, pelo orgulho ferido, e acabou retirando-se da vida física antes do previsto, incorrendo num dos maiores erros que as almas podem realizar, qual seja, tirar a própria vida. E, devo ressaltar, estas duas últimas existências não foram as únicas a serem analisadas, várias outras anteriores também passaram pelo escrutínio. E algumas certas circunstâncias atenuantes agiram em seu favor.

Muito nos custou a todos, chegar até aqui, neste momento. E há, ainda, um longo caminho de trabalhos, estudos, aprendizados importantes, que terão que ser atingidos na preparação para sua nova caminhada. Posso assegurar que mais uma vez você terá, no plano físico, a proteção, assistência, carinho, amor, paciência de almas que o querem muito. Eu, também, estarei ao seu lado. Em minhas súplicas ao Pai Eterno, ELE me concedeu a oportunidade de lá estar ao seu lado, para que juntos eu possa ajudar você a superar, de vez, tudo o que ainda se encontra pendente. Será um teste para nós dois.

"Você contará com a ajuda direta, na qualidade de membro de família, de Mateo, de Isabela, André e Donatella Augusta. Nossas irmãs Eleonora, Stefania, Klára e Milena, também virão conosco, elas vão criar as oportunidades de termos oásis de refúgio durante nossa caminhada. Lembremo-nos que, uma vez no plano físico, estaremos todos ligados a múltiplas outras responsabilidades, que fazem parte da vida em sociedade."

Iremos para um país novo, onde as estruturas sociais ainda não se encontram totalmente definidas sobre bases de justiça, mas onde habita um povo de boa índole, que vai receber os novos ensinamentos cristãos de coração aberto. Sendo que Jesus espera dele o testemunho que faça daquela terra abençoada a Pátria de seu Evangelho. Falo do Brasil.

Os que partirão primeiro, já o farão agora em 1878/79, depois em 1910 e 1914 e finalmente nós dois iremos em 1940.

Resta saber agora se você se encontra disposto a regenerar-se em definitivo, a viver em paz com todos, não importando as circunstâncias; você terá uma vida intensa, pois seu programa de trabalho na matéria demandará atividades para o dia e, também, para a noite. Durante o dia você estará preso a um corpo imperfeito, incapaz de exprimir toda a energia e talento de sua alma. Você terá que ser meigo, amoroso, paciente, obediente, não poderá ser orgulhoso, nem ser vaidoso. Você será portador da síndrome de Down. No transcorrer das noites, enquanto seu corpo imperfeito descansar das lidas do dia, seu espírito será chamado ao trabalho e ao aprendizado, junto de equipes espirituais, que obram em prol do bem, próximo à crosta terrestre.

Então, meu filho, que resposta você tem para mim?

Um grande silêncio se fez. Todos ali olharam para Louis, aguardando a resposta que ele daria. Depois de alguns minutos, Louis falou:

– Meus queridos, visto daqui, no plano espiritual, temos uma noção ampla do que significam as Leis de Deus. Aqui pressentimos a grandeza da criação, as possibilidades para o nosso crescimento moral e intelectual. Aqui vemos, na prática, o significado da assistência que Deus concede a cada um de nós. Vemos a nós mesmos, inteiramente, abrangendo toda a bagagem de feitos e mal feitos que, ao longo de existências várias, vimos realizando. Aqui sentimos e avaliamos, na sua mais profunda realidade, a verdade do amor. Eis que a presença de todos vocês aqui, neste momento, é a maior demonstração que jamais tive do quanto me querem bem. Nos meus últimos tempos na Terra, pude enxergar e sentir de perto do que o amor é capaz. Não que antes disto eu não tivesse recebido repetidas atenções de minha mãe Isabela e de meu pai Mateo. Mas, nos últimos dez anos, fiquei inutilizado para a vida física plena, fui obrigado a ficar primeiro numa cadeira de rodas e, em seguida, no leito. E foi ali que comecei a pensar, não em mim, mas sobre a minha pessoa, sobre a minha conduta, sobre meu orgulho, minha vaidade, e, ao mesmo tempo, sobre a renúncia, o amor e a dedicação inigualáveis proporcionados por minha mãe Klára. Acredito que, impedido de dar vazão a meu orgulho, através da minha arte, tive a oportunidade de começar a ser humilde, a ser menos agressivo e menos vaidoso. Foi assim pensando que pude concluir que Klára só poderia ter comigo uma ligação maior. Reportando-me a eventos anteriores, aos quais jamais tinha ligado atenção, conclui que Klára conhecia o segredo de meu nascimento. Ao indagar dela, obtive a resposta que esperava. Sim, Klára era minha mãe.

Dessa experiência, eu só posso concluir que o período em que tive um corpo deficiente somente contribuiu para meu despertar. Agora, recebo, de todos vocês e do nobre Eliam, esta proposta. Uma nova existência onde estarei amparado, mas onde não terei oportunidade de exercer meu talento. Talento que me fez perder tantas oportunidades. Talento que, somente hoje, aqui neste hospital, veio servir de fato aos meus ouvintes e não atender à minha vaidade. Creio que a lição é clara.

Sim, eu quero ser livre; sim, eu quero amar; sim, eu quero ser útil; sim, eu quero participar da imensa criação que vejo ao meu redor. Sim, eu quero ser digno de todo o amor de que sou objeto.

Eu agradeço a Deus por mais esta oportunidade. Eu peço humildemente que Deus me conceda esta força, que sinto agora, para vencer na minha próxima existência.

A emoção que envolvia a todos era muito grande. Lágrimas de alegria e felicidade eram derramadas por todos e Eliam, num gesto, conclamou todos para que se aproximassem de Louis e o envolvessem num abraço fluídico. Quando estavam todos unidos. Eliam disse:

– Pai, faça-se a Vossa vontade! E, lentamente, cada um dos presentes foi sendo afastado, sendo encaminhados por dezenas de entidades, que davam assistência àquela bela reunião para seus locais de preparação.

Eliam, assim como o fizera na vinda, também foi sendo absorvido pelo canal de luz, que descia do infinito. Restaram na sala o Diretor do Hospital e Louis.

O Diretor, então, disse para Louis: – Bom, meu filho, temos longo programa a cumprir, serão seis décadas de estudos, aprendizado e trabalho experimental para prepará-lo para sua próxima existência. Sem dúvida, Deus o está aquinhoando de forma muito especial. Vamos fazer tudo ao nosso alcance para sermos dignos desta ajuda.

Combinados para um encontro no dia seguinte, as entidades se separaram, Louis buscou seu leito. Mas, por onde passava, entidades que ele desconhecia vinham cumprimentá-lo pelo belo desempenho daquela manhã e para dizer que se sentiram muito melhores depois de ouvi-lo.

A todos Louis agradecia com humildade, era mais uma lição, a glória é poder ser útil, e não ser aplaudido.

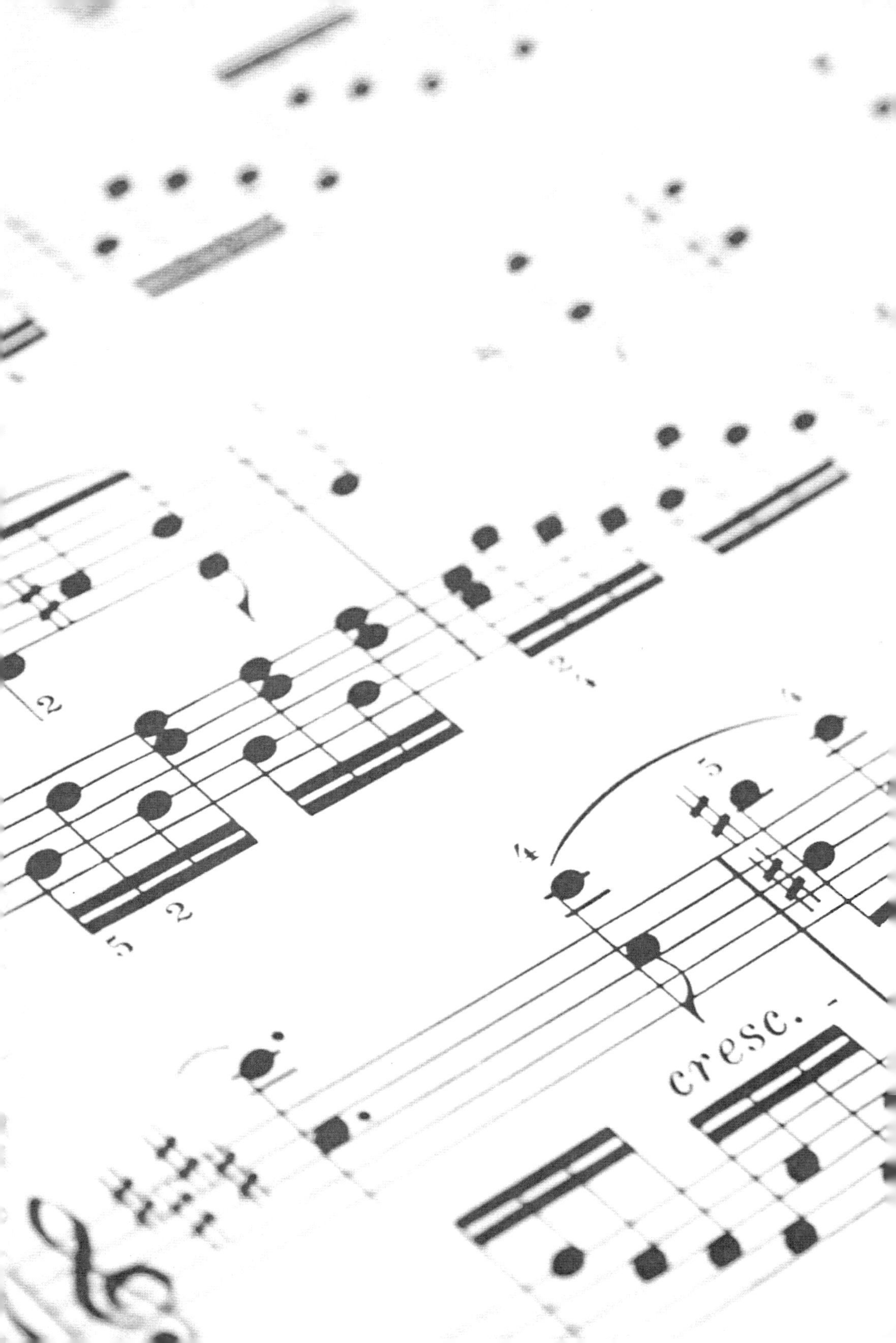
cresc.

TERCEIRA PARTE

1876-1960

Todos nós temos, na nossa trajetória, inúmeras existências vividas no plano físico. As primeiras, quando recém-chegados ao gênero humano, com certeza foram etapas muito rudes, pois embora aptos a aprender tudo, tivemos que começar com as coisas básicas. Daí vem o amplo espectro de variedades de raças, nos mais variados estágios de desenvolvimento que temos na Terra.

Podemos citar como seres que se encontram no início da trajetória evolutiva humana: os aborígines da Austrália, os hotentotes na África, os povos indígenas da Malásia, nossos próprios indígenas aqui no Brasil. Cada grupo está num nível de desenvolvimento da inteligência e dos sentimentos próprio ao seu nível evolutivo.

Além disso, temos também na Terra três grandes correntes de culturas e filosofias de vida: A ocidental – ou judaico-cristã; a oriental – ou dos países árabes em geral e a asiática, onde se situam grandes grupos como o povo da China, do Japão e da Índia. São povos com estruturas de raciocínio que diferem muito uns dos outros sobre aspectos importantes da vida cotidiana. São almas que estão passando por fases de aprendizado necessário à sua elevação a planos superiores.

Ninguém é melhor ou superior a ninguém. Todos estão aprendendo a mesma lição – a lei do amor.

Todos os seres encarnados dispõem de um guia – ou anjo da guarda. Este guia se ajusta bastante ao nível do encarnado. Mas colabora com ele sugerindo, alertando, através de pensamentos e da intuição, para ajudá-lo a caminhar na rota certa. Quanto mais evoluído o indivíduo, mais evoluído é o seu mentor. Mais intensas são as comunicações entre encarnado e desencarnado. Como exemplos podemos citar, as "vozes" que instruíam Joana D'Arc e a relação que foi vivida por nosso irmão Francisco Cândido Xavier e seu mentor Emmanuel que, literalmente, dialogavam a todo momento.

Cabe dizer, porém, que a liberdade de decisão, o uso do livre-arbítrio, segue sendo nosso direito inalienável, exclusivamente nosso. Pois, tanto o mérito, adquirido pelo resultado correto de nossas ações, quanto o sofrimento, que vem do erro, são exclusivamente nossos.

Logo após o término da bela reunião, que ocorreu no Hospital espiritual, Mateo e Isabela dirigiram-se para o setor de preparação para reencarnação. Seriam Antonio e Marina. Iriam nascer na pequena localidade de Curral d'El Rey que, em uma década mais tornar-se-ia a capital do estado de Minas Gerais, conhecida pelo nome de Belo Horizonte.

Eram os primeiros a seguir para uma nova existência, em que várias pessoas iriam ajudar nosso personagem na sua busca pela própria libertação. Eram os dois primeiros a darem uma enorme demonstração de amor.

Embora não seja plano nosso narrar os fatos sobre a vida durante a infância e juventude destas duas almas, podemos informar que Antonio nasceu logo em 1878. Sua família possuía uma gleba de onde tiravam o sustento. Sendo que seu pai começara, anos antes a fabricar móveis. Curiosamente, sua mãe era amiga de uma outra mulher e esta veio a se tornar mãe de Marina, que aportou na terra em 1879. Ambas as mães, sem o saberem, combinaram que seus filhos deveriam se casar quando chegassem à idade adulta. A infância das duas crianças foi de certo modo uma infância comum. Iam à mesma igreja, depois foram à mesma escola e, desde logo cedo, um sentia pelo outro grande atração.

Quando tinham dez anos, Belo Horizonte foi inaugurada. Grandes obras eram necessárias para aparelhar a sede do governo, e abriu-se, então, um espaço para marceneiros, pedreiros, eletricistas, pintores, enfim, profissionais de variadas áreas. Antonio seguiu os passos do pai, pois desde cedo demonstrava grande queda e habilidade em lidar com madeiras.

A religião tinha grande peso nas vidas das pessoas. Para Antonio e para Marina não foi diferente. Assim, formaram-se católicos romanos praticantes.

As duas famílias eram humildes nas posses e no comportamento, dentro da nova sociedade que se expandia rapidamente, mas detinham grandes valores morais, com um comportamento impecável diante da vida.

Foi em 1908, que Antonio pôde realizar seu sonho e o de sua mãe, consorciando-se com Marina. Antonio havia construído uma casa pequena, de quatro cômodos, em um terreno próprio e, lá, depois de uma cerimônia muito simples, mas envolvida por sentimentos de grande emoção, os dois se tornaram marido e mulher.

Moravam numa colina situada no Barro Preto, onde também Antonio mantinha sua marcenaria.

Em 1909, Marina deu a luz àquele que seria seu único filho, Antonio Mário. Naquela casa simples a felicidade era completa.

No ano de 1914, em outra parte da cidade, no bairro da Floresta, chegava ao mundo uma menina que recebeu o nome de Cláudia.

Assim, estavam de volta à Terra, Mateo (Antonio), Isabela (Marina), André (Antonio Mário) e Donnatella Augusta (Cláudia).

No espaço, Louis seguia com seu trabalho de preparação, estudos, terapia de autoconhecimento, enfim, todo um longo processo que pudesse ampará-lo na nova existência, que logo teria que viver.

Em 1908, um grupo de cidadãos fundou a União Espírita Mineira. O Espiritismo Cristão havia chegado à Terra do Cruzeiro do Sul ainda no século 19. A doutrina-filosofia-ciência codificada por Allan Kardec era estudada, analisada, praticada todos os dias nas terras das Alterosas.

Através de suas atividades comerciais, Antonio tratava com inúmeras pessoas, dentre elas havia um professor de nome Jorge Vidal, cuja origem era europeia, espanhola. O professor Jorge tinha planos para fundar uma escola, mas havia começado com um pequeno curso, onde ajudava as pessoas a completar sua alfabetização e iniciava-as em estudos mais avançados do chamado curso ginasial naquela época. Como tal, havia procurado Antonio para que lhe fizesse móveis – cadeiras, mesas, estantes, para, adequadamente, mobiliar seu curso.

Entre o professor e Antonio surgiu uma grande amizade. Pois este, embora não tivesse podido avançar muito nos estudos, dava grande valor a uma educação completa.

Dentre os muitos diálogos que eles mantiveram, surgiu certo dia a questão religiosa. O Professor Jorge Vidal trouxe à baila o assunto da moda, entre as pessoas mais intelectualizadas, e que melhor aceitavam a expansão do conhecimento religioso para novos caminhos.

Belo Horizonte recebia cidadãos de várias partes do Brasil e do mundo. Assim, o grupo de intelectuais não era tão pequeno como a cidade e apresentava pessoas com formação em idiomas, especialmente o Francês; também vieram missionários e missionárias dos Estados Unidos, para dar início a uma bela obra no campo do Protestantismo e do ensino (Colégio Izabella Hendrix, Colégio Batista Mineiro), juntos com organizações religiosas Católicas Romanas, também, muito dedicadas ao ensino de nossa juventude. (Colégio Arnaldo, Colégio Santa Maria, Colégio Loyola).

O Professor Jorge havia lido as obras básicas do espiritismo cristão e achava-se atraído pelo novo caminho que a fé cristã lhe oferecia. Ele externou esta opinião várias vezes para Antonio.

Antonio que, após o nascimento de seu filho Antonio Mário, passara a ter sonhos premonitivos, julgou interessante a forma como o Professor se referia aos fenômenos espíritas. Seus sonhos envolviam pessoas, que ele Antonio não conhecia, mas que, de modo estranho, no seu íntimo sabia quem eram. Seus sonhos o alertavam para a necessidade de educar Antonio Mário, da melhor forma que lhe fosse possível. Neles, pessoas que ele não conhecia falavam-lhe com doçura, mas, ao mesmo tempo, com autoridade, indicando que ele deixasse Antonio Mário escolher a carreira que o atraísse, ainda que lhe parecesse de difícil realização.

Ele havia conversado sobre esses assuntos com a esposa, mas ambos não chegaram a nenhuma conclusão.

Agora vinha o professor falar dos fenômenos espíritas. Quem sabe, indagou, eu poderia consultar um médium para saber o que tenho diante de mim?

Nós que estudamos o espiritismo, logo aprendemos que a porta que nos conduz para esta abençoada filosofia cristã, tem dois nomes – um é Amor, o outro é Dor. Sim, logo entendemos que nós chegamos até ao espiritismo ou pelo Amor ou pela Dor. Mas, quando a hora é chegada, temos que passar pela porta e ela é estreita. Vale nosso livre-arbítrio, a decisão é nossa, o mérito futuro, se algum houver, será nosso.

Outros já têm a felicidade de nascer em lares onde o espiritismo é prática comum. Mas, nem todos aproveitam a oportunidade. Muitos querem adaptar a Lei às suas vontades e caprichos pessoais. E, como isso não funciona, dizem desiludidos: – Ah, espiritismo, comigo não deu certo!

Antonio rezou, pediu a Deus que o guiasse. Ele queria fazer o certo. Ele queria fazer o melhor.

Até que certo dia decidiu-se e solicitou ao Professor Jorge a gentileza de levá-lo e à sua esposa, a uma reunião espírita. Eles, também, queriam ver e ouvir para julgar.

Dessa forma, logo surgiu uma oportunidade.

No dia aprazado, Antonio e Marina se encontraram com o Professor Jorge e os três seguiram para uma casa muito bonita, na Avenida Afonso Pena, próxima de onde é hoje o Conservatório Mineiro de Música.

Lá chegando, foram recebidos por um senhor já com mais de meio século de vida, que os fez entrar e acomodar-se. Tratando-os, e a todos os demais, com palavras de simpatia e, sempre, mantendo um sorriso nos lábios.

Quando o relógio marcou as 20 horas, o anfitrião que, depois Antonio veio saber, era um médico originário de São Paulo, com estudos médicos feitos na França, buscou posicionar-se de pé em frente a uma mesa ampla e começou a falar com as 25 pessoas ali presentes.

– Muito boa noite. Sejam bem-vindos mais uma vez. Eu agradeço a presença de todos. Daqueles que vêm aqui pela primeira vez, e daqueles que já se fazem nossos companheiros neste estudo, que estamos fazendo dessa nova doutrina da renovação cristã. Para aqueles que aqui vêm por primeira vez, desejo informar que até o ano de 1870, quando eu estudava medicina em Paris, apesar de ter nascido em família Católica, eu me considerava ateu. Minha crença, se é que posso dizer que tinha alguma, era no mais absoluto e definitivo materialismo. Contudo, durante meu curso fui confrontado, algumas vezes, com eventos para os quais não tive explicação lógica. O primeiro e mais impressionante deles, foi na minha primeira aula de dissecação. Logo no princípio do curso. Dado meu entusiasmo pela medicina, naquele dia, cheguei ao anfiteatro da faculdade com muitos minutos de antecipação. Lá, sobre a fria pedra do mármore, estava o cadáver de um dos muitos indigentes que morrem, anonimamente, nas ruas de nossas cidades. Comecei a examinar o corpo, tratava-se de um homem, que deveria ter cerca de uns 40 anos de idade. Sem dar-me conta comecei a pensar e pensava em Português: – Coitado, dentro de alguns minutos mais você vai ter seu corpo aberto, exposto, partes serão retiradas dele, para que nós possamos estudar sua formação biológica. Você será cortado impiedosamente. Tenho pena de você... Neste momento, sem que eu pudesse explicar, o cadáver sentou-se e dirigiu-se a mim, falando em Francês: – Então por que você vai permitir que isto me aconteça? Por que não mostra respeito pelo meu corpo e antes de cortá-lo faz uma oração? Eu desmaiei. Quando voltei a mim, estava cercado pelo meu professor e por alguns colegas, a quem narrei o evento. Todos ficaram impressionados com o que narrei, e dada a exaltação de todos, meu professor resolveu transferir aquela aula para o dia seguinte. Assim, dando tempo para que eu e meus colegas nos recuperássemos. Mas, ele pediu que eu o procurasse em seu gabinete em particular.

Para não tomarmos muito tempo, meu professor que havia sido um ateu como eu, travou conhecimento com os estudos feitos pelo professor Denizard Rivail, que hoje conhecemos por Allan Kardec. Ele dedicou-se a estudar a nova filosofia espírita e, já naqueles dias, havia se tornado um entusiasta da nova forma de estudar e ver o cristianismo.

Relatou para mim que eu devia ser médium, pois é óbvio que um cadáver não retorna à vida, nem fala. O que eu tinha vivenciado era uma experiência espírita de visão.

Fui levado a uma reunião espírita e, o restante é conhecido; nestes últimos quarenta anos tornei-me um estudioso da matéria.

Quero hoje pedir à minha companheira que faça para nós a prece de abertura.

Uma senhora que se encontrava sentada entre nós, levantou-se e fez uma bela prece, pedindo para todos as bênçãos da compreensão, pois segundo suas palavras, ali estávamos para estudar e, se possível, adquirir uma fé raciocinada. Uma fé que deveríamos primeiro compreender para depois aceitá-la e praticá-la plenamente com todo o nosso sentimento.

Feita a oração, deu-se início à leitura de "O Livro dos Espíritos". Primeiro liam as perguntas preparadas por Kardec, depois as respostas dadas a elas pelos espíritos e, em seguida, os comentários de várias pessoas presentes.

Finalmente, ao redor das 21 horas, todos tiveram oportunidade de presenciar a parte da sessão que tratava das comunicações mediúnicas. Ali estavam presentes cerca de pelo menos quatro médiuns.

Antonio e Marina a tudo viram. Tudo ouviram. No encerramento dos trabalhos, já por volta de 22h30, o anfitrião recebeu algumas folhas das mãos de uma senhora, que estivera escrevendo durante todo o tempo. Começou então a chamar pessoas pelo nome e a entregar a elas as folhas.

Foi quando Antonio e Marina ouviram o chamado – Antonio Mário – ninguém se apresentou. Novamente foi feito o chamado – Antonio Mário. Silêncio. Marina então falou: – Meu filho de pouco mais de 10 meses de idade, chama-se Antonio Mário. A folha foi então entregue a ela.

Na folha estava escrito: – Meu querido filho Antonio Mário, louvado seja Deus. Apenas uma visita amiga para dizer que você deve e, certamente, vai amar muito seus pais. Mas, a sua vinda ao planeta, desta vez, prende-se a um programa muito bem definido, você deverá estudar, com grande dedicação, para, no devido tempo, vir a ser um médico. Eis, por enquanto, o que esperamos de você. Não se preocupe com outra atividade de trabalho. Também desejo lembrar que o Evangelho deverá sempre pautar todos os seus atos. Em breve nos veremos outra vez. Eliam.

Para Antonio e para Marina aquela foi uma enorme surpresa.

A reunião se dissolveu, todos se despediram. Ficou feito o convite para que retornassem na semana seguinte.

Antonio e Marina retornaram ao seu lar. Eram já 23h30 quando lá chegaram. Naquele dia, as emoções haviam sido superiores às suas forças, deixaram para conversar no dia seguinte.

No decorrer do dia seguinte, enquanto tomavam seu café da manhã, Antonio comentou com Marina:

– Querida, eu gostaria de continuar frequentando

aquela reunião. Também, penso que seja interessante lermos os livros de Kardec, pois se vamos mudar alguma coisa na nossa maneira de ver Deus, então que seja nos termos em que falou aquela senhora – que seja uma fé raciocinada – algo que esteja de acordo com nossa compreensão, para que possamos ter uma confiança verdadeira naquilo que viermos a ser. Que você acha?

Marina, muito calma, respondeu: – Tudo que vi e ouvi lá me pareceu bom. A mensagem para nosso Antonio Mário foi uma grande surpresa. Como eles poderiam se dirigir a uma criança de dez meses. Contudo, o conselho dado para ele me pareceu muito sério. Não pediram nada para eles. Sim, vamos voltar, vamos ler os livros, assim nós poderemos tomar uma decisão com tranquilidade, com conhecimento de causa.

Antonio e Marina tinham um casamento muito bem assentado numa grande amizade e respeito um pelo outro. Até então, naquela casa, nunca se ouvia uma expressão de mau humor ou agressividade. Antonio era um homem simples, trabalhador, que só conhecia dois caminhos: da casa para o trabalho, e do trabalho para casa. Marina cuidava muito bem da casa. Cozinhava, lavava e passava como era costume da época entre as pessoas de classe média. Naquele lar, depois da vinda do filho, nada faltava. Era uma família abençoada.

Nos meses seguintes, a cada quinze dias Antonio e Marina frequentavam as reuniões de estudos e mediúnica. Lá, buscavam esclarecer dúvidas sobre tudo o que liam nos livros de Kardec. Aprenderam muito.

Durante esta fase, Antonio teve um de seus sonhos, onde ele viu como que repassado numa tela de cinema, a última reunião que tiveram com Eliam, antes de reencarnarem. Antonio comentou com Marina: – Hoje, acredito que já estivemos juntos antes, em outra vida. Acredito que temos que seguir juntos, não importa o que ocorra. Devemos preparar Antonio Mário para uma grande missão. Dia virá quando seremos todos chamados a dar testemunho de nossa fé em Deus.

Antonio Mário crescia, demonstrando ser dono de inteligência muito viva. A mãe, que tivera pouca instrução, tinha um tirocínio bem claro, e proporcionava a ele o máximo de tranquilidade. Brinquedos que o fizessem exercitar suas atividades motoras ajudavam-no a ter ordem, disciplina e respeito. À noite, antes de colocá-lo para dormir, fazia questão de rezar junto com o pai e com ele. Sempre agradeciam muito tudo o que recebiam do Pai, somente pediam para que a fé, que alimentava seus corações, só aumentasse.

Antonio e Marina já se declaravam Espíritas. Tomavam partes nas campanhas sociais de ajuda aos menos favorecidos. Seguiam estudando sempre e cada vez mais Kardec.

Desse modo os anos foram transcorrendo.

Belo Horizonte, originalmente planejada por Aarão Reis para acomodar uma população de cinquenta mil habitantes, ia crescendo a passos largos.

Antonio Mário chegou aos 7 anos de idade e começou a frequentar o Grupo Escolar. Logo no início demonstrou grande capacidade para os estudos, ficando sempre entre os primeiros alunos.

Seus livros e cadernos, ao contrário do que ocorria com a maioria, eram bem cuidados e limpos. Seus modos eram os de uma criança educada, uma criança fina. Nessa época, a família e ele tiveram um pequeno teste.

Como é costume em países que adotam oficialmente o Catolicismo, chegou o momento em que as crianças do grupo escolar tinham que fazer a Primeira Comunhão. Antonio Mário levou a notícia para casa. Naquele dia, seus pais ficaram sem saber o que fazer. Não consideravam necessária a aceitação do sacramento Católico. Entendiam que nossa Comunhão com Deus se dá através de nossos pensamentos e atos. Contudo, não desejavam nem chocar, nem ofender a quem quer que fosse. Acreditavam que tinham o direito a escolher sua própria fé. Depois de uma noite em claro, Antonio tomou a decisão de ir até o Grupo falar com a Diretora.

Lá chegando, foi admitido sem demora ao gabinete dela.

Explicou a razão de estar ali. E, disse: – Senhora Diretora, eu e minha esposa nascemos católicos, somos casados pelos ritos da Igreja. Antonio Mário foi batizado. Contudo, já faz alguns anos que adotamos o Espiritismo como nossa nova forma de adorar a Deus. Sentimos que seria um desrespeito ao sacramento, que um dia tomamos com respeito e fé, se autorizarmos que nosso filho faça a primeira comunhão, uma vez que hoje vemos nossos deveres para com nosso Criador de um modo distinto. Assim, solicito que meu filho não seja incluído entre aqueles que vão tomar a primeira comunhão. Para nós a comunhão existe, mas é entre cada pessoa e o Pai diretamente, sem a necessidade da recepção simbólica do corpo do Cristo.

A Diretora ponderou um pouco e respondeu: – Senhor Antonio, tenho em minha família pessoas que não aceitam a existência de Deus. Folgo saber que o senhor e sua esposa seguem crendo em Deus e buscando seguir Jesus. Enquanto eu for Diretora deste Grupo, seu filho não será constrangido a aceitar uma visão religiosa, que não seja aquela que ele recebe no seu lar. Antonio Mário é um aluno que promete muito. Ele é inteligente e estudioso. Dia virá em que ele tomará a decisão por ele próprio. Até lá, o senhor crie seu filho do modo que lhe apraz.

Na verdade, o crescimento do Espiritismo no Brasil provocava resistências e até mesmo ataques, por parte daqueles que se outorgavam a "propriedade" de Deus, ou da verdade. Muitas pessoas esclarecidas entendiam que há outros caminhos para chegarmos até Deus. Mas, muitos outros, sem se darem conta do obscurantismo que os dominava, atacavam todos aqueles que não lhes comungasse a mesma fé religiosa.

Antonio Mário, concluiu o quarto ano primário em 1920. Passou para o ginásio. Sempre estudando em escola pública, pois Antonio não era dono de grandes posses que lhe permitisse ao filho estudar em colégios particulares e, naquele período, o ensino público, em Minas Gerais, estava a cargo de pessoas sérias, dedicadas, que desempenhavam sua função com grande dedicação, e excelente resultado para os alunos.

A cada ano, o jovem mais se firmava como excelente estudante. Sendo que não tinha dificuldade alguma, estudando sempre sozinho. Buscando esclarecimentos complementares com seus professores que, devido à sua performance brilhante, sempre o ajudavam de bom grado. Era um aluno a quem dava gosto lecionar. Leitor ávido por cultura, buscava de todas as formas conhecer mais e mais. As melhores obras que chegavam ao Brasil naquela época eram escritas em Francês, Inglês e Alemão. Antonio Mário, num grande esforço, buscou meios de aprender o Francês, e em pouco mais de dois anos, lia, escrevia e falava correntemente o idioma.

A partir de 1921, ele começou a frequentar, juntamente com os pais, as reuniões mediúnicas. Para ele, não houve surpresa. Compreendeu perfeitamente o mecanismo da mediunidade e não se espantava, nem fazia alarde das coisas que ouvia. Sabia que se tratava de entidades espirituais em dificuldades, que precisavam e recebiam o apoio necessário. Outras vezes, maravilhava-se com alguma comunicação de teor moral elevado.

– Pai, mamãe, como foi bela a exposição de hoje. Vocês notaram a sequência, na leitura tivemos o Perdão, na mensagem mediúnica tivemos a Paciência. Depois vieram aquelas duas entidades cujas consciências as mantêm em estado aflitivo, depois dos erros que cometeram aqui na Terra. Vejam, como tudo parece ser coordenado para que o aproveitamento seja total. Eu me pergunto, será que eu, também, terei mediunidade para desenvolver? Algo, em meu íntimo, diz que eu tenho uma missão a realizar. Qual será?

Antonio e Marina tinham um grande amor pelo filho único. Viam nele a representação do amor, que sentiam um pelo outro, e demonstravam em tudo o que diziam e faziam um interesse sincero e honesto em fazer dele o melhor homem que pudessem. Sentiam alegria pela natureza afável dele. Foi, numa oportunidade destas, que resolveram mencionar o assunto – carreira.

Era uma tarde de domingo, após o almoço. Pai, mãe e filho conversavam. Quando Antonio perguntou: – Filho, graças a Deus, você tem obtido excelentes resultados nos estudos e tudo indica que vai seguir sendo assim. Tanto nossa cidade, como o Brasil, precisa de profissionais valorosos, bem formados, para preencher as posições que vão surgindo com o progresso. Você já pensou sobre qual a carreira que você irá escolher?

Antonio Mário, na juventude de seus 12 anos, pensou um pouco e depois respondeu: – Bom pai, eu esperei que alguma entidade me dissesse que eu tenho mediunidade. Mas isto não ocorreu. Se tivesse ocorrido, creio que, para facilitar minha missão, eu deveria ser um professor e assim poderia dedicar-me ao mediunato, sem prejudicar minha atividade principal. Mas, parece que este não é o meu caso. Assim, continuo pensando em fazer algo que seja para ajudar pessoas, este é o caminho que poderá me fazer aproximar-me de Deus. Sim, ajudar pessoas, e, sem dúvida, uma das melhores formas é através da medicina. Nosso país, sem dúvida, tem um campo amplo para a prática da medicina. Desse modo, eu vejo a medicina como uma atividade muito atraente para atender aos meus propósitos. Vejo aqui mesmo, em nossa cidade, muitas pessoas com lepra, tuberculose, bócio, eu acredito que é preciso que médicos estudem mais as causas de todas estas enfermidades e que busquem meios de curá-las ou de preveni-las. Eu sinto, que é o Homem que deve fazer o esforço para encontrar a solução para os problemas que enfrentamos na matéria. É certo pedir a ajuda divina, mas não é certo ficar sentado à espera dela. Nós temos que fazer a nossa parte.

Pai e mãe, contendo sua emoção pela calma, pela lógica demonstrada pelo filho, abstiveram-se de comentar qualquer coisa. Antonio Mário, ele mesmo, havia identificado o caminho a seguir, não havia necessidade de interferência alguma.

Os trabalhos sociais espíritas continuaram sendo a constante na vida daquela família. Ajudavam do melhor modo que podiam. Tinham alegria em participar das campanhas em prol dos menos favorecidos.

O jovem buscava sempre novas obras sobre o espiritismo. Tinha sede de conhecimento. Assim, encontrou os trabalhos do "Bandeirante do Espiritismo", Cairbar Schutel. Lia com prazer sua publicação "O Clarim" e correspondia com o insigne farmacêutico que, de São Paulo, enviava-lhe sugestões sobre obras relativas à medicina e sobre assuntos espíritas.

Enquanto Antonio, Marina e Antonio Mário desenvolviam cada vez mais seus conhecimentos sobre os aspectos das Leis Divinas, adquirindo uma compreensão, mais dilatada, sobre as várias condições de vida no planeta, o Plano Espiritual não descansava.

Em 1914, nasceu, também em Belo Horizonte, uma menina de nome Cláudia. Ela teve por família um grupo de pessoas que, não somente dispunham de melhores condições materiais de vida, mas também, de formação intelectual bastante acima da média. Mãe e pai com nível superior, irmãos com muito bom nível de instrução e todos com acesso a viagens locais e internacionais. Contudo, dado o nível intelectual, eles haviam direcionado seu potencial intelectual para filosofias materialistas sempre muito atraentes. Eram pessoas corretas, boas, honestas, porém, sem crença na existência de Deus, sem acreditar na existência da alma.

Assim, nossa "Donnatella Augusta" regressava ao mundo como Cláudia para, inicialmente, enfrentar um aspecto de confirmação da fé. Depois viriam outros desafios.

Além dessa personagem, o Plano Espiritual buscava organizar o retorno de Eleonora, de Stefania, de Klára, de Milena, de Georgy, de Dubrov e do Cura Jean Colbert Dalvon. Este grupo regressou ao plano físico entre 1924 e 1925. Cada um deles teria novas oportunidades de progresso individual, mas todos viriam a ter ligação com a reencarnação de Louis, programada para acontecer no ano de 1940.

O encaminhamento dado a Antonio Mário, Antonio e Marina estava seguindo de modo, plenamente, satisfatório.

À medida que maior maturidade lhe nascia no espírito, Antonio Mário desenvolvia novos conceitos de vida. Uma de suas preocupações era que ao escolher o curso de medicina, ele estava se encaminhando para uma condição na qual não poderia ajudar o pai, com seu trabalho, para a renda da família. Isto o preocupava. Mas foi conversando, foi procurando, até que finalmente encontrou um caminho, por meio do qual certamente ele poderia aliviar o pai do peso de arcar sozinho com todas as despesas.

Mais uma vez, a amizade com o Professor Jorge Vidal foi providencial. O rapaz agregou aos seus estudos normais, o de telegrafia. Assim, em pouco tempo, pôde se candidatar à função de telegrafista. Naquela época, havia duas possibilidades de aproveitamento desses profissionais, uma obviamente era no Departamento dos Correios e Telégrafos, a outra era no Setor de Rádio e Telecomunicações do Palácio da Liberdade, o qual ficava instalado na Praça da Liberdade, no local ao lado de onde hoje está a Biblioteca Pública Estadual. Já naquela época, o conhecimento que Antonio Mário possuía do idioma Francês, pesou em seu favor; assim, ele conseguiu ser nomeado para a função de telegrafista, com a idade de 16 anos. Quem o patrocinou foi o Professor Jorge Vidal, que mantinha excelentes relações com pessoas detentoras de poder dentro do Estado.

Esta conquista deu-lhe grande alegria, pois ele pôde anunciar ao pai que, com certeza, não seriam necessários maiores sacrifícios dele para a aquisição dos livros sobre medicina. Corria já o ano de 1927, Antonio Mário trabalhava, estudava e seguia com suas atividades no centro espírita, pois elas lhe faziam sentir-se muito bem, principalmente, ao participar dos movimentos sociais. No final do ano de 1927, reunindo excelentes notas, ao concluir o curso científico, ele prestou exames para a Faculdade de Medicina.

A alegria em sua casa era grande. Antonio e Marina tinham grande satisfação em ver o filho tornar-se homem e estar encaminhando sua vida para uma atividade na qual poderia ser útil. Além disso, tinham, também, consciência do adulto que agora tinham em casa, capaz de bastar-se a si próprio.

A Faculdade de Medicina já era localizada no Bairro de São Lucas, onde muitos hospitais haviam sido edificados. Diariamente Antonio Mário seguia a sua trajetória, Barro Preto, Praça Sete, Avenida Afonso Pena, Rua da Bahia, retorno até a Afonso Pena, tomava o bonde para o Hospital Militar e ia para a faculdade.

Foram anos de grande luta 1928, 1929, 1930, 1931, 1932, 1933. O Brasil passava por convulsões políticas importantes, era difícil manter-se alheio ao que acontecia ao seu redor, mesmo porque, na sua atividade, como telegrafista do estado, o estudante tinha oportunidade de estar bem informado sobre muitos eventos importantes.

Seus estudos seguiam de maneira brilhante. Antonio Mário não era uma "estrela" e, apesar de estar entre os melhores, lograva passar despercebido em meio ao conjunto de estudantes. Era afável, atencioso, prestativo, mas não comungava com certos hábitos ainda comuns no meio estudantil. Seu tempo era por demais precioso. Seus objetivos eram muito claros e definidos. Assim, não se envolvia em atividades extracurriculares e sociais.

Já no final do curso, ele vinha definindo sua tendência pelo ramo da otorrinolaringologia. Para ele, a incidência do bócio era algo que precisava ser muito bem estudada, pois algo chamava sua atenção. Na sua grande maioria eram pessoas pobres e quase sempre muito mal alimentadas, que apresentavam aquela hipertrofia da glândula tireóide. Qual seria, pensava ele, a relação entre este quadro e a manifestação da enfermidade? Ele ficava triste com o sofrimento de seus semelhantes.

Antonio Mário graduou-se em dezembro de 1933. Como já trabalhava para o Estado de Minas Gerais, buscou meios de transferir-se para algum hospital público, onde faria sua experiência como interno, ao mesmo tempo em que estudava, em nível de especialização, a cadeira de otorrino.

Foi no transcorrer do ano de 1934 que, um belo dia, dentro da Faculdade, o recém-formado cruzou pela primeira vez com Cláudia.

Muitas moças já buscavam carreiras de nível superior naquela época. Mas ainda constituíam uma exceção à regra. O que chamou a atenção de Antonio Mário, porém, foi a singular e tranquila beleza que a moça possuía. Ao vê-la, ele notou de imediato que ela devia possuir um caráter muito bem definido. Seu modo de caminhar, seu modo de olhar tranquilo e seguro, demonstrava que ali estava uma moça a ser observada. Era de novo André, revendo Donnatella Augusta.

Não se falaram. Não foram apresentados. Todavia, um registrou a presença do outro.

Em casa, pela primeira vez, ele comentou com sua mãe sobre a moça que havia visto.

Marina se acostumara com o distanciamento dele dos assuntos de namoro. Mas, ela também conhecia o caráter do filho e sabia-o muito bom julgador de pessoas. Conhecia sua grande capacidade de identificar as qualidades das pessoas, por um simples olhar.

Como mãe, ela ficou atenta. Aguardou mais sinais.

Não tardaram muito. Cerca de um mês depois, na faculdade, ele viu a mesma jovem. Desta vez ela estava falando com alguém na secretaria. Antonio Mário não se fez de rogado. Acercou-se e, dirigindo-se à jovem, apresentou-se.

– Queira desculpar-me, eu sei que não é este o melhor modo, mas eu a tenho visto aqui na faculdade e, confesso que, eu teria imensa satisfação em poder conhecê-la. Desde logo, caso isto não seja do desagrado da senhorita. Meu nome é Antonio Mário.

Cláudia virou-se com calma, olhou bem para ele. Depois, um leve sorriso se fez em seu rosto. Então, ela falou:
– Sem dúvida não é mesmo a melhor maneira, digo! Mas, devo afirmar é original. Estendeu a mão e disse o nome.

Antonio Mário estava vermelho, nunca em sua vida havia se dirigido a uma moça daquele modo. Não sabia de onde tinha tirado coragem para tanto. Rapidamente se recompôs, porém, e também estendeu a sua cumprimentando-a.

Saíram dali conversando. Não houve ansiedade da parte de nenhum dos dois. Assunto não faltava. Assim, após um diálogo de uns quinze minutos, os jovens se separaram, com compromisso de voltarem a se encontrar ali mesmo na Faculdade.

Em casa, Antonio Mário pôs os pais a par do que havia acontecido. A mãe ficou impressionada. Nunca havia visto o filho falar em namorada e subitamente ele demonstrava aquele desembaraço.

O pai ficou feliz em saber que a moça era bonita. Afinal, disse ele brincando: – Eu quero netos bonitos.

Cláudia estava no início do curso, ainda teria, no mínimo, mais cinco anos de estudo pela frente. Ele estaria livre para dedicar-se à carreira, em pouco mais de um ano.

Um pouco tempo antes, em 1930, no espaço, Eliam,

dava início a uma trajetória difícil para quem já está em planos mais elevados. Ele se apresentou para as preparações necessárias para uma nova encarnação.

Na sua despedida, outras entidades o saudavam respeitosamente, sabendo que ele havia se voluntariado para voltar ao plano físico, em "Missão de Amor". Todos eram unânimes em dar a ele seus votos de sucesso para o empreendimento ao qual estava por dedicar-se. Todos oraram juntos para que ele fosse bem-sucedido em seu projeto.

Eliam explicava que aquela opção era a melhor, pois vários séculos haviam passado sem que a questão principal, a evolução de Louis seguisse adiante do modo desejado.

Foi uma reunião de beleza ímpar. Luzes de bênção desciam sobre todos. Os planos superiores estavam dando sua aprovação.

Era preciso que tal caminhada tivesse início naquele momento. A descida de espíritos angelicais demanda um grande planejamento, uma grande preparação. É como se o espírito reencarnante entrasse numa câmara de descompressão, para novamente se readaptar ao clima fluídico da Terra e ao corpo material que irá ocupar. E assim foi feito.

Logo que começaram a se encontrar – Cláudia e Antonio Mário – deram-se conta que vinham de famílias com diferentes características sociais, culturais e religiosas.

Ela era parte do que chamamos "classe média alta". Dispunha de certos confortos, proporcionados pela elevada posição material do pai; a família dela possuía dois carros, e empregavam um *chauffeur* (expressão da época para – motorista). Assim, a moça raramente utilizava transporte público. Ele, embora já atuando na profissão de médico, ainda não dispunha de meios para tanto. Mas o que mais ressaltava na diferença entre os dois, era que ele era um espírita praticante, enquanto ela se dizia sem fé religiosa.

Seriamente atraído pela moça, Antonio Mário tomou a si o encargo de instruí-la sobre a Codificação Espírita Cristã.

Ambos eram pessoas de notável inteligência, e Cláudia não somente apresentava seus argumentos, mas fazia indagações inteligentes, embora presas a preconceitos e a aspectos de ignorância de certas Leis Divinas.

Ele havia definido dentro de si mesmo, que não provocaria nenhuma reação negativa definitiva na jovem. Assim, metodicamente, com grande paciência foi expondo um a um, os principais princípios explicados pelo Espiritismo. Era um trabalho imenso, porém, nunca houve atrito entre eles. Nunca um perdeu o equilíbrio com o outro.

O conceito do Deus único, Criador do universo, eterno, onisciente, supremo em perfeição e justiça. A existência da alma, o corpo espiritual, a evolução da espécie, a comunicação entre encarnados e desencarnados. A multiplicidade dos mundos. Enfim, lentamente, o jovem médico fez com que Cláudia visse a relação entre todas as coisas que existem no universo. O princípio do Livre-Arbítrio – Lei da Responsabilidade, Lei de Ação e Reação, Lei da Reencarnação.

Embora a jovem estudante dispusesse de pouco tempo para outras leituras que não fossem as ligadas ao seu curso de medicina, Antonio Mário deu a ela como presente "O Livro dos Espíritos", "O Evangelho", "O Livro dos Médiuns" e "A Gênese".

Em 1935, desabrocha no cenário literário nacional um novo talento. Uma bênção única vem de Deus para os "Homens de Boa Vontade". Da humilde Pedro Leopoldo, o médium Francisco Cândido Xavier publica "Cartas de uma Morta". Através de sua psicografia, Chico narra o que sua mãe, Maria João de Deus, contava-lhe sobre o que ela encontrou no plano espiritual. Iniciava-se assim uma copiosa literatura de mais de 400 livros, que correspondem a um tesouro. Pois são obras calcadas no mais profundo espírito cristão, com lições inesquecíveis e, que, além disso, acham-se registradas em Português castiço. Qualquer pessoa, com noção das realidades das Leis Divinas, vê nessas magníficas obras, um tesouro inigualável da literatura moral, filosófica e religiosa.

Tanto Antonio Mário como Cláudia tinham um pelo outro grande afeição. A relação entre eles era tranquila, serena. Não se davam a arroubos de paixão. Mas a amizade, o amor, o respeito, eram notórios. Ambos admiravam um ao outro. Trocavam opiniões médicas sobre diversos casos que tratavam ou estudavam. Era uma associação de vontades e princípios do mais alto nível. Quase poderíamos dizer que eram almas gêmeas (se esta expressão fosse válida). Mas, com certeza, podemos afirmar que eram almas afinadas entre si, que tinham objetivos comuns de felicidade, dentro de um quadro de conquistas no plano material que abrangia a carreira médica para benefício da humanidade.

Após ter lido "Cartas de uma Morta", Cláudia pediu a Antonio Mário que a levasse a uma sessão espírita.

Cabe fazer aqui alguns comentários sobre a evolução que o Espiritismo Cristão tem tido, no que diz respeito à postura que a espiritualidade adotava para as comunicações mediúnicas, nas primeiras décadas do século vinte, e aquela que adota hoje, comportamento surgido já nos anos 70.

Nas primeiras décadas, as sessões eram muitas vezes de "consultas". As pessoas encarnadas iam para fazer perguntas, pedir ajuda direta para seus problemas pessoais. Fugindo ao propósito real das comunicações, que é informar, educar, esclarecer os encarnados, para que estes atuem de modo correto na execução do planejamento de suas vidas. Assim, muitas reuniões eram realizadas em lares de famílias espíritas.

Outro aspecto que ocorria com frequência, era o das sessões de materialização, ou "de efeitos físicos", que exigiam certa preparação especial – não consumir álcool, não consumir carne, etc. – por parte dos médiuns e daqueles que estariam presentes. Hoje em dia, não ouvimos mais falar de tais sessões, muito difíceis de serem realizadas. Daí não havendo a facilidade de se reunir as pessoas, com o equilíbrio exigido para a doação da energia (ectoplasma), que permite ao médium de efeitos físicos realizar sua tarefa.

Além disso, já na década de 70, a espiritualidade sugeriu que as reuniões mediúnicas passassem a ser feitas, unicamente, no ambiente de centros espíritas, onde a proteção espiritual, contra a invasão, por parte de espíritos zombeteiros e rebeldes, é garantida. Por outro lado, encerrou-se a época das "consultas". Hoje, como bem o disse Chico Xavier, "o telefone chama do lado de lá para cá", ou seja, hoje nós nos reunimos, oramos e nos colocamos à disposição do plano superior, para desenvolver os trabalhos que "eles" programaram para serem realizados. Na eventualidade de uma mensagem de caráter pessoal vir a ocorrer, nós a recebemos como uma bênção. Como uma resposta às nossas orações, quer as feitas em grupo, quer as feitas individualmente.

Hoje em dia, a questão do mérito, fica muito mais ressaltada. Ou seja, "a cada um será dado de acordo com suas obras".

Antonio Mário, então, combinou com seu amigo, cuja residência era na Avenida Afonso Pena, onde ele mesmo estivera quando tinha 12 anos, por ser um local próximo à Faculdade de Medicina, para levar Cláudia. Um dos objetivos dele era que ela ouvisse, da própria fonte, a história sobre o evento acontecido em Paris com o dono da casa, quando ainda estudante de medicina.

Por conveniência de todos, este dia foi uma sexta-feira.

Os dois lá chegaram e, como sempre, foram recebidos pelos donos da casa.

Nessa noite, estavam presentes cerca de umas quinze pessoas. Como se tratava de um colega e de uma futura colega de profissão, o dono da casa demonstrava grande alegria em tê-los ali.

Narrou a história que havia se passado com ele, ao tempo de estudante em Paris. Narrou outras duas histórias envolvendo manifestações de efeitos físicos, primeiramente referentes ao que se chama de "casa mal assombrada" e, em segundo lugar, como aquele local foi assistido e teve a solução para os problemas de manifestações inexplicáveis pelas leis normais do homem. Inclusive, com a materialização de um buquê de rosas, cujo desfazimento demorou mais de quinze dias, eventos estes que tiveram lugar em Belo Horizonte.

Cláudia a tudo ouvia com tranquilidade.

Iniciada a reunião propriamente dita, leram o Evangelho, aberto ao acaso, e a lição foi do Capítulo V, "Esquecimento do passado". A pessoa que leu fez uma complementação ao texto, dando até mesmo seu próprio testemunho, sobre o quanto a justiça divina é precisa ao nos fazer esquecer temporariamente de nosso passado, para nos ajudar no reajuste junto daqueles com quem falimos ou que faliram conosco.

Encerrada esta parte inicial, as luzes foram reduzidas e orações feitas, no aguardo de alguma manifestação.

Nessa noite, uma entidade espiritual falou sobre a justiça divina, sobre o esquecimento e também sobre mecanismos empregados para ajustar espíritos mais rebeldes às provações necessárias, para corrigir o curso de suas caminhadas. A entidade lembrou aos presentes que muitos voltam ligados a corpos deficientes e são incapazes de dar ao espírito reencarnado acesso total à comunicação com o mundo onde vive. Eles são como pássaros presos em gaiolas, que lhes limitam e proíbem a capacidade de voar. E, embora saibam "voar", não dispõem do corpo físico adequado para tanto. Tais encarnações são utilizadas para levar o espírito, até então rebelde, refratário à correção, para um caminho de resignação, de menos orgulho, de mais e maior capacidade de amor pelo próximo. Essas encarnações funcionam na constituição de afinidades definitivas entre antigos inimigos que, em vidas sucessivas, vieram aprendendo, pouco a pouco, a conviver uns com os outros. Chegando ao término, passam todos pela "prova final" quando, então, podem demonstrar, uns para os outros, o verdadeiro amor que o Cristo espera de todos nós. Nestas categorias, podemos citar aqueles que se acham presos a uma cadeira de rodas, os que nascem sem dispor de um cérebro perfeito ou os portadores de síndromes incuráveis. Mas a entidade também lembrou que, Deus não permite a ninguém seja dada uma sentença de punição eterna, a cada um segundo suas obras. Passada, com sucesso, esta existência de dificuldades extremas, o espírito sofredor e os daqueles que têm de ampará-lo, pelos compromissos de amor trazidos em suas consciências, veem-se livres para atingir patamares de progresso aos quais, até então, não tinham acesso. Vão ao estado de libertação.

Ao fim dos trabalhos, Cláudia confidenciou a Antonio Mário que aquela explicação demonstrava que a justiça divina não se equivoca, não dá prêmio, nem pune injustamente. E ela sentia que ali, naquela noite, uma grande dúvida trazida em seu coração estava tendo a resposta buscada. Foi, então, que ela narrou para o rapaz alguns dos sonhos que, vez por outra, tinha. E ali a jovem explicou porque aceitou, de boa vontade, a aproximação dele, quando se falaram pela primeira vez na faculdade.

– Até aquele dia eu não pensava em outra coisa a não ser minha carreira. Mas, ao ver você, fiquei impressionada, pois em sonhos eu já o conhecia. Em sonhos eu já havia estado ao seu lado e ao lado de outras pessoas que, me parece, vão ser parte de nossas vidas, pois naquela época já o eram. Agora, só me resta esperar para ver como é que vamos lidar com tudo isso.

Eu olho para os cadáveres que nos servem para estudo de anatomia e vejo ali uma máquina espetacular, mas eu sempre me perguntei, para onde foi a vida? Aquela energia que fazia esta máquina vibrar, chorar, rir, amar, produzir. Que "energia" é esta, de onde ela vem? E, qual foi a inteligência que organizou tudo isto? Metabolismo, sistema nervoso, cérebro, sangue, coração, pulmões, e quanto à usina de regeneração que é o fígado? Usinas de limpeza que são os rins, os intestinos? Quem imaginou e teve poder para criar tudo isto? Quando examino um feto, eu imagino as mesmas coisas, ali não há vida, ali só está a matéria. Portanto, é forçoso que exista algo, alguém poderoso, inteligente, que organize, coordene tudo e que seja a causa da vida. Se eu vejo o efeito, qual será a causa, a origem ou a fonte dela? Será que este alguém é o que todos chamam de Deus?

Ao se despedirem, pela primeira vez, Cláudia teve para com Antonio Mário um gesto de carinho pessoal. Ela o beijou, castamente, no rosto e disse:

– Sim, você é o meu querido, vamos construir nossas vidas juntos.

Quando se é jovem, quando os corações trabalham um pouco mais rápidos, pois nossas emoções provocam tal alteração, nós interpretamos tais demonstrações de efeito hormonal, como sendo sinais positivos de amor, de afetividade.

Eu penso que se trata de um "empurrãozinho" hormonal que sofremos, para ficarmos com mais coragem para assumir aquilo que está diante de nós: nossa missão na vida.

Antonio Mário sabia-se querido. Era oficial. Não que ele tivesse dúvidas, pois a relação dele com Cláudia era já tão sólida que, possivelmente, nada poderia alterá-la. Mas agora ele tinha a declaração e o gesto. Ficou intensamente feliz. Ao chegar a casa, foi ao quarto dos pais, para narrar a eles o sucedido. Antonio e Marina, que aprovavam Cláudia, dormiram mais satisfeitos aquela noite.

No campo das afetividades estava tudo pronto. Em breve todos passariam a ter um papel mais significativo no drama da vida. Drama que, felizmente, tem princípio e tem fim. Tudo ficando na dependência do bom uso que façamos de nosso "livre-arbítrio" no decorrer do tempo.

Belo Horizonte dos anos 20, 30, 40, era uma cidade que acolhia pessoas enfermas com um mal que, então, assolava o Brasil, a tuberculose pulmonar. O clima seco e quente, dizia-se, favorecia o tratamento da enfermidade. O bacilo de Kock fazia grandes estragos. Havia muita ignorância, quanto ao tratamento adequado da saúde. Mas as autoridades médicas faziam o possível para encontrar a cura. Outra mazela que também afetava e muito os mineiros de classes menos favorecidas era o Bócio (papo). Uma hipertrofia da glândula tireóide, que provocava uma deformação do pescoço de seus portadores. Antonio Mário, como médico otorrinolaringologista, dedicava-se com esforço ao estudo, à observação, para buscar uma conclusão que explicasse a causa daquilo tudo.

Nesse meio tempo, aproveitava para fazer viagens ao interior do estado, onde a incidência do bócio era maior. Nestas andanças, certo dia, teve oportunidade de ir até Pedro Leopoldo, onde Chico Xavier desenvolvia seu apostolado de amor, trabalhando todos os dias no Centro Espírita Luiz Gonzaga.

Foi lá que Antonio Mário teve oportunidade de encontrar pessoalmente aquele discípulo de Jesus. Muitas e muitas noites ele assistia aos trabalhos mediúnicos. Via Chico psicografando centenas de páginas diariamente, receitas de remédios, alopatas e homeopatas, impecavelmente corretas, quer na indicação da medicação para as enfermidades, quer na dosagem recomendada.

Certa noite, ele recebeu uma mensagem assinada por Emmanuel, o guia do Chico, sugerindo que ele buscasse a causa dos males que o preocupavam na má alimentação do povo do interior. Depois, ao final dos trabalhos, o próprio Chico o chamou e disse para ele, com aquele modo simples, carinhoso, que lhe era peculiar:

– Meu irmão, Emmanuel diz que, se você buscar com afinco, poderá ser um dos que vai resolver este problema aqui nas Minas Gerais. Ele diz para você esperar com paciência, que em breves anos o mundo vai receber uma bênção, sob a forma de um novo medicamento que irá ajudar a erradicar grandes sofrimentos entre os Homens. Mas que a questão do bócio, já pode ser encontrada, que tem faltado interesse.

Motivado por aquele incentivo, Antonio Mário passou a fazer uma série de indagações, que até então não lhe haviam ocorrido. A cada paciente ele apresentava um extenso questionário. Em alguns meses concluiu que as casas onde havia maior fartura alimentar, não apresentavam, nem mesmo entre seus humildes servos, a incidência da doença. Portanto, concluiu ele que o problema era de carência de algum elemento que se encontra na alimentação. Compulsando suas pesquisas, foi pouco a pouco chegando à indicação de que, além do consumo de frutas, de leite, de carne, as pessoas mais aquinhoadas, também se alimentavam de verduras, de peixe de águas salgadas, itens estes que nunca ou quase nunca constavam do plano alimentar dos pobres.

Dirigiu sua curiosidade científica para aquele lado. Dentre as verduras, descobriu que o espinafre e os peixes de água salgada tinham em comum uma alta concentração de iodo.

Fez então um trabalho que podemos qualificar de grande valor na pesquisa médica. Congregou vários enfermos, num total de vinte pessoas, e começou a ministrar a eles, uma solução de tintura de iodo que deviam tomar com água. Para uns cincos deles, manteve o tratamento tradicional.

Sempre que emitia uma receita, ele recomendava ao paciente: – Olhe, mande aviar esta tintura lá na farmácia do Sr. Pedro de Freitas, fica na Rua São Paulo esquina com Rua dos Carijós. Ele somente trabalha com produtos de origem alemã, é um farmacêutico muito escrupuloso.

Em cerca de seis meses desse comportamento, Antonio Mário obteve excelentes resultados. Aqueles pacientes tratados com base nas dosagens de iodo, prescritas por ele, apresentavam um quadro de regressão ou de cessação do desenvolvimento do bócio. Ficava claro que por Minas Gerais não ser um estado com costa marítima, a alimentação básica carecia do elemento fornecido pelo mar, o Iodo. Os cinco pacientes que continuaram com o tratamento tradicional, não tiveram melhora. Somente depois de também receberem dosagens fortes de Iodo, foi que viram seus males reduzidos.

Soluções, invenções, descobertas, não são conquistas apenas individuais. Não são apenas o resultado do interesse, do estudo de alguns poucos. Não, quando no quadro da justiça divina chega a hora de os homens terem acesso a elas, elas surgem em variados pontos. Várias são as mentes que captam as mensagens intuitivas enviadas do espaço. Assim, muitas vezes, uma descoberta é trazida à luz, em vários locais ao mesmo tempo. Pois, ao plano espiritual, o que interessa não é o sucesso, a glória de um indivíduo, mas o bem que poderá ser estendido à humanidade.

Deste modo, ao mesmo tempo em que nosso Antonio Mário encontrava "o caminho das pedras" da solução para o tratamento ativo do bócio, em outros locais a mesma coisa ocorria. Logo surgiram soluções como um remédio chamado Iodo-Bisman, uma solução injetável, de cor vermelha, que produzia considerável melhora em portadores de afecções da garganta. Anos mais tarde, quando ficou provado que a mistura com o bismuto, prejudicava a dentição, o remédio foi retirado de mercado. Também, foi por causa daquela descoberta que o sal consumido pela população passou a receber uma dosagem extra de iodo, como forma de compensar a carência alimentar.

É assim que o progresso se faz. Lentamente, através do mérito dos grupos humanos, e sempre através do esforço de seres humanos, preocupados em resolver as dores de seus semelhantes.

Alguns poderão dizer: – Ah, mas há interesse financeiro nisto. É verdade, temos que concordar, pois o mundo material ainda tem seu predomínio acentuado nas nossas existências, mas também não podemos negar que o benefício permanece real.

Com o resultado de suas pesquisas, a clínica de Antonio Mário desenvolveu-se. Ele passou a ser um dos otorrinos mais procurados. Pôde abrir um consultório particular, aliás, localizado no Ed. Guimarães, na Avenida Afonso Pena, centro de Belo Horizonte. Continuou com suas idas ao interior. Era lá, dizia ele, que se encontraram os que mais necessitam dele.

Em 1938, Chico Xavier publica o livro "Brasil, coração do mundo, pátria do Evangelho", assinado por Humberto de Campos, espírito. Obra de grande importância para todos nós brasileiros, que almejamos para nosso país um clima social e religioso de mais alto nível. A partir dali, a fabulosa cornucópia de sabedoria, vinda da pena de Emmanuel e tantos outros, teria início numa avalanche de magníficas obras, que colocaria o Espiritismo brasileiro no auge de sua manifestação, trazendo à luz, o amor de Deus para "todos os homens de boa vontade".

Antonio Mário e Cláudia ficaram noivos em janeiro de 1939. Ela estava terminando o curso de medicina naquele ano e eles pretendiam casar-se logo depois, antes mesmo de ela completar sua especialização. Ela havia escolhido oftalmologia.

No plano material, Antonio Mário estava bem. Tinha trabalho para mantê-lo sempre ocupado. Estudava as conquistas da medicina e deleitava-se com as obras psicografadas pelo Chico.

Sempre que tinha oportunidade, ele ia até Pedro Leopoldo para poder conviver com aquela nobre figura.

Fez grandes amizades nos meios espíritas de Belo Horizonte. Frequentava as reuniões na União Espírita Mineira, então localizada na Rua Curitiba, no andar superior de um casarão antigo, que na sua parte inferior abrigava uma firma revendedora de vidros – Divinal.

O movimento espírita era intenso. Grandes conquistas estavam para se confirmarem dentro de poucos anos.

As lutas estavam presentes. Muitas inteligências desviadas pela ignorância, pelo preconceito e por outros interesses, arvoravam-se em "juízes" do Espiritismo Cristão. Mas, com Francisco Candido Xavier, numa liderança lógica e normal, sob a orientação de Emmanuel, os espíritas continuavam com a sua missão. Sem ofender, sem agredir, sem retrucar, deixando que o mal se esgotasse por si só. Com o tempo, tudo voltou para o seu devido lugar.

1940

Na Europa rugia, mais uma vez, a fera que vive dentro de cada um de nós e que muitos ainda não aprendemos a dominar. Pela segunda vez, no século vinte, a humanidade ingressava numa luta fratricida, e num período de perseguições das mais selvagens, que jamais se fez contra algum grupo étnico. Desde setembro de 1939, o mundo estava envolvido no que veio a se chamar a Segunda Guerra Mundial.

Cerca de 80 milhões de pessoas iriam perder suas vidas, nos seis anos seguintes, num preito à estupidez.

Mas o plano espiritual superior nunca deixa passar a oportunidade de se fazer presente para melhorar as condições de vida, das leis, das regras e regulamentos, que regem o comportamento humano. Pela lei do Livre-Arbítrio, o plano não interfere diretamente sobre as decisões individuais, mas, pelas forças da Lei de Ação e Reação, faz uso das atitudes de cada um, das atitudes dos grupos, para gerar consequências e desdobramentos que, finalmente, vão desembocar em novas conquistas, novas soluções, novo aprendizado.

Em 1928, Alexandre Fleming, escocês de Lochfield, médico pesquisador de grande talento deparou, acidentalmente, com um fungo que destruía ou impedia o crescimento das culturas de estafilococos. Começava ali, a busca que veio a resultar na produção do agente ativo, chamado por ele de penicilina, que, década e meia depois, viria a ser conhecido como antibiótico.

Já durante a guerra, milhares de soldados foram salvos da morte por infecção com a aplicação da penicilina. Foi uma grande conquista para a humanidade. Fleming foi feito nobre da Coroa Britânica e, em 1945, recebeu o Nobel de Fisiologia.

Também premidos pela necessidade de se prepararem para enfrentar um inimigo feroz, grandes conquistas foram realizadas no campo da física, da metalurgia, na aviação, na rádio comunicação, etc. Fatores que impulsionavam para a vitória eram também fatores que iriam fazer concretizar todo um imenso potencial de progresso para os humanos.

No início de janeiro de 1940, uma senhora humilde de nome Milena, casada com um homem, também simples, chamado Jorge receberam em seu lar um filho. A grande alegria daquele nascimento foi logo empanada pela dor. Pois Irineu, o recém-nascido, apresentava claramente indicações de que era portador da síndrome de Down. [Naquele tempo, o nome utilizado para esta condição humana, era o de "mongolóide" – felizmente ao longo do tempo, as pessoas foram se dando conta do erro que cometiam ao se referir às pessoas daquela condição, por meio de um epíteto tão negativo].

Era o primeiro filho deles. Durante os meses de gravidez tinham feito muitos planos, muitos sonhos fizeram a delícia daquela gravidez há tanto esperada. Milena sempre sonhava com o filho e o via cercado de luz. Por que agora aquele quadro?

Milena e Jorge moravam no bairro de Santa Tereza, zona leste de Belo Horizonte. Na realidade eram sós, não tinham parentes vivos. Haviam se conhecido frequentando o Centro Espírita Oriente, na Rua Hermilo Alves.

Assim, apesar da grande dor em ver o filho naquela situação, optaram por se conformar e agradecer a Deus tê-los escolhido para ajudar aquele irmãozinho que voltava.

Também em janeiro de 1940, Antonio Mário e Cláudia, acompanhados por seus pais e alguns amigos, compareceram a um cartório civil e ali se deram em matrimônio. Depois da cerimônia civil, os familiares e amigos se reuniram na residência dos pais de Cláudia, para um almoço íntimo. Os nubentes haviam optado pela simplicidade. Uma vez que no Espiritismo nós não temos cerimônias religiosas, naquela noite buscaram a sede da União Espírita Mineira, para participar da reunião daquele sábado. Lá, a presidência da casa os convidou a participarem da mesa, e lindas orações de bênçãos e votos de felicidade foram feitas, tanto por encarnados como por desencarnados.

No dia seguinte, os jovens fizeram uma pequena viagem até o balneário de Lagoa Santa, onde ficariam por dez dias. Eram as primeiras férias que tinham, em mais de dez anos.

Todo o cenário para o desenrolar da grande experiência de vida estava preparado.

Os recém-casados regressaram a Belo Horizonte e foram ocupar sua residência. Uma bela casa localizada na Avenida Cristóvão Colombo, bairro de Funcionários. A rotina da vida de um médico é pesada. O casal se despedia de manhã cedo e voltava a encontrar-se após as 18 horas. Durante o dia, cada um tinha intensas atividades, Antonio Mário em hospitais e no consultório e, Cláudia como interna em hospital e estudante de oftalmologia, em nível de especialização.

Uma pessoa muito querida, um caráter muito especial, era quem os ajudava com os afazeres domésticos. Deolinda, que todos chamavam afetuosamente, "Diola", vinha duas a três vezes por semana, arrumava, passava e punha ordem na casa.

Diola era uma mulher da raça negra, de beleza invulgar, pois com certeza era descendente dos Watusi e trazia em si as características daquele altivo povo africano. Diola era alta, esguia, rosto anguloso, nariz aquilino, era uma personalidade única. Disputadíssima por várias famílias em Belo Horizonte, desdobrava-se por atender a todos, com grande humildade. Ela dispunha da chave da casa; entrava, realizava o seu trabalho e se retirava, sempre em silêncio. Era pessoa de pouca conversa. Quem a visse, andando em passos rápidos, vestida com total despojo, jamais poderia imaginar estar diante de uma princesa, mas tal era seu porte e distinção. Tê-la conhecido foi uma honra.

No mês de março de 1940, Cláudia avisou ao esposo que acreditava estar grávida. A confirmação veio logo.

Naqueles tempos os casais tinham filhos assim que podiam, após o casamento. Era o costume da época.

Ela teve que se reorganizar mentalmente, pois, até ali, quase todo o seu tempo era dedicado aos estudos e ao trabalho. Dali em diante, teria que preparar tudo para a vinda do herdeiro. Neste particular, ela contou muito com ajuda da mãe, da sogra Marina e também de Diola. As crianças, naquela época, tinham enxovais muito elaborados. E, assim, seria o caso daquele bebê.

A fase da gravidez foi normal. Estando no meio médico, Cláudia tinha acesso a toda a assistência necessária.

A felicidade do casal era evidente. Era realmente uma coisa bela de se observar quando os dois estavam juntos. Combinavam em tudo, apesar de diferentes. Falavam-se com carinho e doçura, embora somente falassem a verdade. Tinham ambos, pelos pais, grande afeto, amizade e respeito.

Profissionais sérios, desfrutavam de excelente conceito no meio médico.

O ano transcorreu em paz. No final de novembro, Cláudia optou por se recolher e suspendeu as atividades profissionais.

No dia 8 de dezembro, feriado religioso em Belo Horizonte, ela acordou cedo já sentindo contrações. Antonio Mário enviou um mensageiro à casa de seus sogros e de seus pais e partiu para o Hospital da Previdência do Estado, que se situa ao lado do antigo campo do Clube de Futebol América.

Cláudia foi admitida às 09h25 da manhã. O processo de nascimento foi confirmado pelo médico que a atendeu. Quando eram 15h30, ela deu à luz a um menino. A criança foi retirada da sala de parto. O médico se concentrou em terminar o atendimento da parturiente. Um pediatra foi designado para atender a criança. Às 16 horas, Antonio Mário foi chamado.

Explicaram a ele que o parto tinha transcorrido bem, e o bebê era forte. Queriam que ele vestisse o avental esterilizado e fosse ver o filho. A mãe estava bem e dormia um pouco, cansada pelo trabalho do parto.

Sofregamente, ele se preparou e foi até o berçário. Ao chegar lá, as duas enfermeiras que estavam no plantão se levantaram e saíram, deixando o pediatra, o obstetra e Antonio Mário a sós. O pediatra apresentou a ele o filho. A criança tinha claramente todos os sinais de síndrome de Down. Não apresentava nenhum outro problema.

Ser mãe e ser pai é uma experiência única. Todos os que têm consciência já desenvolvida, sabem que uma criança pode representar uma grande surpresa. Às vezes, uma dolorosa surpresa.

Muitas orações sobem diariamente aos céus, pedindo filhos saudáveis. Filhos perfeitos.

Contudo, temos de nos lembrar sempre que a vida na matéria é algo passageiro, temporal; e o plano físico serve para purgarmos nossas deficiências, passarmos a limpo existências mal vividas. E que, assim sendo, estamos todos sujeitos a enfrentarmos surpresas – tanto agradáveis como não.

Ele olhou para o filho. Tomou-o nos braços e, ali mesmo, fez a primeira de muitas preces que faria ao longo dos anos. Sem se preocupar com os colegas, que olhavam para ele penalizados, ele orou:

– Deus, meu Pai, meu Criador, eu Vos agradeço, Senhor, pela dádiva deste filho que acabas de me pôr nas mãos. Que eu seja digno e capaz para ser para ele o guia, o amparo, o amigo, o protetor, e, principalmente, que eu saiba dar a ele o amor e o carinho que ele vai necessitar. Obrigado, meu Deus, por me escolherdes para esta missão, eu espero estar à altura do que será exigido de mim.

Beijou o filho, com grande ternura e, com todo o cuidado, como se estivesse lidando com um "biscuit" de porcelana, tornou a colocá-lo no berço. Em seguida, retirou-se e foi ter com a esposa.

Naquela época, os recém-nascidos eram levados para observação no berçário, por vinte e quatro horas, antes de serem trazidos para ficar junto das mães. Assim, Cláudia tinha sido levada para um apartamento particular, onde estava descansando.

Antonio Mário chegou com todo cuidado e abraçou a esposa. Ela abriu os olhos, e ele disse para ela: – Obrigado querida, nosso filho, nosso Antonio Mário Filho, está bem.

Agora somos uma família completa. Obrigado por me dar um filho. Beijou a esposa carinhosamente, seus olhos deixaram escapar algumas lágrimas, mas estas foram interpretadas como sendo lágrimas de alegria, de felicidade. Cláudia tornou a fechar os olhos e voltou a dormir.

Ele dirigiu-se a seus pais e sogros. Disse que o menino era forte, e que eles o veriam quando fosse trazido para a primeira mamada.

O pai silenciou sobre o fato de o garoto ser portador da síndrome de down.

Em sua cabeça, ele pensava intensamente como eles iriam lidar com a nova situação. Que recursos poderiam lançar mão para cuidar do filho? Que informações teriam disponíveis para ajudá-los? Como seria a educação daquela criança? Logo, estabeleceu-se no espírito dele uma certeza, seu filho seria criado da maneira a mais normal que fosse possível. Teria a melhor assistência disponível. Ele não tinha a intenção de fazer daquele fato, um drama. Teriam que aprender muita coisa.

Chamou pelos colegas que haviam atendido ao parto e à criança e solicitou que guardassem reserva sobre a condição da criança. Marcou, com a enfermeira chefe, para ela estar presente na hora em que o filho fosse ser levado para a mãe pela primeira vez.

Antonio conhecia o filho profundamente. Em silêncio se afastou e deu um jeito de ir até o berçário. Lá, com muita persuasão, convenceu a enfermeira de plantão a lhe mostrar o neto.

Ao ver o bebê, Antonio percebeu o que tinha acontecido. Sorriu triste, olhou para a criança por alguns minutos e voltou para junto de Marina. Não fez nenhum comentário. Não deu sinal algum de saber o que havia acontecido. Apenas buscou se retirar logo que possível, para assim diminuir a pressão moral sobre o filho. Disseram que voltariam no dia seguinte para ver mãe e filho. Os pais de Cláudia, pessoas muito educadas, agiram da mesma forma.

Antonio Mário ficou fazendo companhia à esposa. Aquela noite, do dia 8 para o dia 9, talvez tenha sido a noite mais longa de sua vida. Orou muito. Contudo, em meio ao seu sofrimento, não conseguia ver os protetores espirituais, que lhes estavam dando assistência. Com o avançar das horas, deixou-se abater pelo cansaço, e dormiu.

Logo no amanhecer do dia 9, a labuta hospitalar teve início. Cláudia estava toda feliz e perguntava ao esposo como era o filho. Ele, carinhosamente, respondia: – É forte, daqui a pouco você o terá em seus braços.

Às 12 horas, a enfermeira chefe chamou Antonio Mário, que foi até o berçário. Seu filho estava bem, chorava normalmente, como todos os outros bebês. O pediatra o havia examinado com muito cuidado e não havia notado nenhuma manifestação de problemas típicos dos "downs". O coração, os pulmões, os rins e os intestinos estavam reagindo normalmente. Nem mesmo o choro era irregular. Prepararam a criança e a entregaram ao pai, que lentamente foi em direção ao apartamento da esposa.

O pai queria que a esposa visse o filho antes da chegada de qualquer parente.

Ele entrou no apartamento dela, com o melhor sorriso que pôde esboçar, chegou-se para a esposa e disse: – Minha querida, eis aqui o filho que Deus nos deu. Olhe que bonito ele é.

Cláudia recebeu o bebê em seus braços, descobriu seu rostinho e olhou ternamente para ele.

Lentamente, lágrimas começaram a descer-lhe pelas faces. Ela se curvou e beijou o rostinho do filho e estendeu a mão esquerda para pegar a mão do marido. Ali ficaram eles, uns bons dez minutos, em silêncio. Unidos pelo amor, unidos pela dor. Foi só então que ela falou:

– Sim, querido, nosso filho é lindo, ele é nosso! Achei muito bom o nome que você vai dar a ele, Antonio Mário Filho. Agora, somos uma família completa.

Agora, vamos agradecer a Deus pelo filho que Ele nos deu. E, naquele momento, aqueles dois seres, com todas as forças de seus corações, com toda a fé que lhes sustentava a alma, rezaram juntos. Ela disse:

– Meu Deus, meu Pai, Senhor e Criador, por nove meses acalentei em meu seio esta criança que me destes por filho. Para ele sonhei muitas coisas que nos fariam felizes, alegres. Agradeço, meu Deus, pois estais me dando um filho, quando muitas mulheres não conseguem ser mães; agradeço Senhor, pois estais me dando um filho ao qual poderei dar a melhor atenção e, certamente, vou dar o maior carinho. Obrigada, meu Deus, pelo esposo e agora pai que tenho por companheiro, porque sei que nós dois tudo faremos para cuidar deste pequenino ser, que nos destes, da melhor forma que for possível. Tudo faremos para guiá-lo dentro dos Vossos ensinamentos, assim, quando nós e ele estivermos de volta à Sua presença, estaremos em melhores condições do que hoje. Deus esteja conosco hoje e sempre.

Quando os avós chegaram, por volta das 13 horas, a reunião se deu de modo equilibrado. A compostura que Antonio Mário e Cláudia mantinham, era de tal ordem, que ninguém se deixou tomar pela emoção, ninguém fez nenhum comentário inconveniente.

Assim, ainda que sofrendo, pois não deixavam de ser seres humanos, o casal e seus pais, todos se mantiveram unidos ao redor do pequenino, que lhes coubera por filho e neto, em meio das lutas da vida.

Chegados de volta ao lar, portando, com todo cuidado, o filho que Deus lhes dera, os dois concordaram que iriam necessitar da ajuda de alguém muito especial. Diola foi o nome que lhes veio à cabeça de imediato. Mandaram aviso pedindo que ela viesse logo que possível.

No dia seguinte lá estava ela. Foi ver o bebê. Discreta, não fez comentário algum. Esperou que os pais falassem. Isto não tardou. Cláudia explicou que, em cada 1.200 a 1.500 partos, nasce um bebê com a síndrome de Down, e a ciência não sabia explicar a causa; muitas dessas crianças viviam no máximo 10 anos, pois seus físicos apresentavam inúmeras dificuldades. Eles tinham a intenção de dar ao filho todo o carinho, todo o amor de que dispunham. Antonio Mário disse que reestudaria o assunto, para atualizar seus conhecimentos. Ambos disseram que gostariam de ter Diola com mais frequência na casa deles.

Ela pensou e respondeu: – Olha Dra. Cláudia, a senhora sabe que eu tenho minha casa. É pequena, mas é a única coisa que possuo. Assim, eu tenho que ir embora quando a noite chegar.

Mas, eu vou falar com as outras patroas, vou pedir um ano de licença e venho ajudar a senhora. Eu ficarei durante o dia. Se a senhora precisar de acompanhante para a noite, eu ajudo a procurar alguém que possa dormir no emprego.

A jovem mãe informou que era aquilo mesmo que ela esperava. Ajuda durante o dia, pois dentro de uns três meses ela voltaria para completar o curso, e depois pretendia trabalhar como médica.

Assim arranjados, começou a nova rotina.

Cláudia e Antonio Mário conversaram muito. De acordo com a medicina, havia muito pouco a fazer.

Já com base nos ensinamentos espíritas, e amparados por mensagens de apoio que receberam, ali estava um espírito em provação, preso a um corpo deficiente. Os pais e todas as pessoas que lidassem com ele deviam dar atenção, amor, carinho e deviam ser firmes na fixação de regras de comportamento. Também houve uma entidade que lhes lembrou que a música faria muito bem ao pequeno.

Quando Antonio Mário Filho completou três meses, o pai soube que Chico Xavier estaria em Belo Horizonte. Ele, então, fez os contatos necessários e, na oportunidade, ele e a esposa levaram o pequenino para que o Chico o visse.

A entrevista foi realizada na residência de um casal que morava na Rua Rio de Janeiro, relativamente próximo da casa deles. Eram o Sr. Oscar Santos e sua mulher D. Lola.

Lá chegando, eles aguardaram por cerca de alguns minutos até que Chico e seu pequeno grupo chegassem. Foi feita uma pequena reunião, as orações cristãs foram declinadas, e Chico pediu para segurar o pequenino. Foi feito um grande silêncio. Chico abraçou o pequenino e sorridente, falou:

– Queridos irmãos em Cristo, nosso pequenino é um espírito em fase final de reencarnações corretivas. Apoiado por um grupo de espíritos que o amam muito, aceitou vir desta vez privado do corpo perfeito, para aprender a controlar e dominar seus rompantes de orgulho e vaidade, que sempre o fizeram falir. Todos os mais próximos, o papai, a mamãe, os avós e pessoas chegadas ao lar de vocês, são espíritos amigos. Este pequeno vai precisar de muito apoio, de muito amor, ele está destinado a ter uma existência muito rica de experiências no campo da afetividade, pois terá uma dupla vida. Durante o dia, presa do corpo deficiente, ele exercitará a humildade, a paciência, o respeito, o amor; durante a noite, quando o corpo estiver repousando, ele – espírito – vai atuar no plano espiritual, em tarefas de aprendizado e de auxílio e socorro a irmãos nossos que se encontram em situação mais triste.

Nada temos que temer. Tudo o que vocês planejam dar a ele será benéfico. Esperamos que todos alcancem o objetivo maior, que é ajudá-lo a alcançar a libertação. Emmanuel diz que vocês terão o apoio necessário para a missão a que se propõem. Tenham confiança no Pai Eterno.

A reunião terminou suavemente. Todos ali tinham compreensão dos desígnios de Deus para Seus filhos e entendiam que o pequenino Antonio Mário era um irmão, passando por um momento de transição para poder adquirir melhor condição no futuro próximo, e não um condenado a uma pena eterna. Tudo o que ele precisava era de amor, muito cuidado e muito boa orientação, para despertar seus sentimentos em relação ao próximo.

O casal ficou muito agradecido pela mensagem recebida. Também demonstrou muita gratidão aos anfitriões por terem cedido a casa para acolhê-los.

Compenetrados do fato de que tinham uma missão bem definida pela frente, oraram para que Deus lhes desse as forças necessárias para poderem cumprir com seu papel.

Antonio Mário, que era uma pessoa particularmente observadora, concluiu que sendo o filho uma pessoa deficiente, a ele deveriam ser dados todos os estímulos que normalmente são dados aos bebês. A tese da estimulação precoce para portadores da síndrome de Down ainda demoraria algumas décadas até vir a ser aceita. Ele, contudo, pensava que os aspectos cognitivos, motores, psicossociais, deviam ser atendidos de modo normal, pois isto ajudaria o desenvolvimento da criança e permitiria a inclusão dela na família, dando aos pais a plenitude de sua função; desta forma eles iam agir como se Mário Filho fosse normal. Somente iriam suprindo, na medida necessária, as deficiências que se manifestassem.

Naquele tempo, pessoas portadoras de deficiências eram isoladas do convívio familiar. Muito frequentemente, as famílias agiam com um sentimento de culpa e de orgulho, ocultando do mundo aquele dentre eles que era portador de uma condição especial. Muitas famílias negavam ter entre eles pessoas assim. Era o fruto do orgulho, da vaidade, da ignorância. Felizmente este quadro comportamental foi rapidamente mudando, pois as conquistas da pedagogia e da psicologia cresciam a olhos vistos, favorecendo pessoas comuns e pessoas com necessidades especiais.

Cláudia e Antonio Mário tinham organizado o quarto do bebê com muito cuidado. Depois que Mariozinho nasceu, eles continuaram no caminho planejado: brinquedos, quadros, tudo foi mantido. A mãe amamentou o filho até 6 meses de idade. Após o banho diário, davam a ele uma massagem completa, estimulando os movimentos dos braços e das pernas. Quando Mariozinho atingiu 8 meses, eles o faziam sentar-se, devidamente protegido por almofadas. Falavam com ele, com grande carinho.

Aparentemente, pois dada a carência da evolução médica sobre o assunto, não tinham como chegar a uma conclusão clínica com relação ao tipo de "Down" que era Mariozinho. Hoje, diriam que ele foi um portador de mosaicismo, com pouca incidência de problemas físicos.

O casal buscava obter toda informação possível sobre o assunto, mas ainda era prematuro. Só a partir da metade dos anos cinquenta, foi que estudiosos de todo o mundo puderam reunir suas experiências e observações e compará-las, para poderem formular conclusões e traçar diagnósticos, que permitissem aos pais terem uma melhor condição para atender seus filhos especiais. Na busca por mais saber, eles encontravam quadros de grande gravidade de hipotonia, outros com sérios problemas auditivos e de visão. Muitos portadores da síndrome demonstravam sofrer de profundo grau de cardiopatia congênita e, alguns outros tinham uma função completamente anômala da tireóide, outros mais eram obesos e muito sujeitos a um envelhecimento precoce; isto sem falarmos de vários graus de destemperança emocional, resultando em comportamentos agressivos e antissociais.

Na maior parte dos casos, contudo, os dois percebiam que, principalmente as mães, eram pessoas que possuíam uma notável firmeza emocional e que tinham por seus filhos grande amor. E este tipo de atitude parecia influir positivamente nas crianças portadoras de Down.

No dia 8 de dezembro de 1941, Mariozinho completou um ano de vida. A família toda se reuniu para comemorar seu primeiro aniversário. Embora com uma reprodução sonora rústica, pois era usada uma Vitrola movida a corda, naquele dia Antonio Mário pôs para tocar músicas gravadas em discos. Algo fez com que ele escolhesse as "Quatro Estações" de Vivaldi.

Mariozinho ficou muito atento. Parou de movimentar-se em sua cadeira e ouviu com total atenção. Ao fim do disco, num gesto até então desconhecido pelos pais, ele bateu palmas. O pai emocionado diante daquela reação, não se fez de rogado, tocou o disco novamente e novamente.

Mariozinho reagiu positivamente.

Todos sabiam que o quadro da síndrome de Down era irreversível, mas esperavam algum sinal dando indicação de que Mariozinho estava presente.

Até aquele momento, ele apenas balbuciava: era "Dada" para papai, "Má" para mamãe e "Dó" para Diola. Sua dentição era bastante irregular e ele babava muito. Seu corpinho trazia claramente as características da deficiência que o habitava, mas engatinhava com rapidez.

Nessa época, Cláudia havia visto, numa revista americana, um suporte para carregar bebês junto ao corpo – era chamado de suporte canguru –; através de amigos ela comprou um e, sempre que saía para passear, ou para as compras, levava o filho preso junto a ela. Ela, talvez, não soubesse, mas aquela forma de contato com o filho, muito contribuiu para ele ser uma criança calma.

No dia seguinte, Diola procurou a patroa e informou que, a partir daquele momento, ela pretendia reduzir suas vindas, para duas vezes por semana. Ela se sentia com o dever de servir a algumas outras famílias, que sempre a tinham apoiado, e assim voltava ao seu ritmo normal. Foi um momento triste, mas abriria novos caminhos.

Cláudia buscou entre seus conhecidos, uma jovem que pudesse substituir Diola em seu trabalho junto a Mariozinho. Encontraram duas irmãs gêmeas, eram moças que tinham experiência em enfermagem. Assim, o treinamento foi rápido, pois eram pessoas de boa índole e com grande disposição para servir.

A princípio, a mudança não foi bem assimilada por Mariozinho. Ele se afeiçoara a Diola e vê-la o fazia sorrir. Mas, o carinho é um santo remédio. Ester e Estefânia também sabiam sorrir e cantavam muito bem, e em poucos dias se aclimataram ao regime de tratamento de Mariozinho.

O pai havia sido informado que, portadores da síndrome, tinham falecido por obstrução respiratória durante o sono (Apneia), e passou a querer que o filho tivesse alguém com ele permanente todas as horas do dia e da noite.

Ele também soube de casos de acessos epiléticos, de desordens musculares, de casos graves de refluxo gástrico e problemas dermatológicos. A cada nova informação, ele reexaminava o filho para ter certeza de que ele não apresentava sinais daquele quadro.

Com oito meses, Mariozinho já sentava amparado em almofadas. O pai, a mãe e os avós ficaram muito felizes por ver que o pequeno não tinha problemas de má formação da espinha.

Com um ano e seis meses, Mariozinho se levantou e trôpego deu os primeiros passos.

Com um ano e oito meses, ele melhorou a comunicação

que, até então, limitava-se a expressões faciais, sorrisos, gestos, apontar com a mão. Sua comunicação receptiva era de muito bom grau, a expressiva dava sinais de progresso.

Os exercícios físicos diários, seguidos de massagens ao longo de todo o corpo, o uso dos brinquedos para desenvolver as habilidades motoras, começaram a dar indicações de bons resultados. Pequenas frases eram ditas.

No final do ano, ao comemorarem dois anos, Mariozinho se exprimia com certa facilidade, falando Papai, Mamãe, Dola, Ester e Fânia. Dizia ainda: "quero", "não quero" e outras pequenas expressões, pedindo água, mais alimento e assim por diante.

Foi nesta época que D. Marina passou a vir com maior frequência visitar o neto. Ela trazia livros de história e os lia para ele. Ele ouvia atento, não durante muito tempo, mas ouvia.

A música prosseguia sendo a melhor forma de alegrá-lo.

A partir daquele dia 8 de dezembro de 1942, Mariozinho começou a dar sinais de que tinha sonhos. Até aquela data, seu sono tinha sido tranquilo. Inicialmente eram movimentos esparsos. Depois, passou a balbuciar coisas ininteligíveis enquanto dormia.

Como nem Cláudia nem o marido soubessem explicar aquilo que estava ocorrendo, foram em busca de orientação espiritual.

A informação que veio foi a de que, após dois anos, o espírito dele, começava a recuperar a consciência e logo iniciaria seus trabalhos, durante as horas de sono. Era suficiente que, sempre antes de pô-lo para dormir, rezassem junto dele.

Embora nem o pai nem a mãe fossem médicos infectologistas, eles temiam as enfermidades que sempre atingem as crianças em fase de crescimento. Até então Mariozinho não havia apresentado nenhum quadro preocupante. Todos os que o cercavam tinham grande preocupação com a higiene própria, assim como com a dele.

Era uma preocupação válida. Longe estava o tempo em que todas as vacinas preventivas estariam disponíveis, como estão hoje em dia.

A guerra grassando no mundo, e conquistas médicas surgindo para amenizar a dor dos homens.

Chegou a penicilina. Vacinas contra varíola já eram de muito conhecidas, vacina contra o bacilo de Koch também, mas restava ainda a coqueluche, a pólio. Assim todo o cuidado era pouco.

Um outro aspecto começou a ocupar as mentes de todos, passando dos dois anos de idade, era tempo de Mariozinho aprender a fazer uso das instalações sanitárias.

Vovô Antonio tomou a dianteira. Ele mesmo fez uma cadeira "troninho", com o assento removível, no fundo do qual se podia colocar um urinol. Assim Mariozinho teria que ser treinado no uso do mesmo. Depois, dizia ele, passariam para o vaso sanitário verdadeiro.

Os pais conversaram muito sobre o assunto e concluíram por várias medidas. Mariozinho era muito receptivo para a comunicação por sinais, fizeram uma analogia e concluíram que deviam fazer com que ele observasse outras pessoas fazendo uso do vaso sanitário. A observação daquilo que se passava com os outros era a primeira providência. Assim, todos de acordo, inclusive Ester e Estefânia, todos passaram a demonstrar para Mariozinho como é que agiam.

Depois, Antonio Mário criou uma tabela, onde foram anotadas durante uma semana, todas as atividades fisiológicas do filho. Hora do dia, natureza do ato, e o que tinha antecedido naquele momento: café da manhã, almoço, café da tarde, jantar. Com essas anotações ficaram identificadas as horas e a frequência com que Mariozinho tinha atividades fisiológicas.

Ficou evidente para todos que tanto a quantidade de vezes que o garotinho urinava como a que ele defecava, guardava certa regularidade em relação ao consumo de líquidos e alimentos. Com base neste quadro, os pais, confirmaram com colegas Pediatras, e obtiveram um quadro de uma criança da mesma idade, não portadora da síndrome de Down. Via-se, claramente, que Mariozinho chegava a ter o dobro da atividade que as outras crianças. Chegaram a pensar que lhe faltava exercício físico para consumir as energias acumuladas.

Feito o quadro, Antonio Mário, Cláudia, Ester e Estefânia passaram a adotar um comportamento idêntico. Quando um evento fisiológico estava previsto para suceder, eles passaram a chamar a atenção de Mariozinho para o uso do "troninho". Criaram um gesto, passando a mão sobre o estômago, como indicando a sensação física, que antecede o movimento dos intestinos, e para o caso de urinar, criaram também uma tabela de verificação, para ver se ele estava molhado, quando o horário de urinar estava próximo, eles o levavam para o troninho, sempre cantando uma canção que tinham ouvido uma criança, filha de amigos, cantar.

Desse modo, eles, antecipando-se ao que as pesquisas iriam mostrar ao longo das décadas, estavam aplicando, na prática, métodos de educação muito adequados.

Logo de manhã cedo se ouvia no quarto de Mariozinho a canção chave:

"Eu conheço um passarinho, bonitinho como quê

Amiguinho dos meninos que não fazem mal.

Bem-te-vi, Bem-te-vi,

Canta logo ao romper da aurora

Bem-te-vi, Bem-te-vi

Que menino gentil".

Quando Mariozinho respondia de modo positivo e fazia suas necessidades de modo certo, ele era afagado, beijado e, algumas vezes, aplaudido. Ninguém o forçava a nada. Todas as experiências tinham que ser positivas. Quando Mariozinho se negava a cooperar, as pessoas mostravam para ele que ficar molhado era desagradável. Ou, então, que ficar com fezes na fralda era malcheiroso. Quando ele aceitava sem criar dificuldades, ganhava incentivos, parabéns, risos e alegria.

Assim o método foi sendo aplicado. Meses se sucediam com todos da casa, todos da família, demonstrando por Mariozinho um carinho, uma atenção que requeria o suporte de muito amor, de uma paciência e de uma sabedoria quase que infinitas. Cláudia e Antonio Mário tinham, sim, a constante preocupação com o resultado final daquilo que almejavam, mas sentiam uma grande gratidão pela ajuda permanente, que recebiam de Ester e Estefânia, dos avós Antonio e Marina.

Sabiam que tinham apoio, que não estavam sós na luta.

Depois de cinco meses, a metodologia começou a apresentar uma grande sequência de resultados positivos. Após oito meses, Mariozinho já estava bem acostumado com o uso do toalete portátil e, ao completar três anos de idade, fraldas, troninho passaram a ser coisas do passado. A única medida que ainda não se sentiam confiantes para liberar era a deixá-lo só no banheiro. Isto ia demorar mais uns dois anos. Pois, além desta primeira etapa, outras viriam como tomar banho sozinho, alimentar-se com as próprias mãos. Servir-se de alimento. Escolher as roupas para usar no dia a dia. E sonhavam em ver Mariozinho sendo alfabetizado. Mas, quanto a isto, não tinham, ainda nenhuma ideia.

Avaliando o quadro geral, porém, sentiam que tinham alcançado algumas vitórias e que, perseverando, outras viriam.

1943 - 1944

A música seguia sendo uma das coisas mais importantes na vida do pequeno Mário. Seu gosto pelos clássicos era, para dizer o mínimo, muito seleto. O pai buscava colecionar discos com músicas de Mozart, de Bach, de Schubert, de Beethoven, de Chopin, de Lizt. Mário Filho era um ouvinte incansável; se pudesse ser atendido, ficaria ouvindo as peças clássicas durante todo o dia. Desse modo, todo carinho e atenção tinham que ser exercidos para levá-lo daquela atividade para outras, também importantes. O menino demorou alguns meses até perceber que as pessoas prometiam alguma coisa e que depois cumpriam. Ele, pouco a pouco, foi conseguindo ligar as horas do dia às atividades específicas; sentiu mais que notou, que as coisas todas que fazia, seguiam um encadeamento e ele sempre podia voltar aos seus brinquedos, à sua música. E que as massagens, que tanto o agradavam e faziam-no sentir-se bem, eram feitas todas as manhãs, antes do horário do banho.

Certa feita, Mário Filho causou um pequeno acidente, ao bater com sua mão sobre objetos que estavam expostos em uma mesa de cabeceira. Relógio, talco, óleos, algodão, toalhas, tudo caiu e uma pequena desordem se formou. Ester era a pessoa que estava cuidando dele e ela foi muito sábia. Até então, não havia acontecido nada do gênero e o garoto não tinha tido que ser corrigido pelo mal feito. Parou o que estava fazendo, olhou para ele e, com tristeza, falou:

– Ah, Mariozinho, para que bater nas coisas? Veja, ninguém bate em você. Ninguém trata você mal. Para que fazer isto? Olhe, agora a Ester vai ter que parar de cuidar de você para arrumar a desordem. Vou ter que ir buscar mais talco, mais óleo e só depois é que vou poder fazer a sua massagem. Você gosta da massagem? Mário Filho, atento, ouvia o que Ester dizia e pela primeira vez sentiu que algo saiu errado. E, sem explicar nada, abraçou Ester, e falou:

– Ester, desculpa Mário, desculpa. Mário não faz isto de novo, viu!

Ester sorriu, beijou o rosto dele e falou:

– Meu querido, não se preocupe. Eu desculpo. Mas, não vamos fazer isto de novo, certo? Se você tiver vontade de fazer alguma coisa, pergunte para mim, eu ensino você sobre o que fazer.

Todos os que cuidavam do pequeno Mário, consideravam-no dócil, de fácil trato. O que podiam dizer é que, devido à síndrome, ele aprendia devagar. Que seus gestos ainda careciam de uma definição clara, de firmeza. Faltava-lhe boa coordenação motora. Mas, seu temperamento não causava maiores preocupações.

Pouco tempo depois desse episódio, era já agosto, o menino foi apresentado a uma frutinha muito querida em Minas Gerais, a jabuticaba. Podemos dizer que por se tratar de uma fruta, houve um pequeno descuido e o pequeno comeu em excesso, nem sempre cuspindo a semente.

Naquela noite, ninguém dormiu. Mário Filho apresentou

um quadro de prisão de ventre, bem forte, e as cólicas advindas do processo fizeram com ele chorasse e reclamasse muito. Antonio Mário recorreu a um colega pediatra. Não foi nada complicado, aplicaram um clister, com água semiaquecida e azeite de amêndoa doce, logo a natureza do garoto reagiu e o problema foi resolvido. Mas passaram um susto, porque até então ele nunca havia tido nenhum problema sério.

A lição ficou, eles tinham de ensinar Mário Filho, sobre como tratar caroços de frutas. E, ao mesmo tempo, procurar dar a ele frutas já limpas. Jabuticabas, por enquanto, estavam suspensas.

O movimento espírita em Belo Horizonte estava dedicado a duas grandes obras. Uma delas viria a ser o "Abrigo Jesus", uma instituição que estava em construção, no Bairro do Progresso e que se destinaria a cuidar de meninas desamparadas – órfãs.

A outra era a edificação de uma casa na Avenida do Contorno, quase junto à Praça Esperanto, no bairro da Serra, que seria a "Sopa dos Pobres". Uma casa, mantida pela comunidade espírita, com o objetivo de prover alimento, na hora do almoço, para pessoas pobres, sem recursos. Tinha também outras funções – distribuição de remédios, atendimento fraterno para pessoas necessitadas de tratamento espiritual. Mas, o forte era mesmo a distribuição de alimento aos necessitados.

Aquela foi uma era de ouro para o movimento espírita cristão de Belo Horizonte. Lideranças espíritas, tais como: Cícero Pereira, Osório de Moraes, Noraldino de Melo Castro, Bady Elias Cury, Maria Philomena Aluotto Berutto, Rodrigo Antunes, Oscar Santos, e dezenas de outras pessoas, davam o melhor de si, para que uma parcela da população carente recebesse ajuda, de modo a poderem levar suas vidas adiante com menos sofrimento.

O "Abrigo Jesus", com certeza, tirou da "rua da amargura" centenas de jovens. Muitas das protegidas estudaram e tornaram-se profissionais úteis. Muitas saíram de lá para constituir famílias.

Ao mesmo tempo, a mediunidade de Chico Xavier demonstrava, cada vez mais, uma maturidade ímpar, com obras de grande fôlego, vindo atender aqueles que buscavam conhecer o Espiritismo na sua essência.

"Há dois mil anos"; "Cinquenta anos depois"; "Renúncia", de Emmanuel; a série assinada por André Luiz. Todas as obras de valor inestimável que, ainda hoje, vendem dezenas de milhares de exemplares, todos os anos.

Era nesse ambiente que o Dr. Antonio Mário e sua esposa Cláudia trabalhavam. Muitos outros médicos, mesmo cristãos de outra denominação como o Dr. Ernesto Gazzolli, atuavam no campo da caridade, voluntariamente, dando de seu tempo e de seu conhecimento para ajudar aquelas pessoas, que se achavam tolhidas por dificuldades materiais.

No Natal de 1944, o Dr. Antonio Mário e sua esposa levaram Mariozinho para conhecer uma bela criação, feita com o objetivo de homenagear a Sagrada Família. Eles foram visitar o Presépio do Pipiripau. Tratava-se de uma enorme coletânea de figuras articuladas de madeira, feitas a mão, de modo a se movimentarem por meio de polias e eixos transmissores de força, num cenário representando a cidade de Belém, aonde Jesus veio ao mundo.

O garoto ficou maravilhado com o que viu. E, enquanto lá estava, demonstrou que percebia um ritmo no movimento do presépio todo. Era sua tendência para a música se sobressaindo.

Mas foi também uma experiência humana que lhes causou um pouco de dor. Enquanto estavam lá, dando ao filho o tempo necessário para ver tudo; explicando-lhe o que era uma ou outra figura, viram mães afastando os filhos de perto de Mariozinho, como se a síndrome de Down fosse algo contagioso. Entre tais atitudes e movimentos, Antonio Mário ouviu um adulto falando a palavra errada para explicar a condição do seu filho: – É um mongolóide!

O casal sempre tinha buscado preparar-se para situações como aquela. Eles sonhavam levar o filho a festas de aniversários de outras crianças, sonhavam com a sua socialização, pois viam nisto uma possibilidade de evolução para o comportamento dele. Mas ainda não haviam provado o fel do preconceito. E naquele dia sentiram dor. Mário Filho ria, batia palmas com seus braços meio disformes. Eles viam a alegria no olhar do filho e a inocência também.

Felizmente a preparação que tinham, tanto intelectual como moral, falou mais alto. Respiraram fundo e superaram o drama, e resolveram passar na Padaria Boschi, para tomar um sorvete de ameixa.

Naquele dia, Mariozinho adormeceu mais cedo. A aventura tinha contribuído para o cansaço.

Naquela noite, logo após ter seu corpo imerso no sono, o espírito do menino se viu livre para sair com seu guia, para dar mais um passo no seu aprendizado. Naquelas poucas horas que se seguiram, ele pôde visitar locais onde crianças portadoras de enfermidades, sem possibilidade de recuperação, eram tratadas.

Lá Mário Filho ouviu a pregação espiritual, convocando todos a se curvarem diante das Leis Divinas, refazendo seus planos individuais de vida, para traçar objetivos que fossem em benefício da humanidade. Eram lembrados de que o orgulho, a altivez, a vaidade, o apego aos bens materiais, são todas elas posturas erradas de conduta. Era necessário compreender que, como espíritos eternos, tinham por dever dar colaboração para que toda a humanidade progredisse moral e intelectualmente. Que a manutenção das posturas erradas eram as causas das dores que estavam sentindo. Que todos tinham tido inúmeras oportunidades de se corrigirem, mas, em vidas sucessivas, tinham passado por centenas de oportunidades, sem contudo, alcançarem nenhuma melhora significativa. Assim, estavam todos ali, para aprender, para gravar em suas memórias os ensinamentos, que depois deveriam pôr em prática.

Ele olhava aquilo tudo e lembrava-se do esforço que tentava fazer, quando acordado, para ser capaz de pôr seus pensamentos em prática. Mas que não conseguia torná-los concretos.

Reconhecia, porém, o amor, o cuidado constante de que era objeto. Em sua mente, as figuras dos pais, dos avós, de Ester e Estefânia, de Dióla, vinham como imagens de alegria. Mas, mesmo tendo compreendido sua situação, algumas lágrimas lhe desceram pelo rosto.

Na manhã seguinte, de volta ao seu corpo enfermo, Mário Filho, teve um belo gesto. Ao ver o pai entrando em seu quarto, abraçou-o e, lentamente, vencendo a dificuldade que tinha, ele falou:

– Papai, muito obrigado pelo passeio, pelo sorvete. Eu amo você, papai.

Aquela demonstração de afeto vinda do filho, de modo espontâneo, ao amanhecer de mais um dia, emocionou Antonio Mário. Pai e filho davam início a uma nova etapa de compreensão. Era o amor falando mais alto.

A cada dia, daí para frente, Mário Filho adotou como costume, abraçar, beijar o pai, a mãe, Ester, Estefânia, os avós Antonio e Marina e, também, Dióla, que sempre vinha visitá-los. Quando o abraçavam, as pessoas sempre perguntavam se ele gostava delas. Mário Filho confirmava, no seu modo lento de falar: – Sim, eu gosto muito, muito. Outra coisa que passou a ser comum no seu comportamento, é que ele agradecia por tudo. Estava se tornando uma pessoa doce.

Os pais seguiam firmes na ideia de fazer com que o filho fosse o mais independente possível. Eles sabiam que em toda a vida, ele nunca seria cem por cento independente. As limitações físicas não davam a ele uma coordenação motora perfeita. A capacidade de aprender ainda estava por ser testada.

Foi por isto que ambos começaram a procurar colégios que aceitassem alunos com características especiais.

Ano de 1945, segue a luta para todos, seguem-se as oportunidades de contribuírem para o bem do próximo. Segue o aprendizado que, no Universo criado por Deus, é uma constante eterna. Enquanto em outras partes do planeta irmão luta contra irmão, em batalhas marcadas pelo ódio fruto da ignorância, aqui no Brasil, embora também envolvido, devido a compromissos internacionais, a população atravessa outro tipo de momento de sua história. O aprendizado é constante. O Brasil estava no limiar do aprendizado de como viver democraticamente.

Chico Xavier continua sua missão produzindo sob a batuta de Emmanuel, André Luiz, Victor Hugo, e muitos outros luminares, obras de grande teor moral. Sempre pregando a Lei do Amor, do Respeito, a Lei da Caridade.

Os doutores Antonio Mário e Cláudia, conduzindo com toda a seriedade as suas atividades profissionais, haviam se tornado referência em suas especialidades, sendo sempre convocados por hospitais e por clientes particulares. Sua afabilidade e atenção era uma marca distinta, todos recebiam o respeito e o carinho que precisavam, além de excelentes cuidados profissionais.

Nessa época, Belo Horizonte tinha um ritmo tranquilo de vida. Suas ruas e avenidas mais pareciam "bulevares" europeus, porque a vegetação era farta, a grande maioria das ruas eram calçadas, com blocos de pedras, muito bem colocadas por prestimosos trabalhadores a serviço da municipalidade. Com cerca de duzentos e cinquenta mil habitantes, a capital dos mineiros, de há muito havia ultrapassado o porte previsto por seus fundadores, mas seguia sendo um local aprazível de se residir. O comércio principal localizava-se na Avenida Afonso Pena, Rua Espírito Santo, Rua Carijós, Rua Tamoios, Rua Tupinambás, Rua São Paulo e Avenida Paraná. Os bondes circulavam com frequência. Estudantes uniformizados ocupavam todos os locais.

Mas o tempo corria célere. Próximo estava o momento em que os conflitos de classes, as demandas por direitos sociais, iriam transtornar toda aquela ordem, toda aquela tranquilidade, pois mesmo o aço passa antes pelo cadinho do fogo concentrado, para depois adquirir sua resistência. Mesmo as sementes têm que desabrochar sob a terra e lutar para romper o solo, que as prende, até que possam respirar o ar puro e continuar a crescer, antes de produzirem flores e frutos. No Universo de Deus nada fica parado, tudo está em movimento, num movimento eterno em direção ao Criador. Todo aquele que se acomoda, que resiste ao progresso, que não valoriza a caminhada, passa a ser superado, torna-se obsoleto, fica dependente e tem de passar por provas e mais provas, até despertar novamente e recomeçar sua trajetória.

Cláudia e Antonio Mário visitaram o "Jardim de Infância Delfin Moreira", localizado na Rua Espírito Santo, bem defronte da mansão do Sr. Cel. Juventino Dias. Eles buscavam conhecer a estrutura daquela escola, mas logo se deram conta de que uma criança com características especiais como Mariozinho, não poderia receber ali o tipo de atenção necessária. Foram muito bem recebidos, a gentileza do trato com professoras e diretora era animadora, contudo eles conheciam as limitações do filho e não quiseram criar uma situação incômoda para a escola.

O casal de médicos tinha também como opção o nome da Sociedade Pestalozzi. Naquela época instalada em um prédio no Barro Preto. Por informações que obtiveram nos meios médicos, souberam que deviam contatar a Senhora Helena Antipoff. Tratava-se de uma educadora altamente especializada, que vinha desenvolvendo um magnífico trabalho em prol da melhoria do sistema educacional nas Gerais.

Não foi fácil conseguir uma entrevista com aquela dama. Suas inúmeras atividades, sua constante dedicação aos programas aos quais estava ligada, davam-lhe pouco tempo. Mas, onde existe boa vontade, o tempo se faz. E assim, em alguns poucos dias, Cláudia, Antonio Mário e Mariozinho foram recebidos pela prestigiada educadora.

A entrevista, na realidade, foi algo peculiar. Senhora[1] Antipoff, uma senhora de porte médio, cabelos louros curtos, olhos muito claros, vestida com elegante simplicidade, cumprimentou os pais, mas dirigiu-se à criança. Sua capacidade de comunicação, seu conhecimento e experiência no trato com crianças "excepcionais[2]", fizeram com que entre Madame Antipoff e o pequeno Mário logo se estabelecesse um diálogo. Ela lançava mão de vários objetos, livros, brinquedos, pequenos instrumentos musicais, etc., à medida que desenvolvia a conversa, respeitando o ritmo lento do pequerrucho. Depois de cerca de vinte minutos, ela voltou a dar atenção aos pais. Fez várias indagações, a maior parte delas sobre as condições físicas e de saúde do pequeno. Ficou muito satisfeita ao saber de todos os cuidados, procedimentos que eles vinham adotando, por sua própria observação, na educação e nos cuidados dados ao menino. Tomou de uma ficha e fez várias anotações.

Após, pouco mais de meia hora, Madame Antipoff, falou. Sua voz era firme, sem arrogância, mas demonstrando grande segurança, conhecimento da matéria sobre a qual falava.

– Meus caros, o pequeno Mário é uma criança excepcional, com boas perspectivas de poder executar um programa de educação que fará com que ele se integre mais e mais na vida normal.

---

[1] Conheci Madame Helena Antipoff (1892-1974) pessoalmente. Eu tinha 15 anos de idade, em 1955. Madame Antipoff residia no mesmo bairro que eu, a Serra. Nosso serviço de ônibus era muito precário. Assim, muitas vezes, Madame Antipoff tomava o ônibus em pontos do meio da viagem, quando todos os assentos estavam ocupados. Eu tive o privilégio de ceder meu lugar para ela muitas, muitas vezes. Sem saber por que, eu nunca a tratei simplesmente de "Senhora", eu sempre me referia a ela, como "Madame". Foi minha mãe quem me falou dela e do trabalho que fazia. Nota do autor.

[2] Madame Antipoff não aprovava a expressão "retardado", e foi a pessoa que inseriu no vocabulário de sua profissão de pedagoga a expressão "excepcional".

Felizmente, para o caso dele, certas anomalias muito comuns em portadores da síndrome de Down, não se acham presentes. Isto favorece muito o trabalho que iremos fazer. Nesse instante ela buscou uma outra ficha, que leu durante alguns segundos e prosseguiu:

– Nós temos conosco, no momento, uma criança cerca de um ano mais velha que seu filho, que também apresenta as mesmas condições. Diferente do filho de vocês, este outro pequeno vem de um lar mais humilde, onde os pais, excelentes pessoas, não fizeram um trabalho como o que vocês têm feito. Mas, mesmo assim, temos encontrado um campo muito positivo, para exercer o nosso trabalho. Eu gostaria, antes de tomarmos qualquer decisão definitiva, de promover uma reunião. Seriam os senhores, o pequeno Mário, com os pais deste outro aluno, que também estaria presente. Vamos ver como todos se relacionam. Para tanto, acredito que vamos precisar de uma hora e meia; que tal se marcarmos para o sábado à tarde? Assim, teremos mais tempo e, com a nossa escola fechada, poderei dedicar-me ao trabalho necessário sem interrupções.

Antonio Mário e Cláudia estavam agradecidos e admirados, eles haviam notado todo o cuidado, carinho e atenção que a emérita professora havia dedicado ao filho deles. Sentiram, de imediato, a confiança que se ampara no conhecimento de um profissional competente. Sabiam que tinham batido na porta certa. Assentiram à ideia de uma outra reunião. E, assim, ficou estabelecido.

Feitas as despedidas, Mariozinho, surpreendeu a todos, pois foi até a distinta professora abraçou-a e beijou sua mão.

SÁBADO - MARÇO DE 1945. UM GRANDE REENCONTRO

Mariozinho acordou, fez todas as tarefas relativas aos procedimentos de higiene. Cantarolava baixinho o Bem-te-vi e pensava. Neste dia era Ester quem estava cuidando dele; quando ela foi fazer a massagem, o menino contou para ela que naquele dia ele ia encontrar um amigo. Ester achou aquela afirmativa interessante, pois fora do círculo familiar, Mário Filho não conhecia ninguém. Ela então indagou dele como ele sabia que ia encontrar um amigo e ele respondeu:
– Eu sei porque eu sonho. E não deu mais nenhum detalhe.

Ester terminou sua tarefa e, deixando o pequenino brincando, foi falar com a Cláudia. Esta ouviu com atenção a narração do que havia acontecido e achou aquilo interessante. O marido havia saído cedo para atender um caso de urgência, mas, ao retornar ao lar, também ouviu da esposa a narrativa. Ambos ficaram pensativos. Que surpresa os aguardava? Que efeito viria a ter sobre seu filho?

Logo após um almoço leve, com verduras e algumas frutas, o casal partiu para a esperada reunião. Antonio Mário e Cláudia, profissionais de grande competência, possuíam um automóvel, assim o trajeto entre a residência deles e o Barro Preto tomou cerca de quinze minutos.

Chegando ao prédio da Sociedade Pestalozzi, foram conduzidos à presença de Madame Antipoff.

Lá já estavam – Milena e Jorge – pais do pequeno Irineu. Feitas as apresentações, a professora colocou os dois meninos em uma mesa baixa, onde eles puderam sentar-se em cadeiras também baixas. Sobre a mesa estavam brinquedos, vários jogos, lápis de cor, papel, massinhas.

Irineu era diferente de Mário no que tange à fala. Ele tinha mais desenvoltura. Suas palavras fluíam com mais rapidez do que as ditas por Mário. Para um estranho, poderia parecer que Irineu não era tímido e que Mário ainda não havia se "soltado", temendo falar.

Madame Antipoff estava sendo assistida por um jovem, Professor Marcel Dobrinin. Um homem com cerca de 30 anos de idade, claro, olhos azuis, cabelos avermelhados, alto, mas uma pessoa que transparecia enorme tranquilidade. Ambos se comunicavam em Francês, mas logo voltavam ao Português para falar com as crianças ou dar alguma explicação aos pais.

Milena e Jorge eram pessoas muito humildes, mas tanto Cláudia, como Antonio Mário, de pronto tudo fizeram para derrubar qualquer barreira que pudesse surgir entre eles. Madame Antipoff não os apresentou como sendo médicos, mas somente como sendo os pais de Mário.

Todos se concentraram no desempenho das crianças. Durante cerca de uns quarenta minutos, a educadora e seu assistente interagiram várias vezes com as crianças; propuseram vários joguinhos, aceitaram mudar de uma atividade para outra, que os interessava mais. Observaram, observaram.

Para todos, era evidente que Irineu tinha uma pequena liderança, que era bem aceita por Mário.

Depois de mais de uma hora, aquilo que parecia puramente lúdico, foi encerrado. Madame e o Professor Marcel se dirigiram aos pais. Eles disseram que viam como muito positiva a facilidade com que as crianças haviam se integrado; que a diferença na liderança de Irineu era possivelmente devido ao fato de que ele era um ano mais velho que Mário e este fator não pesava de modo negativo. Acharam que seria interessante para as crianças continuarem a se encontrar, enquanto a escola preparava uma proposta de trabalho para eles. Aspectos administrativos precisavam ser analisados e combinados.

Antonio Mário, muito acostumado aos aspectos materiais da existência, conhecia as dificuldades que organizações oficiais ou semioficiais enfrentavam, especialmente, aquelas dedicadas à saúde e à educação. Assim, discretamente, aproximou-se de Madame Antipoff e, falando em perfeito Francês, comentou com ela que ele gostaria de poder contribuir para que Irineu e Mário pudessem receber juntos, toda a atenção que aquela escola pudesse proporcionar a eles. Ele e a esposa poderiam também, em caráter voluntário, prestar assistência médica aos alunos da casa, em suas respectivas especialidades.

Madame Antipoff estendeu a mão e disse apenas uma palavra: Merci!

Quando almas desenvolvidas se encontram, o diálogo

flui. O entendimento se faz presente e tudo facilita para a consecução dos objetivos principais. Não havia ali lugar para mesquinharias, negociações, etc. Cada um faria aquilo que estava ao seu alcance, para que o melhor fosse disponibilizado para as crianças necessitadas.

O Professor Marcel também falou. Explicou que seria para ele um desafio trabalhar com os dois garotos, pois, notoriamente, eles eram portadores de um grau leve da síndrome de Down.

E, à medida que ele fosse conhecendo melhor as crianças, e que elas fossem respondendo ao trabalho que seria proposto, ele se sentiria mais encorajado para falar com decisão sobre o caso deles.

Ao saírem da reunião, Antonio Mário aproveitou a oportunidade e ofereceu transporte em seu carro para a outra família. Seria uma oportunidade de se conhecerem melhor, pois as crianças iam estudar juntas. No trajeto entre o Barro Preto e Santa Tereza (onde Milena, Jorge e Irineu moravam), ficaram sabendo que eram irmanados também pela mesma fé espírita cristã. Esta novidade serviu para quebrar qualquer gelo, que porventura ainda pudesse haver naquele diálogo.

Quando chegaram à residência deles, na Rua Gabro, Jorge e Milena, insistiram para que Antonio Mário e Cláudia entrassem. Dadas as condições que envolviam as crianças, ele julgou acertado aceitar o convite.

Atendidas as crianças em suas necessidades. Puseram-se a conversar. Várias informações foram trocadas; várias experiências foram comparadas. Antonio Mário fez uma observação sobre o fato de Irineu usar botas ortopédicas, e Jorge comentou que aquele tinha sido dos momentos difíceis que eles haviam enfrentado. Irineu demorou muito para se movimentar, sentou com dificuldade, e não fazia iniciativa para andar. Uma vizinha comentou que naquela mesma rua, moravam uns senhores de origem italiana, conhecidos como irmãos Ziviani, que fabricavam botas ortopédicas e que muita gente era cliente deles e a maioria era de crianças. Jorge buscou conhecer aqueles senhores, comentou sobre o problema do filho e foi por eles encaminhado ao Dr. José Henrique da Matta Machado, ortopedista de grande renome em Belo Horizonte. O resultado foi que Irineu precisava sim de botas corretivas, para poder firmar os pés e sentir-se encorajado a caminhar. Felizmente dois meses depois de passar a utilizar as botas receitadas, Irineu deu os primeiros passos. Mas, ainda se ressentia do problema, não podia correr.

Ao fim da tarde, os visitantes se retiraram. Cláudia e Milena combinaram os dias de visitas para Mário e Irineu.

Na volta para casa, o casal comentava que aquele dia tinha sido muito produtivo. Mariozinho cansado dormia no colo da mãe. Mas, seu rostinho diferente mostrava um sorriso.

Na casa de Milena e Jorge, depois de pôr o filho para dormir, paira uma dúvida. Jorge está preocupado, pois, embora sendo uma pessoa simples, ele também tinha muita experiência de vida e, de antemão, sabia que a atenção que se planejava dar à Irineu, na Sociedade Pestalozzi, teria um custo. Custo que eles não poderiam manter. Jorge era um operário qualificado, mas estava longe de ter uma renda que lhe permitisse dar ao filho uma assistência pedagógica altamente especializada. Milena, obrigatoriamente, ficava em casa cuidando do filho. Quando Milena ouviu o marido, teve um gesto pouco comum da natureza dela, disse que ele não se preocupasse que ela sentia que tudo e todos se poriam de acordo. E, passou a emitir comentários sobre a simpatia que havia desperto nela aquele casal, que igual a eles tinha um filho excepcional: – A Dra. Cláudia é uma pessoa muito pé no chão, ela sabe realmente qual a luta que temos pela frente, e só se preocupa em ter, ela e o marido, saúde e condições, para ajudar o filho. E, chegou a comentar que viu com muitos bons olhos a amizade que poderia surgir do bom entendimento manifestado por Irineu e Mário Filho.

– Eu também penso assim Jorge, você sabe, as almas se encontram. Tudo está nos planos de Deus. Nós somos apenas atores, com papéis determinados, dentro do grande plano do progresso. O que temos que fazer é cumprir bem com a nossa parte.

Naquela noite, enquanto o corpo físico repousa, Mário Filho é levado, por um grupo de espíritos guias, para mais uma tarefa. No exercício de aprender a amar a todos os próximos que são postos diante dele. O plano espiritual aproveita que há em Belo Horizonte um Hospital, mantido pela Fundação Benjamim Guimarães, "Hospital da Baleia", dedicado ao atendimento de casos graves de enfermidades incuráveis, para crianças. E, lá no silêncio da noite, realizam uma sessão de trabalho. Centenas de entidades estão presentes. Algumas atendem sozinhas a alma de um pequenino enfermo, outras em grupos de dois a três, atendem a outros enfermos, portadores de condições mais complexas. Todos vibram em uníssono, transferindo enormes doses de energia para que aquelas almas, em peregrinação pelo aprendizado da dor, possam continuar a manter o equilíbrio necessário para que suas lutas sejam transformadas em vitórias. Todos recebem carinho, muito carinho. Todos são abraçados por aquele sentimento de amor que, diferente de outros sentimentos antagônicos, aproxima as almas, criando confiança, paz, esperança.

Mário é levado a estar junto de vários pequeninos. Conversa com eles, ouve suas explicações. A maioria sabe por que está ali. A maioria aceita, com resignação aquela provação, pois tem no íntimo a certeza de que está se libertando de um passado pouco meritório. Para Mário Filho, o momento é de revelações. Ele vê que não está só. Ele vê que não é o único a carregar uma cruz. Ele vê que, mesmo no resgate, em plena dor, a justiça Divina provê o amparo necessário. Ele vê que depende de cada um, atingir o sucesso. Finalmente, antes de todos retornarem aos seus corpos. Uma das entidades que monitorava o trabalho faz uma prece de louvor a Deus, agradecendo de modo sublime as bênçãos que todos receberam.

Muita vez, após uma dessas reuniões havidas no espaço, subitamente, sem explicação médica razoável, uma criança apresentava um quadro de melhora considerável. Era o amor de Deus cumprindo a Lei. Todos aqueles que sinceramente, profundamente, realmente, modificam-se no íntimo, veem-se beneficiados pela nova faixa de vibração *que atingem, passando a desfrutar de novas e melhores condições psicossomáticas. Na Terra, para aqueles que ainda não compreendem os mecanismos da Lei, ocorreu um milagre. Ninguém para e raciocina que milagres não existem, pois seriam a derrogação da Lei, que nos foi dada pelo próprio Pai. O que, sim, existe é a evolução de cada indivíduo, atingindo um patamar mais elevado no plano espiritual, tornando-se assim merecedor de uma nova e melhor condição, diferente daquela em que se achava anteriormente. Tudo é medido e pesado de acordo com o mérito individual. Não há preferidos, não há eleitos. Todos são filhos de Deus, todos têm direito ao mesmo e justo tratamento.*

AS VISITAS - A AMIZADE

As visitas de Irineu a Mário Filho foram marcadas para as terças e quintas. Os pais deste passaram a reservar as tardes daqueles dias, para estarem presentes, revezando-se naquilo que traria para as crianças novas perspectivas no aprendizado das coisas.

Os encontros do primeiro mês foram combinados para dar-se na casa deles; Milena e Irineu viriam de Santa Tereza. No segundo mês, Cláudia ou Antonio Mário levaria Mário Filho até Santa Tereza. Dito assim parece uma providência muito fácil. Contudo, todo aquele que assume a responsabilidade de ajudar um portador de síndrome de Down, sabe o quanto é difícil, o quanto de amor e dedicação é pedido daquele que se dispõe a ajudar.

Para alegria e tranquilidade dos pais, Irineu e Mário se entendiam muito bem. Aquele com cinco anos e este quase atingindo aquela idade; aquele sem poder correr, pois os pés eram fracos, e este com sua fala lenta, exigindo grande esforço para expressar-se.

Tanto Cláudia quanto o marido tinham ideias mais ampliadas do que Milena e Jorge, sobre como fazer as crianças se interessarem por letras e números. Aqueles acreditavam ser possível alfabetizar o filho. A questão era como atingir aquele objetivo.

Naqueles tempos, os grupos escolares adotavam a cartilha de "Lili". As crianças eram ensinadas pelo método da silabação. As palavras eram dividas por suas sílabas, e pouco a pouco as crianças iam se dando conta da estrutura das palavras. Antonio Mário conversou muito com Cláudia sobre este assunto; ele via a leitura como um ato global, uma palavra, por exemplo: bola era posta ao lado da foto de uma bola, e fazia-se a criança ler, ouvir o som e ver ao que aquela palavra correspondia. Afinal, era assim que adultos alfabetizados aprendiam idiomas estrangeiros.

Com tal ideia, eles combinaram de buscar ensinar ao filho e ao seu amigo, o conhecimento de palavras por este método.

Nos primeiros dois meses, os resultados não foram animadores. Com números as coisas funcionaram melhor. Tanto Irineu como Mário Filho logo sabiam dizer de 0 a 10. Com dois meses, sabiam pegar duas bananas, uma maçã, um copo, dois pães. Mas, a fixação das imagens das coisas ligadas aos seus nomes, tardou um pouco mais. E foi Irineu quem partiu na frente.

Numa tarde, Cláudia já se preparava para retornar para sua casa, quando chegou Jorge.

Irineu rabiscou as letras da palavra Papai e levou para ele, falando: – Papai, papai!

Foi um momento de grande emoção para todos. Irineu, porque começava a dar sinais positivos ao esforço que vinham fazendo por ele; os adultos, por ver o resultado do trabalho persistente.

Nesse ínterim, o Professor Marcel fez novo contato; pediu aos pais para irem visitá-lo.

Durante o novo encontro, ele ouviu um relato do que vinha sendo feito com as crianças em casa, e acolheu sem surpresa o resultado.

Seu comentário foi afirmar que, de um portador de síndrome de Down leve, podia-se esperar muitas conquistas.

Ele explicou todo o seu projeto de trabalho. As crianças seriam trazidas três vezes por semana, na medida em que colhessem resultados, examinariam a conveniência de aumentar para mais aulas.

Iriam seguir trabalhando com os números e com a leitura global. Trabalharia na ampliação da socialização. Dariam grandes reforços psicológicos para atitudes de independência. Para facilitar o trabalho na escola, pediam que as massagens corporais continuassem sendo feitas em casa. Previam que as crianças passassem até três horas por dia/aula na escola. Contudo, tudo poderia vir a ser modificado, na medida dos sucessos alcançados.

O professor então marcou o início das aulas para a segunda-feira da semana seguinte. As crianças deviam estar na escola às oito horas e ficariam até as onze da manhã. Ele cuidaria, em especial, dos dois. Madame Helena Antipoff faria a supervisão psicológica de todas as atividades.

Jorge, que a tudo acompanhava em silêncio, solicitou para falar com o professor em particular.

Quando estavam a sós, Jorge expôs que infelizmente o

filho dele não poderia frequentar aquele curso, pois ele não dispunha de recursos para cobrir aquele tipo de atendimento experimental, onde um professor especializado daria toda a dedicação ao aluno. O professor Marcel o interrompeu e explicou: – Não, o senhor se engana, nós temos os recursos que provêm de doadores, e esperamos aprender muito trabalhando com seu filho e com o pequeno Mário. Aprendizado que nos permitirá ajudar outros portadores da síndrome. Não se preocupe com este aspecto. Traga seu filho. Vamos trabalhar juntos.

Na realidade, atuando como doadores anônimos, os médicos tinham assumido o custeio completo das aulas. Eles acreditavam que o trabalho que estava por ser iniciado seria algo inovador e extremamente positivo para as duas crianças. E que tudo o que poderia ser aprendido, lidando com as crianças, poderia vir a ser útil para outras pessoas em condições semelhantes. E assim foi feito.

As aulas foram iniciadas, repetiam-se procedimentos. Professoras altamente experientes e iniciadas na especialização do ensino dos excepcionais vinham assistir ao trabalho do Professor Marcel. Reuniões de avaliação eram realizadas. Sucessos e insucessos eram discutidos e revistos, para adaptações que pudessem dar melhores resultados. Respirava-se naquela casa a vontade sólida e determinada de vencer a excepcionalidade através da experimentação natural. Dedicada cientista da psicologia e da pedagogia, Madame Antipoff e seus colaboradores, desdobravam-se na observação de todo e qualquer indício, para encontrar uma nova resposta, uma nova solução, para as questões e dificuldades pendentes. Sem adotarem os princípios espíritas, adotavam, no limite de suas forças, os princípios cristãos do amor ao próximo. Portanto, acertando num viés excepcionalmente correto de dedicação sincera e honesta na ajuda aos necessitados. Mestres do ensino, construtores de vidas, onde antes imperava a ignorância, a desistência, eles davam oportunidade de recuperação a centenas, que lutavam pela libertação de suas fraquezas. Eram exemplos vivos de dedicação ao ser humano excepcional. Sem dúvida, a palavra que melhor se aplicava ao trabalho que era realizado ali, era Amor. Sem o Amor nada se constrói.

Irineu caminhava no aprendizado mais rapidamente do que Mário Filho. Mas, logo começou a apresentar um quadro semelhante ao de Mário. O Professor Marcel, percebendo o fato, fez alguns testes e concluiu que Irineu estava agindo no sentido de ele e Mário demonstrarem juntos aquilo que estavam aprendendo, de estarem caminhando juntos. Assim, Irineu somente demonstrava saber, aquilo que Mário sabia.

O assunto foi levado à consideração de Madame Antipoff. Foi estudado.

Dadas as circunstâncias que prevaleciam, os dois deveriam continuar a estudar juntos. Mas, fez-se uma pequena alteração no plano de aula. Tarefas distintas eram dadas a cada um dos alunos alternadamente. Assim, findo um determinado tempo, teriam que apresentar respostas independentes, e o ritmo do aprendizado poderia continuar sendo mensurado em termos individuais. Funcionou por um mês.

Subitamente, tanto Mário quanto Irineu passaram a reclamar, que queriam fazer tudo juntos. Eles queriam fazer as mesmas coisas. Os mesmos exercícios. Era evidente o apego de uma criança pela outra.

Nova avaliação. Nova mudança. Retorno ao procedimento anterior. Desta vez Irineu não ocultava seu aprendizado, mas junto com o professor passou a puxar pelo amigo, mostrando para ele que o assunto, a questão proposta era simples.

O carinho e a atenção que Irineu dava ao amigo era algo excepcional. Algo que ainda não tinha sido narrado nos anais da psicologia e da pedagogia. O que havia entre aquelas duas crianças que as unia tanto? Como, pessoas portadoras da síndrome de Down, tinham atitudes que presumiam raciocínio profundo?

Tal comportamento não poderia passar despercebido. Causou grande admiração, pois era único.

Mas, considerando a alegria das duas crianças em trabalharem juntas, em dividirem suas tarefas e suas horas, foi considerado que um bem maior estava ocorrendo. Prosseguiram.

No final de 1946, início de 1947, tanto Irineu quanto Mário, já sabiam ler textos simples, contar os números até

100, fazendo pequenas operações aritméticas de adição, subtração.

Era hora de buscar transmitir mais.

Socialmente os dois se davam muito bem. Mário, contudo, demonstrava uma tendência incomum para a música. As sessões de música e a possibilidade, que lhe era proporcionada em casa, de ouvir boa música, complementavam seu dia.

Era comovente ver Mário Filho se deleitar com os clássicos; assim como também era comovente ver Irineu, sentado ao lado do amigo, ouvir, calmamente, aquelas mesmas peças, somente para ver o sorriso no rosto do amigo ao final de cada música.

UM EPISÓDIO MARCANTE

Numa manhã de sábado, início do mês de março de 1947, Antonio Mário teve necessidade de ir ao centro da cidade, para buscar uns livros que haviam chegado para ele na Livraria Rex. Esta livraria era, então, situada na esquina da Avenida Afonso Pena, entre as Ruas dos Tupis e da Bahia.

E levou o filho com ele. Sempre que uma oportunidade se apresentava, tanto o pai, como a mãe não se furtavam de incluir o menino na atividade. Era mais uma experiência positiva. O carro ficou estacionado na Rua dos Tupis. Depois de apanhar o pacote com os livros, ele resolveu dar uma chegada até a Bomboniére Suíça, para comprar uns chocolates para Cláudia.

Aquele trecho era bastante movimentado, assim, pai e filho se posicionaram, de mãos dadas, na frente da Loja de Bilhetes "Giacommo", esperando para poderem cruzar a Rua da Bahia, para o lado esquerdo de quem sobe. Naquele momento, Mário Filho, estancou; segurou mais firme a mão do pai e, lentamente no seu modo peculiar de falar, disse, ao mesmo tempo em que com a outra mão apontava para algo:

– Papai, olha, eu quero um daquele, eu quero tocar um daquele.

Inicialmente Antonio Mário não compreendeu, pois o

garoto apontava para o outro lado da rua. Na esquina havia uma sapataria, logo a seguir havia uma loja pequena, de instrumentos musicais e fotografia, depois se seguia uma joalheria e, então, a bomboniére.

Mas Mário Filho puxou o pai, e o foi levando até parar em frente da loja de instrumentos musicais. Na porta, dependurado, estava exposto um violino. Com os olhos brilhando, ele apontava e falava: – Papai, eu quero tocar, eu quero um destes.

O pai não sabia o que dizer, aquela atitude do filho era de todo inesperada. Mas, como medida mais do que tudo, para agradar ao filho, ele perguntou quanto custava o instrumento. O vendedor disse tratar-se de um instrumento feito na Tchecoslováquia e informou o preço, bem como do estojo especial. Antonio Mário balbuciou um agradecimento e seguiu seu caminho até a bomboniére; ao voltar para pegar o carro, porém, novamente o filho insistiu: – Papai me dá aquele, eu quero tocar.

Ele teve dificuldade em conduzir o filho para distante dali; o menino se mostrava fascinado pelo violino.

Quando chegaram de volta em casa, o assunto ainda estava pendente. O pai levou o filho até a mãe e pediu a ele para conversar um pouco com ela. Ele estava muito confuso. Até aquele dia, Mário Filho, nunca havia sido tão determinado com algo; a insistência repetitiva do filho o havia deixado pasmo.

Qual seria a causa passada daquilo? Teria o filho tocado violino em outra vida? Seria ele capaz de tocar, mesmo com as dificuldades físicas, impostas pela síndrome de que era portador? Será que ele conseguiria aprender música? Onde poderia encontrar uma resposta?

Cláudia tampouco soube dar uma explicação. No resto daquele dia, o menino ficou muito recolhido. Se pouco falava, naquele dia falou ainda menos.

Naquela noite, era pouco mais de vinte e uma horas, o pequeno Mário Filho já se encontrava dormindo. Tão logo seu corpo entrou em sono profundo, seu espírito se levantou e foi de encontro ao grupo de amigos espirituais que o esperavam. Logo que chegou ao grupo, buscou o líder e comentou sobre a experiência que vivera naquele dia, na matéria. Ele lembrou que sabia tocar violino, que sabia tocar muito bem o violino. Ele lembrou que tocar violino era para ele motivo de grande felicidade. Ele queria tocar de novo. Ele sentia que precisava tocar de novo.

O líder do grupo, como se já esperasse por aquele tipo de desabafo, falou com muito carinho e muita calma: – Mário, todos temos nossos sonhos e eles são nossas melhores razões de viver, mas, vez por outra, nossos sonhos nos levam a esquecer outras coisas de suma importância em nossas vidas. Eles nos levam até mesmo a cometer enganos, que se revelam graves medidas que prejudicam nosso crescimento espiritual. Como é que isto ocorre? Bem, pode ocorrer através da exacerbação de nosso temperamento, dando chance ao orgulho, à vaidade, para ocupar em nosso caráter uma parte que não lhes caberia de outra forma. Muita vez, tais sonhos nos prejudicam, antes de nos beneficiar. Temos, então, que passar por novos aprendizados, novos caminhos, novas descobertas, que vão, pouco a pouco, dotando nossa alma do equilíbrio que nos permitirá volver a ter o nosso sonho, mas resguardado dos excessos prejudiciais.

Esta é a sua situação neste momento. Você está numa fase de aprendizado e todos esperam que, ao término desta existência, você seja um vencedor, capaz de grandes realizações sem se deixar dominar por forças que, no passado, prejudicaram seu progresso moral.

Assim, meu caro amigo e irmão, pesa-me dizer, mas desta vez teu invólucro físico não está apto ao exercício exigido para tocar um instrumento tão nobre quanto é o violino. Mas, antes que você se deixe levar pela tristeza, posso afirmar, o saber como, a técnica, o talento tudo está com você, guardado, para que você volte a exercê-los na sua plenitude, assim que vencer as tarefas desta existência.

Serão alguns lustros de disciplina e aprendizado, em troca da felicidade merecida. Vale a pena trabalhar por isto. Vamos, voltemos para junto de nossos amigos, rezemos pedindo ao Pai para que nos dê forças, a fim de que sejamos vencedores nas tarefas a que nos propusemos. Hoje, não faremos trabalho algum. Voltaremos a nos ver, oportunamente, ainda nesta semana.

Oraram. Mário regressou ao corpo e, sob o efeito dos fluidos que lhe foram ministrados, seguiu dormindo até o alvorecer.

No alvorecer do dia seguinte, Antonio Mário, que não dormira bem, foi ver como o filho estava.

Encontrou-o triste, mas não mais fixado no assunto do dia anterior. Era um domingo e ele resolveu que era oportuno pedir ajuda aos irmãos espíritas, para saber como se conduzir melhor naquele episódio.

Aí, por volta das dez horas da manhã, ligou para o Sr. Oscar Santos e, depois de um diálogo de uns quinze minutos, acertou comparecer à sessão mediúnica a ser realizada na residência daquele senhor, na sexta-feira daquela semana.

Com todos os compromissos, horários por serem cumpridos no hospital, visitas a clientes, a semana transcorreu com grande rapidez. Logo era sexta-feira.

Por volta das dezenove horas, Antonio Mário e Cláudia deixaram sua residência e foram em direção ao centro. Nessa época, o Sr. Oscar Santos e sua família residiam no Ed. Sul América, na Avenida Afonso Pena, apartamento 62.

Lá chegando, eles tiveram oportunidade de conhecer novos irmãos da fé espírita. Ali estava a família Nobre, D. Marieta, o marido, Sr. Álvaro, filhos e filhas; estavam também pessoas da casa e outros irmãos. No total, cerca de umas trinta pessoas.

Vários assuntos foram tocados. As atividades das obras sociais, "Abrigo Jesus", "Sopa dos Pobres", o trabalho que o "Centro Oriente" desenvolvia; notícias do Chico Xavier; visitas de apoio a crianças enfermas no Hospital da Baleia e irmãos que vinham a Minas para visitar o Chico.

Às vinte horas, todos estavam acomodados. O Sr. Oscar fez a prece de abertura e depois pediu a José Nobre para ler o Evangelho. O texto, aberto ao acaso, tratou de "Amai os vossos inimigos – Retribuir o mal com o bem". Após a leitura, José Nobre teceu, brilhantemente, como era de seu perfil, alguns comentários sobre a lição, fixando-se no aspecto da oportunidade que nos é dada, através da reencarnação, de ajudarmos a quem, no passado, foi nosso inimigo; lembrou que o "esquecimento" temporário dos eventos das vidas passadas, também se constituía em bênção, pois ajudava, enormemente, a reconciliação das almas em conflito.

Terminada aquela leitura, novas orações contendo pedidos de assistência para irmãos ausentes e pessoas em transes de dificuldade, foram feitas.

Por volta de vinte e trinta, as luzes foram diminuídas de intensidade e todos se concentraram em oração íntima.

Alguns minutos depois, os vários médiuns presentes, começaram a dar comunicação. Vinham entidades em estado de necessidade de esclarecimento, outras conhecidas dos presentes. Todos demonstravam grande alegria ao ouvirem as palavras de algumas dessas entidades, pois, ficava claro o laço de afetividade existente entre alguns dos presentes e as mesmas. Apelidos carinhosos, como "Cabelo de Milho", para uma jovem senhora ruiva, filha de D. Marieta Nobre eram ouvidos. Os diálogos se sucediam. Quando, uma outra entidade fez sua manifestação, todos se emocionaram, pois se tratava do espírito conhecido pelo nome "Rosa de Cássia"; a intervenção era feita num modo extremamente suave e calmo [Não que as outras fossem feitas de modo agressivo.], a voz de Rosa de Cássia, transmitia uma paz indescritível.

Primeiro, após a saudação: – Louvado Seja Nosso Senhor Jesus Cristo – a entidade falou diretamente para José Nobre, comentando favoravelmente a interpretação que ele dera à lição lida. Depois, elogiou a decisão dele de permanecer em Belo Horizonte, não aceitando a transferência que o Banco do Brasil, onde ele trabalhava, havia proposto.

Em seguida, falando para todos os presentes, narrou uma cena, vivida, dizia ela, havia quase trezentos anos, em um local da Itália. Nela, um jovem músico de grande talento, mas portador de enorme vaidade e orgulho se preparava para tocar para um casal de nobres. Antes, porém de ser admitido ao salão onde se desenrolava uma festa, o músico já demonstrava seu mau temperamento, sua revolta, pela maneira como os nobres tratavam os artistas. Sem saber, o músico estava dando ouvidos a espíritos inferiores que o influenciavam, insistindo no direito que ele tinha de ser ouvido em silêncio. Logo depois, admitido ao salão iniciava-se o desempenho. Mas, não conseguindo silêncio absoluto, nem a atenção devida, o jovem músico, subitamente, perdia o autocontrole e cometia um gesto tenebroso, tirando a vida do senhor da casa. Numa outra época, cem anos mais tarde, continuou contando, o mesmo espírito, dessa vez em outro local, novamente ocupando um corpo perfeito, vendo seus projetos pessoais de grandeza e sucesso fracassarem, recorreu ao suicídio, como forma orgulhosa de se rebelar contra a ordem divina que lhe impunha uma existência, com a qual não se achava satisfeito.

– Pois bem, disse Rosa de Cássia, este espírito se encontra agora em nova peregrinação na Terra. Depois de muito estudo, no plano espiritual, depois de ter tido a felicidade de conhecer Kardec pessoalmente na França, aquela alma havia aceitado voltar enfrentando certas limitações, principalmente para o exercício de sua arte. Ele, o músico bem sucedido de outrora, desta vez não poderá exercer seu talento; ele tem outras coisas para aprender, por fixar em sua alma. Seus sentimentos, sua capacidade de amar e perdoar o próximo estavam sendo postas em teste; se vencedor das dificuldades atuais terá como prêmio a libertação de suas dívidas passadas.

Rosa de Cássia fez silêncio e depois retomou a palavra.

– Meus queridos, Deus é perfeito em tudo o que faz. Sua justiça é incorruptível. Nosso irmão está hoje cercado de todos os elementos e de todos os amigos de que precisa para vencer. Ele até poderá julgar-se só, mas está plenamente amparado para vencer a si próprio. Rezemos para que, todos os que se encontram em situação semelhante, sejam vencedores.

E, suavemente como havia vindo, partiu, dizendo: – Louvado Seja Nosso Senhor Jesus Cristo!

Naquele grupo de quase trinta pessoas, Antonio

Mário e Cláudia, discretamente, secavam lágrimas que lhes desciam pelo rosto; a mensagem tinha sido clara para eles, "o músico não poderá exercer seu talento, devido às dificuldades impostas por certas limitações".

Pouco depois das vinte e duas horas, a reunião chegou ao fim. O Sr. Oscar procurou chegar até o casal e perguntou se aquilo que os preocupava tinha sido esclarecido. A resposta foi: – Sim. Tinham sido atendidos em suas dúvidas. O anfitrião renovou convite para que eles voltassem em outras oportunidades.

Todos se despediram. Aquela tinha sido uma noite, também, abençoada.

No dia seguinte, Antonio Mário e Cláudia buscaram um momento na intimidade da família para falar com Mário Filho.

Seria um diálogo difícil. Mentalmente os dois oraram, pedindo a inspiração das palavras certas para o que se predispunham fazer.

Foram até o quarto do filho. Ouviram-no falar sobre o que ele e Estefânia já haviam feito naquela manhã; abraçaram e beijaram carinhosamente o filho. Havia momentos, como aquele, em que eles não viam os sinais da síndrome. O filho era lindo, era meigo, era uma criança. Era tudo o que tinham de melhor.

Mas foi Cláudia quem assumiu a dianteira. Ela falou:

– Meu anjo, o papai e a mamãe conversaram muito sobre o assunto referente ao violino. A mamãe até conversou com um professor para saber sobre as possibilidades de você aprender a tocar o instrumento. O professor fez uma série de perguntas e algumas exigências. A mamãe e o papai, então, examinaram cada uma delas. Fica claro que nós não poderemos mudar as coisas, que já estão em andamento, para dar atenção a este novo assunto. Você tem que prosseguir nos estudos que está fazendo, junto com Irineu, eles são muito importantes para vocês dois. Iniciar uma nova atividade agora só vai atrapalhar o trabalho atual. Você poderá aprender muito sobre música com seus professores atuais. Assim, achamos que a questão do violino, fica fora de nossos planos.

Para dizer isto, Cláudia fez um enorme esforço. Ela não queria fazer menção às características físicas do filho, que elas eram um empecilho para o que ele queria. Ela queria falar de modo a mostrar que os projetos em andamento eram realmente bons, principalmente, porque envolviam Irineu.

Mário Filho olhou para o pai, olhou para mãe, levantou-se foi até cada um deles, beijou-os e, então, disse:

– Papai, mamãe, não tem importância, quando for possível eu aprendo. Eu sei que isto vai acontecer algum dia. Eu sei...

Antonio Mário e Claudia se olharam, surpresos com a diferença de comportamento dos dias anteriores.

Mas, novas e desagradáveis surpresas estavam para

se apresentar. Por volta do dia 20 de março de 1947, Mário Filho, apresentou sintomas de febre muito forte; passou a noite em claro, sem conseguir conciliar o sono e, ao amanhecer, uma tosse forte e persistente se havia instalado.

Os pais, embora médicos, quiseram que o pediatra viesse ver o pequeno, e a visita se deu por volta das onze horas da manhã. Depois de cuidadosamente auscultar os pulmões do pequeno e de olhar para outros sinais em sua garganta, a tosse, disse ele, é coqueluche. Vamos ter que ter muito cuidado com ele nos próximos dias, eu receito um voo de avião para as primeiras horas da manhã. O ar puro e fresco do início do dia somado à altitude tem um efeito excelente no combate desta infecção, mas, primeiro, teremos de manter o pequeno enfermo em repouso também. Fez uma receita. O tratamento teve início de imediato. Mário Filho teria que ficar o máximo possível no leito e, como estava muito cansado, isto não foi difícil.

Nas primeiras horas da tarde, telefonaram da escola para saber por que o aluno não tinha comparecido à aula. Para surpresa de Cláudia, Irineu também havia faltado.

Na residência de Milena e Jorge não havia telefone, assim Cláudia fez o trajeto até lá, e o quadro que encontrou foi o mesmo apresentado por seu filho. Chamaram o mesmo pediatra.

No final da primeira semana, Antonio Mário conseguiu organizar o voo. Acordaram bem cedo, ainda de madrugada. Naquela noite, Irineu dormiu na residência deles. Foram direto para o Aeroporto do Carlos Prates. Uma vez lá, cada criança foi levada, separada, em um voo de trinta minutos. O pequeno Piper Cub, só possuía dois lugares, assim, tiveram que fazer dois voos. Cada um chegou perto de três mil metros de altitude. O resultado foi estupendo, na segunda semana, as melhoras foram muito rápidas. Para as duas crianças a coisa toda pareceu muito interessante, por causa da novidade do voo.

Nas duas residências, os adultos estavam esgotados. Apesar de o quadro não ter ficado mais grave, tratando-se de portadores da síndrome de Down, muita coisa séria podia ser esperada. Os dois meninos perderam muito peso. Era preciso começar logo com a recuperação. Vieram então vários recursos: frutas frescas sob a forma de coquetel de frutas, muito ar fresco nas primeiras horas da manhã, e [uma contribuição dos espíritos] um suco de infusão de chicória. A cada hora eles tomavam uma colher de sopa daquele caldo. Com isto, em poucos dias, os resquícios de tosse, que teimavam em marcar presença, foram superados. O pediatra, contudo, recomendou que as crianças deviam, logo que fosse possível, passar a fazer natação. Aquele tipo de exercício ampliaria a capacidade pulmonar e isto ajudaria muito na prevenção de novas formas de infecções do trato respiratório. Foi recomendado que os garotos passassem o inverno, que chegava, tomando óleo de fígado de bacalhau, pois não só beneficiaria a ossatura deles, como também fortaleceria os brônquios. Logo depois dos meses de inverno, a natação seria iniciada.

Um mês e dez dias haviam transcorrido. Naquele período não houve como levar as crianças à escola.

As aulas foram reiniciadas em maio. Todos seguiam preocupados, pois, temiam uma regressão no aprendizado dos garotos. Mas não foi assim:

– Em primeiro lugar, o reencontro dos dois amigos, após mais de mês sem se verem, pois depois do dia do voo, Irineu voltou para sua própria casa, demonstrou, inegavelmente, a amizade que existia entre eles.

O professor Marcel fez uma recordação de tudo o que já haviam aprendido. Lentamente, mas com segurança, ficou evidente que as crianças mantiveram seus níveis de conhecimento adquirido.

Interessante, contudo, foi o dia em que Antonio Mário Filho contou para Irineu sobre o violino.

– Sabe Irineu, meu pai me levou ao centro da cidade. Fomos comprar livros, depois fomos comprar chocolates para minha mãe. No caminho eu vi um violino. Eu queria tocar, eu acho que sei tocar aquele instrumento. Mas papai e mamãe explicaram muitas coisas e eu não vou poder tocar. É pena, eu gostaria.

Irineu respondeu: – Sabe Mário, eu tenho muita vontade de jogar bola, de chutar e correr. Quando eu vejo meninos iguais a nós correndo e chutando, eu também sinto muita vontade. Mas, olha para estes meus pés, eu não aguento. Não tenho como correr. Só posso é mesmo andar devagar. É assim mesmo, muitas vezes não podemos fazer o que queremos.

– É sim, você acha, não é? – respondeu Mário, com uma pergunta.

– Sim, é o que eu acho.

Para aquele momento o assunto ficou resolvido.

Retomaram a trajetória de trabalhos. Os professores inseriam novidades no processo do aprendizado. Antes de irem adiante com aspectos mais complexos da aritmética e da escrita, deram preferência aos trabalhos manuais e sessões de desenho, intermediados com músicas simples, acompanhadas do triângulo de metal e do reco-reco de madeira e de um pandeiro.

O aspecto lúdico do aprendizado agradava muito Mário, enquanto que Irineu demonstrava ter facilidade para desenhar.

Ele fazia desenhos da natureza que podiam ser classificados de impressionistas. Seu uso das cores e da luz que pousava sobre o cenário, era realmente muito bem dosado. Todos se admiravam. Mas a ausência de formas humanas fez com que o professor Marcel indagasse.

– Irineu, diga para mim, seus jardins e cenários são lindos, mas não vejo ninguém neles. Por que você faz desenhos sem pessoas?

Irineu pensou, enquanto folheava alguns de seus desenhos e, depois de algum tempo, respondeu:

– Ah professor Marcel, é porque eu desenho o lugar dos anjos, e anjos a gente não vê. Mas, pode ter certeza, de noite quando eu vou nestes lugares, eu vejo muita gente lá.

Aquela foi a primeira menção que Irineu fez sobre seus

sonhos. Intrigado com aquela narração, o professor buscou chamar a atenção de Mário Filho e perguntou a ele:

– E você Mário, também, sonha enquanto dorme? O garoto ficou animado e falou:

– Sim, eu também sonho. Mas, meu sonho é de aula, de passeio em hospitais, de visitas a pessoas doentes. Eu tenho um amigo que vem me visitar e, depois de conversar comigo, leva-me para esses passeios. Eu converso muito com o meu amigo. Mas, eu não sei o nome dele, sei que ele é meu amigo e a gente conversa muito.

Naquele dia, o professor Marcel ficou intrigado. Buscou informar-se sobre tal tipo de manifestação em outros casos de síndrome de Down, mas não encontrou nenhum registro.

Imaginou mais algumas perguntas que ele gostaria de ver respondidas e, num outro dia, em momento de relaxamento, retornou ao assunto.

– Sabe Mário, sabe Irineu, hoje eu gostaria de conhecer um pouco mais sobre os sonhos que vocês têm.

– Está bem, responderam as crianças. Imediatamente largando o que tinham nas mãos e pondo atenção no mestre.

O professor Marcel, então, indagou: – Durante o sonho, vocês notam alguma coisa diferente em vocês?

Irineu se adiantou e falou: – Sim, professor, nos meus sonhos eu posso correr, eu posso pular, meus pés não me incomodam em nada. Mário Filho, então falou: – Eu converso sem nenhuma dificuldade, consigo falar igual às outras pessoas falam; e, quando tenho de pensar, sinto que minha cabeça pensa rápido.

– E quantas vezes vocês sonham? – foi a outra pergunta feita.

– Ah, eu sonho sempre, disse Mário.

– Eu também, confirmou Irineu.

O professor insistiu: – Irineu, você me contou que vai ao "lugar dos anjos", e que lá "tem muita gente". Você saberia me dizer o que esta gente está fazendo lá?

Irineu sorriu e respondeu com firmeza: – Professor, eles estão lá para ouvir outros anjos falarem. Eles vão até lá para cantar e agradecer muitas coisas a Deus. Eu acho que são festas para anjos.

Mário acrescentou: – Nas minhas visitas, eu aprendo muito sobre pessoas. Tem vez que eu até ajudo, conversando com pessoas muito doentes. Os doentes gostam que a gente fale com eles. É muito triste ficar sozinho numa cama de hospital.

O professor Marcel fez várias anotações. Tudo aquilo era novo para ele. Como aquelas crianças, 7 anos de idade, portadores da síndrome de Down, bastante incapacitados para muitas das atividades corriqueiras da existência, podiam revelar aquelas experiências em sono. O que seria aquilo?

Mas, o programa em desenvolvimento pedia atenção, logo voltavam para as atividades normais.

Do mesmo modo que Irineu chamava atenção para

seus desenhos, Mário Filho logo demonstrou inegável pendor para a música. Com algumas semanas, dava conta do triângulo metálico, do reco-reco e do pandeiro. Seu senso de ritmo nada deixava a desejar. Gostava muito de participar com outras crianças dos exercícios musicais e do coro. Embora, não pudesse cantar, ele fazia acompanhamentos, usando aqueles instrumentos, marcando bem o compasso das músicas infantis.

Aquilo tudo, dava grande ânimo para os mestres. Acontece que eles acompanhavam inúmeros casos de excepcionais, e a amplitude na gradação da excepcionalidade revelava uma força atuante dentro de cada um dos seus alunos. Cada "pessoinha" era um mundo em si mesmo.

Isto tornava regras generalizadas algo impraticável. Aquilo pedia uma ampliação do universo de alunos estudados, para permitir o aumento do conhecimento sobre as mais variadas facetas de personalidades, que poderiam existir sob tal contexto. Era um desafio maravilhoso, conhecer todas as possíveis reações, catalogá-las, descrevê-las, apresentar descrições detalhadas de todas as técnicas aplicadas e dos respectivos resultados ou respostas observadas. Levar aquele universo de observações aos livros e divulgar pelo mundo o que viam ali, o que faziam ali e os resultados alcançados, esperando que, na permuta de experiências, pudessem encontrar mais e mais respostas para suas dúvidas.

A psicologia e a pedagogia não seriam nunca ciências exatas. Tratando de seres vivos, sempre serão o estudo do universo de cada indivíduo dentro do universo da população.

Tivesse estudado a doutrina Espírita, o professor Marcel poderia logo compreender que cada ser era portador de uma alma centenária. Alma que caminha, através das reencarnações, por várias experiências de aprendizado – moral e intelectual – agregando, de cada vez, um pouco mais de conhecimento, um pouco mais de compreensão das Leis Eternas, que regem a vida nos mundos criados por Deus. Ele saberia, ainda, que aquelas crianças, que ali estavam, eram "alunos do curso da vida, que estavam repetindo o ano, por terem falhado em uma ou outra 'matéria'". Compreenderia que todo o carinho possível era essencial, mas que também essencial era a firmeza na condução de suas dúvidas e rebeldias.

Todos, contudo, estão na corrente universal do aprendizado, eis porque a natureza não dá saltos, eis porque o progresso humano é lento e demanda milhões, bilhões de anos de esforço continuado para poder, pelo mérito individual, chegar a uma fase de grande conhecimento, em que passamos a fazer parte do grupo que serve diretamente o Pai, na Sua obra constante da vida.

Certo dia, Antonio Mário chegou a casa e comentou com Cláudia sobre o próximo lançamento de uma obra anunciada como algo imperdível. Tratava-se do filme premiado de desenho animado "Fantasia", dos estúdios de Walt Disney.

Por tudo o que havia lido sobre o filme, ele achou que seria interessante para o filho assistir.

Em alguns dias, tudo estava combinado. Irineu viria passar a noite com Mário Filho e, no dia seguinte, iriam à sessão das 14h00, no cine Metrópole.

Antes de irem dormir, Antonio Mário sentou-se com as duas crianças e explicou o que eles iriam fazer no dia seguinte.

Assim, combinou que todos, inclusive ele, iriam seguir com os programas de exercícios, depois seria hora de tomar banho e fazer o uso devido do banheiro e, aí por volta das 13h, eles iam descer até o centro da cidade para assistir ao filme. Explicou que estariam numa sala cheia de pessoas, que as luzes iriam se apagar e que numa tela branca iam aparecer imagens coloridas, todas elas acompanhadas de muita música.

No dia seguinte, que era um sábado, tudo correu bem. Nem Mário Filho e nem Irineu demonstravam ansiedade, o que era muito bom. Foram sentados bem calmamente, no banco detrás do carro, acompanhados por Cláudia e por Estefânia.

Quando chegaram ao local, deixaram o carro estacionado na Rua de Goiás e foram para a bilheteria comprar os ingressos.

Naquela época, pouca gente estava afeita a ver crianças com síndrome de Down indo a espetáculos públicos. Mas, tanto Antonio Mário quanto Cláudia e Estefânia, agiam de modo tranquilo e, segurando as mãos dos dois meninos, enfrentaram a multidão.

Os meninos olhavam para tudo com certa curiosidade. Perguntados se queriam balas, aceitaram. Uma vez dentro do cinema, começaram a fazer perguntas.

A tela ficava coberta por uma cortina e, enquanto não era hora da projeção, ouvia-se música.

As outras pessoas se movimentavam, falavam, riam.

Mário e Irineu perguntaram onde aquelas crianças todas estudavam. O pai respondeu que em Belo Horizonte havia muitas escolas, que certamente elas frequentavam estas outras escolas.

Muitas crianças conversavam em voz alta. Irineu perguntou por que as crianças falavam tão alto.

Cláudia respondeu que a razão é que elas estavam muito animadas com o filme, que iam ver e isto as fazia felizes e alegres.

Quando chegaram as 14h, as luzes começaram a apagar, muitas crianças gritaram e assoviaram.

Novamente Mário Filho perguntou para que aquela gritaria. O pai explicou que a razão era que havia chegado o momento de ver o filme.

Foi iniciada a projeção de um jornal, em branco e preto.

Irineu perguntou: – Mas o filme não ia ser colorido?

Logo em seguida, Cláudia respondeu que aquele era

um jornal, com notícias; mas, em seguida, eles veriam o filme principal.

Finalmente chegou o tão esperado momento. Na tela começou a projeção do filme colorido. As cenas eram muito bonitas. A criançada toda se acomodou e o silêncio foi maior.

Irineu perguntava sobre as cores, os cenários. Mário Filho indagava sobre a música. Antonio Mário, então, pediu que eles guardassem as perguntas para o fim. Os dois concordaram e mergulharam na aventura.

Na realidade, Antonio Mário estava muito ansioso com o resultado final daquela experiência.

Os garotos ficaram calmos e a tudo assistiram sem demonstrar qualquer dificuldade.

Depois do filme concluído, saíram com calma. Na pequena caminhada até o automóvel, Mário Filho ficou remoendo as músicas que ouvira; enquanto Irineu comentava sobre a dança das vassouras, a dança dos baldes, a dança dos relógios, os fogos de artifício e assim por diante.

Antonio Mário olhava para o filho e respirava aliviado, pois tudo dera certo. Irineu teve um gesto inesperado.

– Dona Cláudia, Senhor Antonio Mário, muito obrigado por me trazer. Tenho muitas coisas para contar ao papai e à mamãe. Será possível que me levem para casa agora?

Antonio Mário e Cláudia nutriam profundo amor pelo filho e tinham desenvolvido um grande apego ao pequeno Irineu. Entre eles, já haviam comentado como era positiva a amizade dos dois meninos; sentiam que os dois, embora um diferente do outro, eram crianças bem diferentes de outros portadores da síndrome, diferentes nos modos, diferentes no vocabulário, e que essas diferenças eram positivas.

O pedido de Irineu foi atendido. Ele foi deixado em casa com seus pais.

Na volta para a casa onde moravam, Cláudia e Estefânia faziam perguntas e mais perguntas sobre o filme para Mário Filho, ele somente queria falar das músicas que ouvira. Então a mãe fez uma pergunta direta:

– Meu filho, você gostou do filme?

– Sim, eu gostei, respondeu ele. Mas é a música que me faz feliz, não o filme.

O pai então falou: – Meu filho, todo domingo, às dez horas da manhã, tem uma sessão de desenhos animados no cine Brasil, você gostaria de ir assistir? São filmes em branco e preto e alguns coloridos.

– Papai, estes filmes têm música?

– Todos têm música, somente não são músicas especiais, como as do filme de hoje.

– Papai, eu acho que o Irineu vai gostar. Então eu acho que nós podemos ir sim.

Dito isto, voltou a solfejar a Nona Sinfonia de Beethoven, a Pastoral, que, entre outras 8 músicas clássicas, serve de fundo para o filme Fantasia.

O pai e a mãe se deram conta do que havia acontecido.

Surpresos mais uma vez, mas felizes, silenciaram. O filho demonstrava preocupação pela satisfação do amigo. Era um sentimento construtivo. Algo a ser anotado, a ser comentado com o Professor Marcel.

Na segunda-feira, as crianças demonstraram certa instabilidade. Estavam sentindo algum desconforto. No final da tarde, ambos tinham febre.

Antonio Mário foi avisado e foi buscá-los na escola.

Desta vez, foi ele mesmo quem fez o diagnóstico. Catapora.

Levou Mário para casa, entregando-o aos cuidados de Ester.

Depois, se encaminhou para a casa da Milena e Jorge, para levar Irineu. Lá chegando, ele explicou como deviam atuar para cuidar do pequeno. Deixou uma receita e pediu que o mantivessem avisado de qualquer coisa. O pequeno devia ser mantido no leito, longe da luz do sol. Aquele quadro devia ceder em alguns poucos dias.

Voltando para casa, ao anoitecer, Antonio Mário e Cláudia conversavam sobre o filho.

— Sem dúvida nenhuma, o espírito de nosso filho é muito apegado à música. A facilidade com que ele capta as peças clássicas, o prazer que ele demonstra sentir quando as está ouvindo. Para ele deve constituir um sofrimento muito grande, não poder se expressar livremente em termos musicais.

— Sim, respondeu Cláudia, Mário Filho seria uma pessoa

completamente diferente caso pudesse tocar o violino. Mas temos que ser verdadeiros com nossos pensamentos, o que seria o melhor para ele em termos morais? Uma outra coisa que tenho observado, a influência positiva que Irineu tem sobre o temperamento de Mário, parece que a única função dele é fazer Mário aceitar a condição de excepcional sem reclamar.

E o diálogo seguiu. Marido e mulher, pai e mãe, contando com a formação médica, acrescida do conhecimento do espiritismo cristão, sentiam que estavam obtendo para o filho, bem mais do que seria possível, com os conhecimentos que existiam disponíveis na época, sobre a síndrome de Down.

Naquela noite e nos dias seguintes, todos tiveram muito trabalho. Mário Filho ficou muito irritado por estar novamente preso ao leito. Seu corpo se cobriu com a catapora e a febre, decorrente da infecção, era muito incômoda. Todos os esforços para distraí-lo com brinquedos logo esgotavam seus efeitos. O que de melhor havia, era mesmo ouvir músicas clássicas.

Antonio Mário passou a dar ao filho suco de maracujá, bem concentrado. Isso fez com que ele ficasse mais calmo e, até mesmo, um pouco sonolento.

Enquanto o filho estava preso ao leito, Cláudia fez uma pesquisa sobre as condições oferecidas pelo Minas Tênis Clube, para levar os meninos para aprender a nadar. [Naquele estágio do relacionamento das famílias, tudo era sempre pensado para os dois garotos]

O processo todo da manifestação até o término da

catapora, com o desaparecimento total das pequenas feridas que se abriram, demorou mais de 20 dias. Foram quatro semanas sem aulas. As crianças, mais uma vez ficaram sem resistência, o que exigiu mais cuidado, além do normal.

O ano passava.

Importantes eventos ocorriam durante as horas de sono. Ninguém desconfiava. Mário Filho continuava sendo levado para participar de várias tarefas junto com equipes do plano espiritual.

Durante as horas da noite, ele como que recuperava a consciência quase plena de todas as suas capacidades e, de muito bom grado, dava sua participação nos trabalhos. Desse modo, estava firmando em seu espírito vários conceitos morais, que até então tinham ficado esquecidos.

A cada passo em direção a uma maior maturidade física, fazia com que Mário Filho, nas horas do dia, se sentisse mais e mais atraído pela música. Sua tendência para tal atividade começava a suplantar o véu do esquecimento imposto ao corpo de excepcional. Ele tinha momentos de grande tristeza, pois se sentia capaz de executar música. Sentia-se capaz de tocar um violino, e não obstante sua condição física não lhe permitia atender tal pendor.

1948, 1949, 1950

À medida que o tempo avançava, o talento artístico de Irineu ficava mais evidente. Suas pinturas impressionistas causavam admiração a todos os que as viam. Maior ainda quando sabiam que eram feitas por uma criança portadora da síndrome de Down. Era interessante vê-lo pintando. Primeiramente ele reunia todo o material sobre uma mesa, depois buscava uma tela. Depois, sentava-se diante da tela, das tintas, pincéis e espátulas. Ali ficava por cinco, dez minutos, em grande concentração, numa atitude atípica dos portadores da síndrome de Down e, em seguida, com grande agilidade, pintava por quinze, vinte minutos, máximo meia hora. Houve uma vez em que o pai ficou observando e, somente, quando o quadro estava pronto, foi que ele se deu conta de que Irineu o havia pintado de cabeça para baixo. Quando terminava o trabalho, Irineu tornava a ficar recolhido, novamente cinco, dez minutos e, aí, ele retornava ao seu normal.

Irineu não pintava constantemente. Eram dois, três quadros a cada mês. Certa vez, tendo reunido uma coleção com mais de trinta obras dele, foi feita uma exposição no saguão do Instituto de Educação. A exposição estava apresentando trabalhos feitos por excepcionais, assistidos pela Sociedade Pestalozzi. O objetivo era o de mostrar à sociedade o quanto se pode obter de excepcionais bem assistidos. As pinturas de Irineu chamaram atenção. Notícias sobre os trabalhos em geral e sobre as pinturas de Irineu, em particular, saíram nos jornais locais.

Nesse período, o professor Marcel logrou fazer com que os meninos aprendessem um pouco mais de aritmética. Os conceitos de multiplicação e de divisão vieram complementar os da adição e da subtração. Mas as crianças não foram muito adiante; apenas cálculos simples eram resolvidos. Chegou o momento em que a escola e seus especialistas não viam muito campo para novos progressos na área de desenvolvimento intelectual. A leitura e a escrita dos dois seria sempre algo muito simples. Sua atenção concentrada, somente se expandia quando se dedicavam ao que mais gostavam – desenho, pintura ou música. Seus índices de sociabilidade eram elevados, interagiam com terceiros sem dificuldade, mas isto requeria supervisão de um adulto, pois as crianças não captavam noções de malícia. Eram corações puros e, portanto, em muitos aspectos, sujeitos a enganos de avaliação do comportamento alheio. Os hábitos de autossuficiência – higiene, alimentação, manifestação ordinária de desejos, vontades – estavam em um plano de desenvolvimento mental de no máximo 10 anos. Índices de agressividade e rebeldia eram normais. A doçura com que tratavam a todos esta, sim, era algo tocante. Não somente familiares ou pessoas ligadas ao ambiente do lar, mas quem quer que fosse que se dirigisse a eles era sempre recebido com carinho, respeito e atenção. Não eram excessivamente apegados ao contato físico, mas não titubeavam em demonstrar carinho, com abraços e beijos, quando felizes e satisfeitos.

Aproveitando a existência de uma outra obra de Madame Antipoff – a Fazenda do Rosário, em Ibirité, próximo de Belo Horizonte, o professor fez com que seus alunos, e entre eles Mário Filho e Irineu, tivessem contacto com a terra, com o plantio de verduras e frutas. Era também uma outra forma de manter a sociabilidade das crianças em meio a outros jovens.

Os dias que passaram na Fazenda do Rosário foram compensadores. Tanto Irineu quanto Mário Filho tiveram grande participação dentro das atividades programadas. Também demonstraram uma capacidade de convivência, na ausência dos pais, acima da média. Podia-se dizer que, em ambiente controlado, por pessoas especializadas, os dois meninos agiam com normalidade.

O projeto – natação – não pôde ser levado adiante. Irineu não possuía a resistência física, principalmente das pernas, para tal tipo de exercício e, Mário Filho vendo o amigo impossibilitado de praticar o esporte, resolveu que ele também não o faria.

Em 1950, as rádios, como sempre, eram o canal de lançamento de muitas músicas. Foi quando duas músicas populares fizeram grande sucesso: o baião Delicado e uma canção ao estilo cigano, chamada Zíngara.

Esta última chamou a atenção de Mário Filho. Na trilha dessa canção, Antonio Mário logo descobriu que, além de músicas clássicas, o filho também apreciava a música cigana. Discos de Georges Boulanger passaram a ser ouvidos na casa deles. Aumentava a necessidade de Mário pela música.

Qualquer pessoa que observasse Mário Filho, embevecido ouvindo as músicas, podia perceber que os dedos grossos de sua curta e estreita mão esquerda ficavam como que dedilhando cordas de um instrumento imaginário.

Com quase dez anos completos, o menino mostrava uma aparência de mais velho. Uma das características da síndrome de Down – envelhecimento precoce – estava presente nitidamente se manifestando em Mário. Irineu não tinha apresentado esta mesma evolução.

Antonio Mário, Cláudia, Milena e Jorge havia se tornado grandes amigos. A necessidade dos filhos os havia aproximado desde o início e nunca houve constrangimento entre eles. O fato de serem espíritas muito contribuiu para que tal entendimento se fizesse presente.

Mensagens de incentivo ao trabalho paterno e materno que recebiam, de vez em quando, de entidades espirituais, acrescentavam energia à grande dedicação que tinham para cuidar dos filhos.

Certa feita, Jorge comentou com o amigo que ele se sentia incomodado com a perspectiva de que Irineu não pudesse bastar-se a si próprio no futuro.

Antonio Mário, pelo fato de ser médico, de ter buscado ler muito sobre os efeitos da síndrome, disse que tal preocupação talvez não chegasse a concretizar-se, pois os portadores da síndrome não costumavam viver muito além dos vinte anos. Acrescentou que, embora não houvesse nenhuma obra psicografada sobre o assunto, que por diversas vezes, em reuniões domésticas nas quais esteve presente, indagou de várias entidades sobre aquele aspecto. Ele também se preocupava com a subsistência do filho, caso ele ou Cláudia estivessem ausentes.

As respostas eram sempre no sentido de que, portadores de síndrome de Down eram espíritos em fase final de grandes provações ou espíritos que vinham em missão de amor, e que, em ambos os casos, tais reencarnações não eram muito longas, exatamente por causa da sua finalidade. Mas que era de se esperar uma ampliação no limite de vida, pois os progressos tanto da medicina quanto da pedagogia moderna estavam dando enormes contribuições para a melhoria da qualidade de vida dos portadores da síndrome.

Uma das tendências que nós encarnados desenvolvemos, muitas vezes nos esquecendo da Lei Maior, é a da ideia que a passagem pelo corpo material é sempre temporária. Ela tende a aumentar, no sentido que o corpo humano foi feito para proporcionar uma existência de até, mais ou menos, cento e trinta e cinco anos. Mas será sempre algo passageiro, temporal. O que realmente conta, o que realmente é eterno é a ALMA. Assim, vivida a experiência necessária ao aprendizado, cumprida a missão, aprendida a lição, atendidos os objetivos justos e precisos da Lei de Deus, o espírito sempre retorna à sua condição natural, de espírito livre, participante do eterno processo da construção do universo. Nenhum de nós devemos nos preocupar com o muito ou o pouco que alguém tenha vivido. DEUS é quem dá a medida, e sendo ELE perfeito, ela é exata.

Devemos olhar para as condições de vida que temos como simples oportunidades para nossa realização. Títulos, fortunas, posições sociais, sobrenomes ilustres, nada disso segue com a Alma, quando esta retorna ao plano espiritual. O saber, as obras benéficas, realizadas com os recursos havidos, as edificações culturais e sociais de valor positivo, quer realizadas por pessoas simples ou pelas detentoras de prestígio social, ou pelas de sobrenomes ilustres, estas se tornam em obras perenes em benefício do próximo. Estas, sim, contam como méritos para aqueles que se dedicam à construção e manutenção delas. É assim que a justiça divina vê nossa participação na vida física, nada mais.

1950

Antonio Mário resolveu que, para comemorar os dez anos de idade dos dois meninos, as famílias iriam tirar umas férias e iriam conhecer o mar. O plano era o de irem até a cidade do Rio de Janeiro e de lá atingirem a cidade de Cabo Frio. Ele ouvira falar muito bem daquela cidade e, embora pudessem escolher ficar no Rio de Janeiro, ele queria um local com menos movimento, mais tranquilidade.

Marcaram as férias para agosto/setembro. O Campeonato Mundial de Futebol já teria terminado, e as massas já estariam de novo acomodadas.

Todos ficaram muito alegres. Seriam as primeiras férias de toda uma vida.

O trajeto seria feito por automóvel. Era necessário ter condição de parar quando isto fosse necessário. As crianças estavam muito bem de saúde, mas o bom senso recomendava não arriscar.

Assim, chegou o dia da viagem. O primeiro trajeto foi até Juiz de Fora. Como não era verão, mas quase primavera, as temperaturas estavam bem agradáveis. Passaram uma noite na Manchester Mineira e, no dia seguinte, foram até o Rio de Janeiro e lá, novamente, fizeram uma parada.

Ao verem o oceano, todos se entusiasmaram. A vista daquela bela imensidão azul, indo até onde o céu parece se encontrar com as águas, deixou todos boquiabertos. Muitas pessoas podem considerar tal atitude despropositada, mas nós seres humanos nos esquecemos de parar e olhar para as obras belíssimas da criação do Senhor, obras que nos cercam de beleza infinita e que nos enchem a alma de felicidade. Nós somos ainda muito rudes em nossos sentimentos, é somente na carência, na ausência absoluta ou quase absoluta de algo que nós valorizamos aquilo que não temos. Quando cercados, diariamente, de flores, nós não as vemos. Tomamos a presença delas como um direito e pronto.

O cruzar da Baía de Guanabara em uma balsa, em direção a Niterói, foi outra aventura. Nem Mário Filho, nem Irineu cessavam de falar sobre tudo o que estavam vendo, sobre tudo o que estavam fazendo. Os pais felizes com aquelas reações se sentiam tranquilos e felizes.

Finalmente, chegaram ao ponto desejado: Cabo Frio.

Antonio Mário havia localizado uma pensão e logo todos estavam instalados. No dia seguinte, seria o grande dia.

Seis horas da manhã. O sol preenche cada espaço que encontra, iluminando através das frestas das janelas, como que dizendo: "A vida está aqui" ou "Viva a Vida!".

Todos se levantaram, tomaram um gostoso café e, por volta das sete horas, saíram da pensão para irem até a praia do Forte. A caminhada foi curta, cerca de três quadras.

Antonio Mário havia comprado guarda-sóis e esteiras; assim ficariam todos protegidos do excesso de sol, que poderia ser prejudicial.

Arrumados, cada casal tomou o filho pela mão e lá se foram. Era o "batismo" de mar. As ondas na praia do Forte geralmente não são muito altas pela manhã. A água tende a ser um pouco fria. A areia macia. O cenário é deslumbrante, pois se trata de uma imensa baía, com morros ao fundo.

O ar que se respira dá ânimo ao coração.

Ao entrarem pela primeira vez no mar, sentiram uma grande emoção; cada um daqueles adultos tinha dentro de si uma variedade de sentimentos. Embora aquilo que estivessem fazendo fosse, para milhares de pessoas, um ato simples, uma coisa comum, para eles era a realização de sonhos há muito acalentados. Ao entrarem no mar, ao sentirem as ondas morrendo contra seus corpos, ao verem toda aquela extensão de água azul, em movimento, indo e vindo ao sabor do vento, eles estavam de certo modo "lavando" seus espíritos, com a alegria de toda a carga emocional, que levavam em seus corações. Entrar no mar, tendo nas mãos as mãos inseguras de seus filhos excepcionais, era um ato de amor, era um momento de louvor a Deus, o Criador de todo aquela beleza.

E foi, então, que se deu algo engraçado. Tanto Mário Filho, quanto Irineu, falou cada um para seus pais:

– Mas papai a água é salgada! Todos riram muito daquela observação, pois aquele aspecto tão importante havia sido completamente esquecido de ser mencionado.

Da primeira vez que entraram, eles ficaram quase quinze minutos dentro da água. Os dois pais abraçavam seus filhos e mergulhavam com eles para que se divertissem ao máximo. As crianças riam. As duas mães, também experimentando toda aquela alegria pela primeira vez, eram mais comedidas em suas manifestações; pelo brilho em seus rostos e no seu olhar, porém, uma pessoa observadora podia ver o sentimento de felicidade que lhes ia no íntimo.

Naquele primeiro dia, Antonio Mário recomendou que ficassem só uma hora. O sol, somado ao vento, deixava uma sensação agradável, mas era bom não expor em excesso as crianças. Assim, logo retornaram à pensão para descansar.

A viagem toda tinha exigido muito planejamento. As crianças tinham que ter atividades para se manterem satisfeitas e comportadas. Assim, os materiais necessários tinham sido trazidos. Jogos, revistas, livros. Todavia, mesmo assim, todos estavam atentos para qualquer novidade que surgisse.

Os dois homens saíram para ver onde poderiam almoçar. Bem no centro de Cabo Frio está instalado um restaurante muito simpático, onde se pode comer com fartura e com tranquilidade, é o Bacalhauzinho. E foi lá que eles decidiram que iriam fazer suas refeições.

Naquele dia, aí pelas treze horas, todos estavam bem sentados e saboreando uma peixada à brasileira.

Os comentários variavam de acordo com a maturidade de quem se manifestava. As crianças, como é lógico, estavam felizes por todas as novidades, pelo banho de mar, pelo contato agradável com a areia fofa. Estavam, particularmente, felizes pela liberdade de movimentos e pela presença plena dos pais, envolvidos em tudo.

– Este lugar aqui, papai, é muito bom. Tudo aqui é bom de fazer. Por que o senhor não nos trouxe aqui antes? – falou Mário Filho.

Irineu, fugindo ao seu natural, emendou, sem esperar que Antonio Mário respondesse ao filho:

– É muito bom mesmo, muito sossegado, a água do mar é friazinha, mas é muito gostosa depois que a gente acostuma.

Antonio Mário, rindo feliz, respondeu: – Ah meus filhos, a gente tem que aprender a fazer as coisas mais sérias em primeiro lugar, depois a gente faz a diversão; é por isto que as férias são tão boas. Elas só acontecem de vez em quando.

– Para nós, disse Jorge, esta oportunidade é algo com que nós nunca teríamos pensado. Ficamos muito felizes por termos sido convidados a participar deste momento tão especial. Cabo Frio é um local adorável, muita calma, muita paz. A gente sente um grande bem-estar à beira-mar.

As esposas, Cláudia e Milena, estavam se deliciando com a peixada, ao mesmo tempo em que cuidavam para que os filhos não corressem riscos de ter alguma espinha na carne do peixe.

Muito bem preparados sobre aquilo que estavam comendo, Mário Filho e Irineu prestavam atenção à comida que tinham em seus pratos e comiam devagar, evitando assim derramar qualquer porção. Os gestos eram comedidos, como se eles tivessem plena noção de suas dificuldades motoras.

Jorge teve um pensamento: – Como teria sido, meu Deus, se Irineu não tivesse tido a oportunidade de estudar junto com Mário Filho? Como teria sido?

Depois do almoço, saíram todos passeando um pouco pelo centro comercial de Cabo Frio.

Mas logo ficou evidente que as crianças estavam cansadas, assim, voltaram para a pensão.

Todos repousaram o restante da tarde.

Ali pelas seis da tarde, Antonio Mário sugeriu que saíssem para ir tomar um lanche ou mesmo um sorvete. Mas, antes, ele queria ver o pôr do sol à beira-mar.

Assim refizeram o mesmo caminho daquela manhã e lá se foram deliciar-se com mais um cenário de beleza.

O mar estava calmo, a brisa soprava mais leve ainda do que nas horas da manhã. Pela praia, vários pescadores passavam carregando o produto do trabalho daquele dia.

Desceram da calçada e pisaram na areia. Mas, ficaram ali sentados, respirando aquele ar puro e desfrutando do silêncio, que só era quebrado pelo ir e vir das ondas.

Cláudia também teve seu momento de introspecção: – Meu Deus, obrigada por permitir a todos nós desfrutarmos desta beleza. Obrigada por nos dar forças para levarmos nossa missão a contento. Uma leve e única lágrima escorreu pelo seu rosto. O marido, que sempre a estava adorando, percebeu a emoção que lhe passava pela alma e a abraçou carinhosamente.

Ficaram ali uns vinte minutos. Todos calados, todos pensando, todos recebendo os benéficos fluidos magnéticos proporcionados pelo mar, origem da vida. As crianças sentaram-se na areia, fazendo montinhos, enquanto esperavam pelos pais.

Depois se levantaram e foram caminhando até a praça principal da cidade para o esperado sorvete.

Cansados por todas as emoções, por todas as atividades, as duas famílias se recolheram por volta das oito e meia.

— Amanhã voltaremos ao mar para aproveitar e brincar, falou Milena para as crianças.

Por volta das onze horas da noite, um grupo espiritual acercou-se da residência onde repousavam nossos amigos. Eram cerca de dez entidades, lideradas por uma entidade feminina de impecável postura e mansidão no modo de falar.

Em primeiro lugar, postaram-se diante da residência onde estavam hospedados nossos amigos, que estavam dormindo a sono solto. Oraram, pedindo ao Pai Eterno que os protegesse na missão que tinham vindo desempenhar. Enquanto o faziam, podiam-se ver luzes de bênçãos e fluidos descendo do mais alto.

Cinco minutos depois, seis entidades entraram na residência e, logo a seguir, cada uma delas voltava acompanhada pelos espíritos de Antonio Mário, Cláudia, Mário Filho, Milena, Jorge e Irineu.

A entidade líder acercou-se de Irineu, demonstrando grande respeito, e falou:

Irmão, nós viemos cumprir mais uma etapa do planejamento feito para este grupo de viajores da eternidade. Irineu, bem desperto, assentiu com a cabeça, sem falar qualquer coisa.

Logo em seguida, o grupo todo começou a volitar em direção ao alto.

A noite estava calma. O firmamento coberto de estrelas era o testemunho da vida universal.

O grupo espiritual subiu lentamente, todo o cuidado era necessário para não causarem espanto aos irmãos encarnados, desfrutando momentaneamente de uma bela excursão ao plano espiritual. Caso eles se desequilibrassem emocionalmente, ainda que momentaneamente, poderia haver o comprometimento do plano. Cerca de meia hora depois, o grupo parou.

A entidade encarregada da liderança tomou a palavra e disse:

– Queridos irmãos em Cristo, que Deus seja louvado por nos proporcionar este momento de grande importância para todos nós. Hoje seremos testemunhas de um evento de grande significado nos planos do Cristo Jesus. O que estamos para ver chama-se "A Ascensão dos Libertos". Agora, fixem os olhos com atenção para o planeta Terra.

À distância, o planeta azul estava envolto na luz que lhe é peculiar, mas subitamente começaram a aparecer pontos de *luz, saindo das mais variadas latitudes. Todos estavam vendo aquelas luzes, mais parecidas com vaga-lumes siderais, ascendendo devagar ao espaço. Cada luz ia lentamente dirigindo-se por uma trajetória em elipse, todas direcionadas para um mesmo ponto.*

Cada entidade via que os pontos de luz eram, na verdade, pequenas caravanas de outras tantas entidades espirituais. Cada grupo atingia até cinco entidades.

A entidade líder seguiu explicando: – Meus irmãos, cada espírito vem, ao plano físico, em busca de conquistas morais e intelectuais, uma vez alcançadas as grandes vitórias morais, libertados dos vínculos com a matéria, preparados para irem obrar em planos superiores, as almas se libertam do seu invólucro físico. Cada uma delas é então recolhida, temporariamente, em locais especiais, após a desencarnação, geralmente grandes parques com muitas, muitas árvores. Ali ficam por algumas horas, até a chegada de outras almas em condições semelhantes. Uma vez formadas as caravanas, em dias previamente acertados, elas partem para o universo infinito, indo cada uma daquelas almas para seu destino. Destino conquistado pelo mérito individual, no uso adequado do livre-arbítrio. Destino alcançado pela prática do bem, pelo respeito absoluto às leis de Deus. Vejam, elas vêm de vários pontos do mundo. Na sua grande maioria são almas desconhecidas do grande público. São anônimos para o mundo, contudo, todos são conhecidos por Deus. São almas livres. Portadoras de grandes conquistas morais que as qualificam para poder subir ao que vocês na Terra chamam de Céus.

Vejam, todos os dias nascem milhares de pessoas na Terra, todos os dias milhares retornam ao plano espiritual. Mas, só de vez em quando, podemos ver este espetáculo de ascensão das almas livres. Não são mais do que umas dezenas de grupos. Cada grupo com quatro, cinco indivíduos. Mas, Graças a Deus, são almas que aprenderam e que encontraram o caminho. Vejam a procissão dos libertos. Eles agora vão dar continuidade ao próprio crescimento moral e intelectual. Vão habitar planos mais evoluídos e poderão dar continuidade à caminhada para a Luz Eterna, que é Deus. Lembrem-se, no Universo não há como nem onde ficar parados, o Universo é atividade constante e eterna. A criação não teve início e não tem fim.

Todos maravilhados viam os pontos de luz se encaminhando para um local, lá a luminosidade foi aumentando, à medida que cada ponto se lhe agregava. Até que, depois de alguns minutos daquele maravilhoso bailado de luzes, todas se haviam congregado em um só ponto. Dali partiu como se fosse um cometa e a luz se perdeu na imensidão do Universo. Aquelas almas estavam livres da vida física na Terra. Poderiam até voltar, se assim o desejassem, mas seria em Missão de Amor. Encarnações muito especiais, com objetivos elevadíssimos, pois elas já eram livres.

Cada um de nossos amigos assistiu àquele maravilhoso evento, sem dar-se conta de que ao seu lado se encontrava seu companheiro, companheira, filho. Cada um viu e ouviu e compreendeu dentro de suas capacidades pessoais. Todos se lembrariam depois, de modo diferente, mas todos sentiriam em seus subconscientes a lição principal. Vários são os caminhos para Deus.

Irineu foi, sem dúvida, o que mais aproveitou dentre todos. Aqueles momentos de "repouso" da matéria densa eram de grande ajuda à missão para a qual ele havia se voluntariado.

Terminado o evento, todos voltaram aos seus invólucros físicos. Cerca de umas duas horas depois, o sol surgia no horizonte, repetindo a eterna promessa de Deus, a vida é infinita.

Alvorecer do segundo dia. Logo ao acordarem, todos se sentiam muito leves, muito alegres. Cada um dos adultos considerou que férias faziam muito bem. As crianças estavam no seu normal.

À mesa do café, os comentários todos eram para o que tinham feito no dia anterior e para o que planejavam fazer naquele dia.

Ninguém, conscientemente, lembrava-se da magnífica viagem e visão que tinham experimentado durante as horas do sono. Contudo, em cada subconsciente estava gravada a mensagem.

Ainda à mesa, Milena fez uma pergunta:

– Eu acho que pode ser uma bobagem minha, mas eu sempre acreditei que, independente da religião de alguém, as pessoas podem, sim, chegar até Deus. Eu sempre acreditei que o valor está no sentimento, na moral, no comportamento de cada um. Se formos capazes de viver dentro das Leis de Deus, nós somos capazes de crescer e nos salvarmos. Está claro, para mim, que tendo uma religião nós estamos mais bem amparados, melhor orientados, e podemos errar menos, ou mesmo, não errar. Mas, e aqueles que não são cristãos, por exemplo, não se salvam? E aqueles que sendo corretos, decentes, morais, preferem não ter religião alguma? Que pensam?

Cláudia começou a dar sua opinião: – Bom, até eu conhecer o Antonio Mário, eu não tinha nenhuma crença religiosa. Meus pais não se preocupam com religiões. Lá em casa os valores eram rígidos. Moral, honestidade, respeito, seriedade, enfim, todas as qualidades e deveres, que normalmente as religiões ensinam, eram pontos pacíficos para nós. Ninguém questionava. Eu e meus irmãos, todos tivemos a mesma educação. Tanto meu pai, como minha mãe, tinham uma linguagem muito honesta sobre tudo. Jamais nos confundimos com tabus, quer religiosos, quer sociais. Por isso, muita gente nos julgava até inconvenientes. Éramos capazes de comentar, com seriedade todo e qualquer assunto. E, pelo que me parecia, naquela época, nada nos faltava. Foi quando conheci Antonio Mário, no meu primeiro ano de faculdade de medicina, que ele, pouco a pouco, foi transmitindo para mim os conhecimentos que ele tinha do

Espiritismo Cristão. Ao mesmo tempo em que eu estudava a belíssima máquina humana, eu fui compreendendo e aceitando a presença de Deus na criação. Depois, fui levada por ele a sessões espíritas. Começaram a acontecer pequenas revelações, mensagens que hoje eu compreendo melhor. Sim, eu acho que a religião é como um mapa de estradas. Você pode iniciar uma viagem sem ter um. Poderá se perder no meio do caminho, eventualmente, perguntando aqui, indagando aqui e ali, você poderá encontrar de novo o caminho. Até chegar ao final da viagem. Com o guia, você faria o percurso sem correr riscos de se perder. Basta seguir as orientações. O que hoje realmente eu penso é como vamos ensinar a Mário Filho tudo o que sabemos ser necessário que ele aprenda. Como é que vocês fazem com Irineu? Vocês conversam com ele sobre Deus?

Irineu que a tudo ouvia atentamente, falou:

– Religião é o alimento da alma. Sem alimento a gente não vive, não é? Eu sei que além dos alimentos, precisamos beber água, precisamos respirar, precisamos evitar as doenças e não arriscar nosso corpo. Assim, são muitas coisas que valem. Mas se Deus mandou Jesus, é porque a religião é importante. Todos devem ter uma religião.

Os pais, que estavam dialogando entre si, olharam surpresos para Irineu. Este voltou a ficar entretido com o mamão que estava comendo. Mário Filho olhou para o amigo e sorriu.

– Sim, disse Jorge, lá no Centro Oriente há um grupo de moças e rapazes que fazem reuniões semanais para conversar com as crianças sobre a infância de Jesus, depois falam dos principais mandamentos. E comentam sobre assuntos como a lei das reencarnações, sobre as comunicações através dos médiuns. No final de cada encontro, eles cantam hinos com músicas conhecidas, mas com letras inspiradas. As crianças parecem gostar muito. Mas, de modo geral, eu vejo que não são muitas as perguntas que fazem. Até parece que elas já ouviram aquilo antes. Eu até acredito que antes de nascermos nós frequentamos cursos para nos ajudar a enfrentar a nova vida.

E desse modo o diálogo prosseguiu. As crianças ali ao lado ouvindo e registrando tudo. Era muito benéfica aquela conversa, principalmente porque Irineu via que seus pais se davam muito bem com os pais de Mário Filho. Ele estava, portanto, entre amigos.

As férias seguiram de modo tranquilo. Todos os dias iam aos banhos de mar, depois iam comer peixe cozido, descansavam e bem de tardinha voltavam à praia para aspirar um pouco do ar puro e aproveitar a beleza. Nada de extraordinário, nada de excitante. Tudo calmo, tudo normal, como deveria ser sempre a vida de todos nós.

Certo dia, contudo, Antonio Mário fez um programa novo. Em primeiro lugar, tomaram o automóvel e foram até as Dunas do Peró, uma praia com lindas dunas de areia dourada. Algo que eles também nunca tinham visto antes. Foi uma experiência que marcaria a todos, pois a beleza daquela região, ainda inexplorada, era única. Sentir-se no "deserto", estando bem perto da cidade era ótimo. Na volta, pararam junto ao canal e foram fazer um passeio de escuna.

Aquele foi o penúltimo dia das férias. No dia seguinte, todos buscaram gravar bem em suas mentes a beleza da baía da praia do Forte, do mar em seu leve movimento de ir e vir, da maciez da areia.

Na manhã seguinte, logo após o café, partiram de volta para Belo Horizonte. Como sempre a viagem foi feita sem correrias. Dois dias depois chegaram a casa, sãos e salvos.

Antes de se separarem, Jorge foi até Antonio Mário e lhe entregou um envelope fechado. Dizendo: – Aqui está a parte que eu posso dar para cobrir as despesas todas que você fez conosco. Nunca poderei pagar a parte do apoio moral, a amizade. Mas peço a Deus que lhe dê sempre tudo o que for necessário e os abençoe para sempre.

Antonio Mário, meio constrangido, mas não querendo humilhar o amigo, simplesmente o abraçou. Em espírito, eram dois irmãos. Duas almas que se conheciam há muito e que hoje lutavam batalhas semelhantes.

Todos voltaram às suas atividades normais.

Mário Filho precisava cuidar dos dentes. O pai e a mãe fizeram uma pesquisa entre vários colegas e ficaram conhecendo um dentista que lhes foi muito recomendado. Foram procurá-lo em seu gabinete de trabalho na Rua São Paulo; explicaram a condição do filho e que o tratamento poderia requerer consultas mais longas do que as normais. Foram recebidos com grande afabilidade pelo profissional escolhido; tratava-se do Dr. Sebastião Santiago Filho, homem calmo, reflexivo, de poucas, mas muito calmas palavras, e que sabia trabalhar muito rapidamente. Depois de ouvir

Antonio Mário e Cláudia, disse que gostaria de receber Mário Filho para uma consulta experimental. Se ambos combinassem, então o trabalho seria feito com tranquilidade e sucesso. Marcaram um dia e uma hora para voltar com o pequeno.

Naquele período, Mário Filho e Irineu já não estavam indo com grande frequência à escola especializada. Parecia a todos que tinham atingido um patamar que dificilmente poderiam superar. Ficou combinado que eles passariam a ter em suas casas deveres para cumprir. Pequenas tarefas, pequenos mandados. Era necessário manter o interesse pelas coisas. Era recomendável manter as atividades de leitura, de pintar e desenhar. Mas não havia muito campo para expansão do conhecimento já adquirido. Todos, contudo, preocupavam-se com a ansiedade que Mário Filho começou a demonstrar por volta de um mês depois das férias. Ele dizia sentir necessidade de estudar música, queria aprender a tocar o violino, dizia ele com muita insistência.

Dia de visita ao dentista. Cláudia assumiu a responsabilidade de levar o filho. Por uma questão de segurança, ela levou também Estefânia, pois o menino era muito apegado a ela.

Tudo correu bem. A calma, aliada à segurança que o Dr. Sebastião transmitia, valeu muito. Ele não tratou Mário Filho como sendo diferente. Ele disse que explicaria a função de cada instrumento e que, se o garoto sentisse algo estranho durante o tratamento, bastaria levantar o dedo indicador. Ele pararia e explicaria o que estava fazendo. Tudo correu bem, os tratamentos necessários foram feitos. Muito agradecida,

Cláudia disse ao Dr. Sebastião que gostaria de apresentar um outro cliente, amigo de Mário e também excepcional. E foi assim que Irineu também veio a se tornar cliente do mesmo profissional. Muito da facilidade encontrada pelo facultativo foi devido ao temperamento das crianças, porque, como já sabemos, eles não eram portadores de um grau muito grave da síndrome e tinham uma postura bastante normal.

Os portadores da síndrome de Down são muito suscetíveis a problemas respiratórios enquanto dormem, como resultado da má formação da arcada dentária. Muito cuidado tem que ser tomado para evitar a respiração pela boca, que provoca a "boca seca" ou xerostomia, ou então a fissura labial e/ou da língua. Em casos mais graves, pode chegar a uma gengivite aguda.

Tudo isto vem em decorrência do baixo número de células T, do sistema imunológico deles, que facilita as infecções.

Contudo, felizmente, a ficha médica dos dois meninos só tinha os episódios da coqueluche e o da catapora. Assim, problema de desarmonia oclusal, que podia chegar à doença periodontal, um problema para ortodontia, não estavam presentes. Contudo, foi recomendado que ambos passassem a dormir portando um mordedor feito em espuma de borracha especial, para evitar a respiração pela boca. As crianças acharam graça, pois iam ter uma espécie de bico para dormir com dez anos de idade.

Um aspecto que ajudava muito na vida de Mário Filho era que tanto o pai, a mãe, Ester e Estefânia, haviam adquirido um alto grau de disciplina, para tudo o que dizia respeito à vida do garoto. Assim, os horários e as atividades eram muito bem definidos e isto criou em Mário um senso muito grande de dever. Para ele, todas as tarefas, todas as atividades, eram o "seu trabalho", assim como o papai e a mamãe tinham os deles no consultório e no hospital.

Crianças, sejam totalmente saudáveis, sejam excepcionais, devem ter rotinas muito bem definidas. Devem aprender, desde a mais tenra idade, a seguir um plano de atividades pré-estabelecido, com horários e resultados definidos. É assim que os pais canalizam as energias, os potenciais, e evitam a geração de muitos problemas, que resultam do "não ter nada para fazer".

Mário Filho e Irineu já preocupavam os pais, no que diz respeito à puberdade. As transformações que deveriam ter lugar implicariam em toda uma nova estratégia de comportamento e de diálogos.

Como sempre, os casais trocavam impressões. Ficou assim resolvido que eles ficariam atentos a qualquer sinal de manifestação da puberdade física e que no quesito "curiosidade", que normalmente deveria se apresentar, eles falariam a verdade pura e simples. Caso as perguntas se tornassem mais profundas, eles iriam mostrar figuras em livros de medicina, para exemplificar o que falavam. Mas Antonio Mário também achava que, com dez para onze anos, era um pouco prematura tanta preocupação.

O que mais o preocupava era a insistência do filho com relação ao aprendizado de violino. Ele também notava que

Irineu ficava olhando para o amigo, com muita calma, muita tranquilidade, toda vez que ele mencionava o assunto. Irineu não emitia nenhuma opinião.

Que fazer?

Dias e mais dias se passaram com aquela preocupação em mente, até que Antonio Mário resolveu pedir a opinião de seu pai. Foi visitá-lo.

— Pai, mãe, tenho que conversar com os senhores, para que me ajudem a definir uma postura diante de um assunto, que está se tornando recorrente. Mário Filho insiste em aprender a tocar violino. Mas, em decorrência da síndrome, ele não conta com uma estrutura óssea perfeita, embora seja forte. Seus braços e mãos não são formados como o das outras crianças. Eu não acredito que seja possível para ele segurar e dedilhar as cordas de um violino. Além disso, o aprendizado de música que ele teve foi muito superficial, sem nenhuma profundidade em temas importantes.

O senhor Antonio e dona Marina ouviram o filho enquanto tomavam um café. Depois de pensar em silêncio, o Senhor Antonio, então, falou.

— Meu filho, eu creio que, sem dúvida, a música deve ter um grande significado para Mariozinho. Desde pequeno foi assim. Mas, também, acredito que a condição que ele hoje enfrenta seja uma consequência de erros passados e que estes erros podem estar ligados ao mau uso do talento que o espírito dele tem. Tanto e tão grande é o talento, que mesmo estando encarnado em um corpo que impossibilita uma vida plenamente normal, ele se vê presa da força desse talento, que quer aparecer de algum modo. Assim, por que não o deixar tentar? Sejamos cuidadosos, porém. Vamos falar com ele, com muita calma e com muita tranquilidade, sobre a possibilidade de insucesso e vamos oferecer-lhe uma opção, quem sabe um violão seja mais viável.

Antonio Mário ficou muito agradecido aos pais. A resposta que obteve era coerente com aquilo que ele estava pensando em fazer.

– Pai, mãe, mais uma vez, obrigado. Vejo que nosso modo de pensar segue combinando. Vou falar com Cláudia e, estando ela de acordo, vou pôr o plano em execução.

Falaram ainda de outros assuntos. O Sr. Antonio tinha grande alegria em conversar com o filho. Antonio Mário era um médico de renome e um profissional muito procurado. No entanto, seguia sendo a pessoa simples, afável que ele conhecia desde pequenino. Nem mesmo o problema do filho único o havia mudado. Sim, ele tinha grande alegria pelo filho que tinha.

Naquela mesma noite, Antonio Mário comentou o assunto com Cláudia. Esta ficou de fazer um contato com um professor de violino do Conservatório Mineiro de Música, pessoa que ela conhecia desde o tempo de solteira.

Alguns dias se passaram até que em um sábado, à tarde, aconteceu a tão esperada visita do professor de música.

Pessoa já nos seus sessenta e poucos anos, olhar tranquilo, andar calmo. Chegou portando seu instrumento. Todos se reuniram na sala da casa. Mário Filho, assim que viu o instrumento, ficou animadíssimo.

O professor iniciou um diálogo com ele para determinar qual era o grau de compreensão, que ele apresentava, sobre aspectos simples da música. A escala de letras musicais foi repassada.

Logo ficou claro que em termos teóricos, Mário Filho respondia razoavelmente bem para uma pessoa sem formação específica. Seriam necessárias aulas teóricas para o aprendizado da leitura de todas as letras e das combinações de uma pauta musical e, depois, teriam que exercitar as mesmas no instrumento.

O professor perguntou a Mário Filho se ele gostaria de segurar seu instrumento, para ver como ele se portaria. O menino assentiu logo.

Aberta a valise, retirado o instrumento, o mesmo foi posto nas mãos do menino. Seus olhos brilhavam de satisfação. Num gesto natural ele levou o instrumento ao ombro e o amparou com queixo. Mas, suas mãos eram pequenas e seus dedos muito curtos e grossos, seu braço carecia do tamanho adequado para alcançar ao redor do braço do instrumento. Ali estava uma impossibilidade física que não poderia ser superada.

Mário Filho tentava, mas sua inadequação era um impedimento insuperável. Ele não chegou, nem mesmo, a ter nas mãos o arco. A primeira parte da tentativa já era suficiente.

O professor recolheu o instrumento, tornou a colocá-lo na valise e a fechou.

Antonio Mário não permitiu que o assunto morresse, saiu logo com a pergunta:

– Filho, que tal se nós experimentarmos com um violão ou mesmo uma viola?

Mário Filho olhou para ele. Seu olhar agora transmitia uma grande decepção. Ele tinha tido um violino nas mãos e elas não eram suficientemente bem formadas para ele poder tocar.

Falando com grande dificuldade, devido à emoção que estava sentindo, disse:

– Pai, por que eu sou assim? Por que eu sou tão diferente dos outros meninos? Por que pai?

Antonio Mário continuou tocando no seu outro ponto de vista: – Meu filho, nós vamos experimentar com um violão. Está bem? Vamos fazer isto, logo! Professor, será possível para o senhor nos apresentar alguém que ensine violão ou viola? Nós gostaríamos de experimentar um outro instrumento de corda.

– Claro, com muita satisfação, respondeu o Professor, plenamente cônscio do drama que estava assistindo. É claro, vou lhe dar um nome e um telefone, trata-se de um jovem meu conhecido, muito talentoso, ele poderá vir atender ao nosso pequeno Mário.

Depois que o professor partiu, Mário Filho seguiu demonstrando sua tristeza, mas não apresentou nenhum sinal de rebeldia, não teimou nem se agitou. Apenas, perguntava ao pai e à mãe:

– Por que eu sou assim?

Cláudia conseguiu segurar suas lágrimas e Antonio

Mário envolveu o filho num abraço e disse para ele:

– Meu filho, todos nós estamos aqui na Terra para aprender alguma coisa. Deus nos criou para sermos almas perfeitas, mas isto requer que nós tenhamos muitas vidas. Cada vez que aqui viemos nós temos um corpo adequado às nossas necessidades para aquela vida. Assim, eu acredito que, desta vez, Deus achou que você precisava vir com estas características, igual ao Irineu. Assim, vocês dois estão vivendo, estão aprendendo e, numa vida futura, com certeza, vocês voltarão sem terem que enfrentar as dificuldades que estão enfrentando agora. O importante é que todos estamos juntos, todos estamos felizes por termos você. E você precisa seguir com suas atividades, fazendo tudo aquilo que pode e assim ficará mais fácil. Nós, porém, vamos ver o que conseguimos com o violão, está bem?

Mário Filho calou, olhou para a mãe, olhou para Ester e foi até a mãe e a abraçou pela cintura e com o outro braço atraiu Ester. Naquele momento, sentindo-se em segurança, tendo as duas junto dele, falou:

– Não papai, eu não preciso experimentar o violão. O que eu queria era o violino. Vou ficar ouvindo as músicas nos discos.

O pai foi até ele atraiu seu corpo e o abraçou, retendo-o nos braços por muito tempo. Enquanto lágrimas desciam por sua face.

Almas em aprendizado, todos tinham alcançado ali, naquele dia, naqueles momentos, uma grande vitória. Primeiramente, em estado de plena atenção, Mário Filho tinha, sem rebeldia alguma, aceitado sua provação. Em segundo lugar, ao não atacar ninguém, culpando por sua deficiência e, abraçando a mãe, a ex-irmã, e depois o pai, sua antiga vítima, com amor, vencia sua natureza agressiva, egoísta. Aprendia a aceitar a Lei de Deus. Cresceu em termos de sentimento.

Infelizmente, grande parte de nosso aprendizado se faz pela dor. Nossa natureza, nosso orgulho, nossa vaidade, tudo o que somos, leva-nos por este caminho. É no exercício do "livre-arbítrio", que Deus, que nos criou, respeita-nos integralmente como individualidades que somos, e nós também temos que Respeitá-lo e às Suas Leis Eternas e Imutáveis, porque perfeitas.

1951 - UMA GRANDE TRISTEZA

Devido ao fato de que o programa de educação especial não ia muito além do que os básicos anos de um curso primário, as idas à escola foram escasseando.

Os meninos passaram a se ver uma, no máximo duas vezes por semana. A integração deles na vida cotidiana de suas casas era de muito bom grau. Ajudavam nos afazeres domésticos e faziam pequenas tarefas sempre que possível. No caso de Irineu, vez por outra ele ia até a Rua Ermilo Alves, em uma padaria, para buscar leite e pão. Como a trajetória não implicava em cruzar nenhuma rua, pois ele saía de casa e seguia pelo mesmo passeio até a padaria na contra-esquina, os pais aceitavam que ele se desincumbisse do mandado. Além disso, era um momento para ele interagir com outras pessoas. Irineu caminhava lentamente; apesar do uso continuado das botinhas ortopédicas, sua estrutura óssea deixava a desejar, e suas pernas eram frágeis. Mas isto não o incomodava, nem ele fazia uso desse fato para recusar a tarefa.

Foi no mês de fevereiro. Era uma quarta-feira, Irineu foi buscar pão e leite para o café daquela tarde e para o do dia seguinte. Como sempre, entre sua casa e a padaria, e para voltar ele gastava cerca de uns vinte minutos. Antes de sair, como era seu costume, ele beijava a mãe. Carinhoso com todos os que encontrava, e sempre calmo, seguia lentamente pela calçada, dobrava a esquina, entrava na padaria comprava a encomenda e voltava pelo mesmo caminho.

Nesse dia, porém, quis o Pai Eterno, que Irineu voltasse ao Seu convívio. A base da tarefa de amor, que ele veio cumprir, tinha sido alcançada. Mário Filho estava preparado para seguir sozinho.

Irineu pegou a sacola com pão e leite, pagou no caixa, colocou o troco no bolso, deu adeus para o padeiro e saiu do estabelecimento. Alguns segundos se passaram e todos ouviram um enorme ruído de veículos se chocando, e um lotação veio em direção à padaria colidindo, violentamente, contra o poste de eletricidade que estava plantado na esquina. Alguém ainda gritou:

– Cuidado, menino!

Muito assustando, o padeiro também correu para fora. Olhou para o veículo que havia se chocado contra o poste. Os passageiros saíam correndo de dentro dele. No entanto, o drama estava na cena logo adiante, caído no chão, atropelado pelas costas, estava o corpo de Irineu, ao lado dele, a sacola com o vidro do leite e o pão estava desfeita. O padeiro ajoelhou-se ao lado do menino, verificou que ele estava morto. Num gesto impensado, recolheu o corpo de Irineu nos braços e começou a andar lentamente em direção à casa da criança. Dos olhos grossas lágrimas desciam, mas nenhum som saía de sua boca; ele abraçava o pequeno morto, como se fosse seu próprio filho. Cerca de uns quatro ou cinco curiosos o seguiam.

Chegando à casa de Milena e Jorge, ele tocou a campainha. As lágrimas seguiam como torrentes de sofrimento, aquele homem, um quase estranho, experimentava uma enorme dor. Irineu sempre fora gentil com ele, desde muito pequeno ia com o pai ou com a mãe à padaria comprar o pão para o dia. Sem perceber ele tomara afeição ao pequeno.

Quando a porta foi aberta, Milena soltou um grito: – Meu filho!

O padeiro, João, era seu nome, pediu licença e entrou, procurando um local para deitar a pequena vítima. A mãe correu, retirou a toalha da mesa e disse: – Deite-o aqui.

Naquele resto de tarde, até o dia seguinte, a tristeza se abateu não só naquele lar, que fora visitado pelo infortúnio. Muitas pessoas, a maioria de senhoras e crianças, vieram dar pêsames a Milena e Jorge. O Senhor Padrão e sua esposa dona Neusa, diretora do grupo escolar da região, moradores da rua, vieram prestar suas condolências. Irineu, com seu sorriso, com seu comportamento suave, apesar de sua aparência de excepcional, era uma criança querida. A forma como a sua morte ocorreu deixou todos chocados.

Antonio Mário, Cláudia, Mário Filho, Ester, Estefânia, todos foram para o velório.

Mário Filho chegou até o pequeno caixão, que repousava sobre a mesa, olhou para o corpo do amigo, tocou em suas mãos que já estavam frias e falou:

– Até logo, obrigado por ter sido meu amigo. Seja feliz junto de Deus.

As emoções eram tangíveis e as lágrimas de dor estavam em todos os olhos. O sofrimento faz vibrar as cordas mais sutis do sentimento humano e este se revela mais solidário, porque cada um vê que estamos todos em plano de subordinação ao imprevisível, especialmente perante a morte. E por sermos todos pequenos indivíduos que, quando somos convocados pelo Eterno, temos que seguir.

Na manhã do dia seguinte, na última página dos jornais, mais uma notícia:

"Criança de 11 anos morre atropelada em Santa Tereza".

Durante muitos anos, em várias capitais brasileiras, acidentes envolvendo veículos de transporte público, denominados de "lotações" causavam graves consequências, quase sempre provocando a morte de pessoas inocentes. Muito se fazia em Belo Horizonte contra essa onda de eventos dolorosos. Uma grande quantidade de acidentes era causada pela má conservação dos freios dos veículos e pelo excesso de velocidade, que seus motoristas imprimiam aos mesmos. Campanhas educacionais para as crianças eram realizadas pelo Inspetor Pimentel. Este homem de bem, percorria os grupos escolares e, os estabelecimentos particulares, ensinando às crianças todos os cuidados com os riscos apresentados pelo trânsito. Pode-se dizer, sem sombra de dúvida, que foi devido à enorme e, altamente positiva, campanha que ele desenvolveu durante alguns anos que a grande mortandade infantil, ocorrida durante anos em Belo Horizonte, viu-se reduzida a proporções, digamos, "normais". Vez por outra, contudo, um novo drama se somava aos muitos já acontecidos.

No plano espiritual o quadro era outro, completamente diferente.

Desde o momento em que Irineu chegou-se à mãe para beijá-la, antes de ir à padaria, ele já estava cercado por um grupo de entidades de muita luz. Abriu a porta de sua casa, desceu para o passeio e começou a que seria sua última caminhada no plano físico. Seus olhos absorviam tudo, cada pessoa, cada ânima; era como se ele soubesse que já não mais os veria na matéria. Chegou à padaria, encontrou o senhor João e, como sempre, foi atencioso com ele. Este também, como sempre sorrindo muito, agradeceu a atenção recebida. Ao receber o pacote contendo o pão, ele sentiu o calor do pão que acabava de sair do forno e segurou firme o vidro de leite. Cuidadosamente acercou-se da porta e passou para o passeio, deu uns três ou quatro passos, devagar como lhe era natural, quando de súbito se viu pairando no espaço, cercado por muitas pessoas, que ele não reconheceu de imediato. Arrebatado, não chegou a sentir o choque brutal do pesado veículo contra seu pequeno corpo. Deixou-se levar, seu pensamento, rapidamente foi se recuperando, pensava com liberdade, e pensou: – DEUS pai, seja louvado! –

As várias entidades que o cercavam e protegiam, abraçaram-no e em seguida volitaram em direção ao hospital espiritual, que existe sobre árvores do Parque Municipal. Tudo foi feito em segundos. Lá chegando, ele foi acomodado em um leito e ouviu, então, alguém dizendo:

Eliam, filho do Senhor, seja bem-vindo novamente aos

braços do Pai. Venha, levante-se para irmos até a presença do Cristo de Deus. Você se encontra entre os vitoriosos, seu gesto de amor o qualifica para a glória da felicidade junto ao Cristo. Vamos.

Eliam se levantou. Ato contínuo, ele se ajoelhou, agradecendo a Deus e a Jesus a bênção de ter podido cumprir com a missão que assumira. Seu pensamento vibrante de força e de luz subiu ao mais alto. O Céu se abriu sobre todos os que estavam ali e do mais alto ouviram:

– Vem filho meu, temos muito que fazer para o bem de todos na Terra e no Universo, vem prestar sua ajuda à grande obra do nosso Pai Eterno.

Se pudéssemos ter presenciado a cena, testemunharíamos um quadro maravilhoso. Como uma caravana de luz, como um cometa de primeira grandeza, aquele grupo de almas libertas, subiu ao espaço infinito, agora contando com Eliam, que acabara de se libertar do plano físico, após uma grande vitória moral, ditada somente pelo amor. Numa encarnação difícil quão dolorosa, durante a qual ele havia se submetido à mesma provação de Mário Filho, para ajudá-lo a vencer suas fraquezas.

Em que pese a dor natural, sentida por todos pela perda do jovem Irineu, em que pese o modo violento como o pequeno faleceu, ambas as famílias enlutadas, amparadas em seus conhecimentos das leis de Deus, recolheram-se em silêncio diante de sua dor, sabendo-a passageira. Agora todos esperariam pelo dia em que se reencontrariam, desta vez no plano espiritual, para de novo sentirem a felicidade e alegria de estarem juntos e, de acordo com os mandamentos da Lei de Deus, organizar-se para novas tarefas na obra do Eterno.

Após aquele evento doloroso, Antonio Mário tomou uma decisão: era preciso levar Mário Filho para participar de trabalhos e obras sociais. Ele poderia filiar-se a uma "mocidade espírita", ele poderia participar de "campanhas do quilo", ou então participar da "distribuição de sopa e ajuda aos retirantes nordestinos, realizada na estação da Central do Brasil". Além disso, a cornucópia de luz, que provinha da psicografia de Chico Xavier, aumentava a cada dia, era preciso que, mesmo lentamente, mesmo com dificuldade, ele lesse as obras de André Luiz. O pai também elegeu o livro do Padre Álvaro Negromonte, sobre educação sexual, para ser o guia que daria a Mário Filho as respostas para as dúvidas, que estavam para surgir a qualquer momento. Ele pretendia dar ao filho o conhecimento sobre todas as transformações pelas quais o corpo dele estava passando. Havia muito a fazer, a responsabilidade que ele como pai tinha para se desincumbir precisava ser atendida completamente. Mesmo sendo excepcional, Mário Filho era portador de uma alma eterna e tinha o direito de ser bem orientado em tudo, de ser informado de tudo, para assim se preparar para o restante da vida que ora desfrutava e também para uma outra existência, que certamente viria com o passar do tempo. Informada do que o marido pensava, Cláudia não só aprovou como aderiu de corpo e alma. Ali estavam juntos espíritos que se queriam de verdade, que pelo amor estavam preparados para tudo enfrentar. Era preciso, também, trazer Milena e Jorge, para que não se afastassem do movimento. A vida de todos continuava.

Depois de falarem com Ester e com Estefânia, o casal recebeu delas o mesmo compromisso de continuar apoiando Mário Filho. Ester ressaltou que havia conhecido um rapaz, André Luiz, e que estavam para ficar noivos, prevendo casar-se no Natal de 1951; disse que até lá ela seguiria com todas as tarefas que lhe competiam.

Em julho, o Sr. Oscar ligou para Antonio Mário e convidou-o a participar novamente das reuniões em sua residência, disse que caso ele desejasse poderia convidar algum amigo.

O médico não se fez de rogado, falou com Milena e Jorge e, alguns dias depois, todos se dirigiram para a residência da família de Oscar Coelho dos Santos.

Na época, o grupo que se reunia já não era tão numeroso. Cada pessoa tem que seguir seu destino e muitos haviam se transferido ou mesmo estavam ligados a outros trabalhos, que se realizavam mais próximos de suas próprias casas. Belo Horizonte crescia vertiginosamente, e locomover-se de um lado ao outro da cidade já não era coisa tão simples como nos anos quarenta.

Naquela noite, uma das médiuns presentes era Dona Lola, esposa do Senhor Oscar, os demais eram membros da família.

Antonio Mário e Cláudia levaram Mário Filho com eles; todos se encontraram com Milena e Jorge na portaria do edifício e, em alguns minutos, estavam na sala da família.

Iniciados os trabalhos, o senhor Oscar fez uma oração particularmente inspirada, lembrando que todos nós somos viajantes no tempo. Séculos vão passando e nós seguimos cometendo os mesmos erros, que nos prendem à matéria. Pediu luz, força e esclarecimento para nossas almas, de modo a que nos libertássemos de nossas próprias mazelas e, finalmente livres, pudéssemos seguir para planos mais evoluídos, onde a existência seria mais doce e mais produtiva.

A leitura dos textos do Evangelho e do livro "Fonte Viva" foram mensagens que contribuíram para preencher as necessidades espirituais de várias pessoas presentes.

Começado o trabalho mediúnico, algumas entidades ligadas à família se manifestaram. Havia um diálogo carinhoso entre os guias espirituais e os presentes. Depois de duas comunicações, o silêncio se fez por um momento um pouco mais longo.

Foi quando uma voz se fez presente com a saudação:

– Meus caros irmãos, que Deus, nosso Criador, seja Louvado hoje e sempre, em todos os recantos do Universo. Agradeço a Jesus a oportunidade de vir até aqui trazer o meu amor, trazer o meu apoio, dizer da saudade que sinto do convívio dos irmãos. Em especial quero abraçar, amorosamente, os que foram meus pais e os que foram meus amigos na minha última passagem pelo planeta. Sejamos gratos a Deus pela imensa bênção que ELE estendeu sobre todos, permitindo que, após séculos de desencontros, tivéssemos uma existência com o objetivo de nos unirmos sob o amor DELE, de nos compreendermos e nos ajudarmos para juntos podermos prosseguir no caminho evolutivo. Meus queridos, o trabalho, o esforço, o estudo da palavra de Jesus, o exercício da caridade, não somente como ajuda a quem necessita, também funciona como meio de aprendizado pessoal da lei do amor para com os nossos próximos. Tudo constitui oportunidades que DEUS nos dá para que possamos, de modo mais fácil, cumprir com Suas eternas leis e atingirmos os páramos celestiais. Importante é que nós não sejamos presas da matéria, que nos liberemos do orgulho, da vaidade, da luxúria, da ganância. A vida na matéria apresenta inúmeras exigências, e precisamos estar atentos para não sermos levados pelos costumes sociais falhos da época em que vivemos. Temos que desenvolver nossa capacidade de amar ao próximo. Temos que expandir nossa inteligência, para podermos compreender o pensamento das entidades espirituais mais elevadas. Temos que ser capazes de dar a nossa contribuição para a evolução, porque em cada canto do Universo sagrado, obra inigualável de DEUS, há possibilidades de trabalho, há necessidade de esforço. Em nome do amor que DEUS tem por todos nós, fiquemos unidos pelo amor e pelo propósito de juntos crescermos. Voltarei sempre que possível ou necessário. Em meu pensamento todos vocês, meus queridos, estão sempre vivos e presentes, eu estou sempre ao lado de vocês. Salve a Deus, Salve a Jesus, fiquem em paz. E, suavemente como veio, disse apenas, Irineu.

Os visitantes estavam todos muito emocionados.

Milena e Jorge deixavam lágrimas de felicidade fluir de seus olhos. Mário Filho, assistindo a uma sessão espírita pela primeira vez, logo compreendeu que seu amiguinho tinha vindo falar com eles. Cláudia e Antonio Mário estavam felizes, porque entenderam que todas as atividades que tinham iniciado, após o falecimento de Irineu, estavam dentro das palavras que haviam acabado de escutar dele.

O que tinha ocorrido ali é muito comum no plano espiritual. Eliam veio visitar os que foram seus pais e seus amigos. Estes o conheciam como "Irineu", ele não se preocupou. Apresentou-se sob seu último nome conhecido. Quando todos tivessem voltado para o plano espiritual, todos teriam acesso ao seu nome de escolha ou, se necessário, seguiriam vendo nele a imagem de Irineu.

Encerrada a reunião, Antonio Mário se dirigiu ao Senhor Oscar para agradecer o providencial convite que tinha sido estendido a ele e a seus amigos. Especialmente, pelo fato de terem recebido seu filho, sem demonstrar nenhum preconceito com sua condição de excepcional.

Milena e Jorge também se uniram aos agradecimentos. Ouvir a fala do filho, saber que ele estava bem, foi para eles algo inesperado. Tão pouco tempo havia passado desde seu falecimento, e ali esteve ele, falando de modo suave e maravilhoso. Inspirado e inspirador, sem dúvida eles tinham mais motivos agora para olharem para o futuro com grandes esperanças.

Muitas pessoas pensam que estamos vivendo na Terra para nos divertirmos, para consumir coisas, viajar, desfrutar ao máximo de todas as oportunidades, comer coisas finas, beber, dar-nos todos os direitos e prazeres.

Nada as motiva na busca do equilíbrio. Dominar, aparecer, ter poder é o mais importante.

Elas se esquecem da finalidade para a qual DEUS criou o ser humano, dotando-o de inteligência e do livre-arbítrio. Ou, talvez, nem saibam, realmente, quais são os objetivos divinos para as criaturas humanas. Nossa compreensão sobre as verdadeiras razões da vida é tão primitiva, que pouco sabemos sobre o nosso próprio destino.

Indagados sobre o que mais gostariam de ter, falam equivocadamente, como se ainda fossem não mais do que crianças em uma loja de brinquedos: querem tudo, fortuna, beleza, sucesso, poder, etc.. Vivem vidas inúteis e vazias.

Se informados dos propósitos do Criador, segundo inúmeros profetas e médiuns vêm divulgando há séculos, nas mais variadas escolas de filosofia religiosa, torcem o nariz. Classificando aqueles que os alertam de "chatos", de "inoportunos", de "ultrapassados".

Se forem convocados a ajudar, até mesmo com uma simples visita a um enfermo indigente, dizem estar muito ocupados, pedem para ser chamados uma outra hora, mas esta "outra hora" nunca chega.

Se lembrados de que têm bens materiais em excesso, dizem o contrário, que precisam de mais para, então, poderem iniciar a ajuda solicitada.

De qualquer forma, estão exercendo seu livre-arbítrio.

Agora, quando estas pessoas desencarnam e, invariavelmente, vêm presas aos ambientes escuros e pegajosos, onde as lágrimas e os sofrimentos são indescritíveis, lançam gritos de desespero, clamando por justiça. Clamam por Deus. Esquecem que tiveram justiça todos os dias em que viveram na matéria, sob a forma de inúmeras oportunidades de serem úteis.

Outros, quando o inverno da idade se lhes manifesta no organismo combalido, voltam-se, subitamente, para uma religião. Compram cerimônias, compram promessas, fazem doações aos espertalhões, que comercializam o nome sagrado de Jesus e do Criador de todos nós. Tudo na vã esperança de assegurar, do outro lado, um lugar digno para suas importantes pessoas, de suas vaidades.

Esquecem que Deus só pede obras de amor, de bondade, sentimentos puros; ELE somente espera que Suas Leis sejam obedecidas.

Mas, há também aqueles que vão além. Crimes de toda sorte. Vícios os mais lamentáveis. Suicídios diretos, por covardia e indiretos, por ignorância ou loucura. Toda a gama de comportamentos reprováveis que, aparentemente, só a mente humana é capaz de tramar.

Em quase toda parte reina o desequilíbrio. Em quase

todas as cabeças impera a exigência pelo imerecido, em quase todos os corações se oculta o desejo ardente por continuado sucesso. Sucesso de acordo com as crenças e costumes deles.

Muita gente, mesmo sem ter nenhum direito, sentia pena e, alguns, até mesmo desprezo, pela vida espartana e metódica que era vivida por nossos amigos Antonio Mário e Cláudia. Afinal de contas, mesmo tendo um filho "mongolóide", eles eram médicos, tinham condição de viver à larga, de passear, de se divertirem, mas, não! Tudo o que faziam era trabalhar, cuidar daquele filho deles e buscarem participar de movimentos de caridade, de obras de caridade. Férias, eles somente as tinham uma vez a cada dois, três anos, assim mesmo, por quinze dias. Afinal, o que eles pensavam que iam fazer com tudo o que produziam? Era a pergunta que, mesmo absurda, muita gente se fazia com relação ao casal.

A vida é assim mesmo. Quase todos nós, em nossa infância, ouvimos falar do conto da "Cigarra e da Formiga", poucos captaram seu real significado. Creio que esse conto deveria ser trazido ao conhecimento de pessoas, quando estas já estivessem com mais idade. Quando as responsabilidades reais da vida já estivessem lhes pesando nos ombros. E que, além disto, tivessem do mestre, que lhes abrisse esta "janela", um comentário profundo e realístico de seu verdadeiro significado em face da vida.

Talvez, quem sabe, aprendessem algo.

Nos anos que seguiram à desencarnação de Irineu, todos os nossos amigos seguiram com suas vidas de modo normal.

À medida que crescia, Mário Filho continuava tendo seus longos "passeios" noturnos; aprendendo e melhorando sua compreensão sobre os reais objetivos da vida na matéria. Como resultado, seu carinho para com os pais, avós e amigos aumentava. Era capaz de formular frases de grande beleza e de carinho. Não se deixou dominar por problemas relativos à puberdade, pois os pais foram muito cuidadosos e detalhistas em explicar todo o processo pelo qual ele estava passando. Foram claros e cruamente objetivos ao fazer o filho compreender que as energias que iam, pouco a pouco, desabrochando em seu corpo, eram processos normais e que ele podia, perfeitamente, conviver com elas sem se sentir diferente.

A partir dos quinze anos, Mário Filho, começou a trabalhar no consultório dos pais. Cláudia e Antonio Mário abriram uma clínica e o filho, devidamente assessorado, era atendente. Marcava consultas, encaminhava recados; fazia-se útil; conhecia muitas pessoas. Aprendia a lidar com outros seres humanos.

As demais atividades, também prosseguiam e tudo o que fosse necessário, para manter a atenção de Mário Filho focada em coisas úteis, era feito: natação e caminhadas, cuidados com a alimentação, para assegurar que ele não se tornasse uma pessoa obesa. Cláudia tinha para com o filho um imenso carinho. Assim, ele recebia apoio de todos em casa e, da mesma forma, retribuía.

Muitas vezes, pai e filho saíam em trabalho de arrecadação de doações, junto com amigos da mocidade espírita, para obter meios de ajudar aos mais desvalidos.

Por várias ocasiões, ambos foram mal recebidos. À simples menção das palavras, "nós somos do Centro Espírita tal, em campanha do quilo", as portas eram cerradas, algumas vezes com violência, por pessoas que ainda não tinham tido seus corações abertos para a caridade, ou que ainda não sabiam conviver com aqueles que pensavam de modo diferente do deles.

Seguindo o exemplo de muitos outros médicos, que agiam de modo discreto, Cláudia e Antonio Mário, reservaram todas as quartas-feiras para atender, gratuitamente, as pessoas que necessitavam de seus serviços, mas que não podiam pagar por eles. Nesses dias, o movimento era grande, e Mário Filho se entusiasmava em ver como os pais eram queridos por todos.

E assim se passaram oito anos, estamos chegando ao ano de 1958. Todos da família e os amigos Milena e Jorge estavam planejando fazer uma bela festa de dezoito anos para Mário Filho.

No alvorecer daquele ano, ele novamente começou a demonstrar grande tristeza por ter que se contentar somente em ouvir as boas músicas. Em diversas ocasiões, o jovem comentou com os pais que, mesmo aceitando a lei da reencarnação, para ele era difícil sentir que sabia tocar, sentir que poderia tocar, e não conseguir fazê-lo. Não raro, ele se perguntou: – Por que meu Deus, por que eu nasci assim?

As viagens de estudos e de trabalho, durante as horas do sono, foram escasseando. Mário Filho nem mesmo notou, até que, no aniversário de falecimento de Irineu, ele já não mais sonhava nada.

Em agosto de 1958, Mário reclamou que estava sentindo dores de cabeça, tinha mal-estar.

Logo uma bateria de exames revelou que apesar da pouca idade, ele havia desenvolvido um problema de pressão sanguínea alta. Um cardiologista foi consultado e a medicação adequada foi prescrita; o facultativo, contudo, comentou que aparentemente, o envelhecimento precoce de Mário Filho fosse algo além da capacidade da medicina resolver. Muitos alimentos, com teor de gordura elevado foram cortados, dando-se maior ênfase a legumes, cozidos em água e pouco sal. Mas muito ainda estava por ser descoberto. Nem tudo, portanto, pôde ser feito como o seria, caso o problema se desse nos dias de hoje.

O casal sentiu aumentar sua constante preocupação com a saúde do filho.

Mário Filho, muitas vezes, foi encontrado em seu quarto aos prantos. Indagado sobre o que estava se passando com ele, sobre o que estava sentindo, dava respostas variadas. Uma hora era a saudade de Irineu, o antigo amigo lhe fazia muita falta; outras era a dor, a profunda dor de não poder tocar ele mesmo o instrumento de sua adoração. Como resultado, seguiam-se horas e horas de música clássica, todas elas ligadas ao gosto do jovem; em outras ocasiões eram sessões de música cigana. Muitas vezes quando lhe sugeriam ler, ele dizia que não; já outras, passava horas lendo. Adquiriu o hábito de dormir durante o dia e pela noite ficava desperto. Se o pai ou a mãe sugeria que ele tentasse dormir, respondia que não, pois seus sonhos, a única forma de sentir-se livre e dono de si, já não vinham mais.

Sem dúvida, esse comportamento errático e que demonstrava grande conflito íntimo era um peso moral para os pais.

Buscaram apoio junto à espiritualidade, consultas foram dirigidas por escrito a Emmanuel, através da psicografia de Chico Xavier. As respostas eram sempre de natureza de apoio moral.

Orações estavam sendo feitas pelo irmãozinho enfermo.

Antonio Mário então, exercitando seu velho hábito de observação, análise e conclusão, dera-se conta de que algo maior, algo inevitável podia estar sendo preparado. Seu amor pelo filho fez com ele tentasse banir da mente essa ideia; aquilo tudo era apenas mais uma etapa a ser vencida, como tantas outras tinham sido anteriormente. Recolhia-se e orava a Deus, como sempre se pondo como o pai suplicante, mas também, como o cristão fiel ao mandado do Pai Eterno.

Cláudia não deixava de notar tudo isto. O marido e o filho eram seus dois grandes amores. Tudo o que realizava era direcionado para fazê-los felizes, seguros, amparados. Ela também rezava muito, mas sem esquecer-se de que – "o que tem que acontecer, acontecerá". Seu antigo espírito lógico mantinha alerta o sentimento de que, inevitavelmente, por uma questão natural, o filho deveria partir antes dos pais. Este pensamento, contudo, oprimia-lhe o coração; a fé fazia-a mais atenta, mais doce, no trato com as pessoas, com os clientes. Ela "tomava do limão amargo, apresentado pela vida, e fazia uma limonada".

Na verdade, todos estavam passando por processos

de depuração, de crescimento. E felizmente estavam logrando seguir adiante com bons resultados.

Em dezembro, no dia 8, todos estavam lá: os pais, avós, as irmãs Ester e Estefânia, Dióla, Milena e Jorge.

Mário Filho estava exultante e, muito atencioso, procurou falar com todos. Abraçava e beijava a todos, dizendo que a presença deles o fazia muito feliz, que a amizade deles, de tanto tempo, tinha sempre contribuído para ele sentir-se melhor, dentro de suas limitações.

Aquele grupo de espíritos encarnados estava em sintonia. Ninguém se dava conta de modo explícito, mas todos estavam praticando "o amor ao próximo", porque após uma reunião como aquela, saíam dali animados, rejuvenescidos, para levar adiante o "dia a dia" com a maior alegria e satisfação.

1959 - 1960

Logo, em janeiro de 1959, Antonio Mário achou que seria positivo se passassem a fazer reuniões mediúnicas em casa. Ele acreditava que, agindo assim, franqueando seu lar a irmãos de fé, estaria dando ao filho mais um motivo de manter-se atraído para os assuntos que eles estudavam. Falou com várias pessoas e encontrou boa vontade junto a um bom número delas.

Examinando as possibilidades de cada um, concluiu que o melhor dia para tais reuniões seria realizá-las às terças-feiras. E, desta forma, logo em fevereiro este novo grupo de peregrinos, passou a reunir-se.

Como quase todos eram pessoas com formação em medicina, eles optaram por iniciar seus estudos lendo e comentando "A Evolução em Dois Mundos", depois se seguia "O Evangelho" ou, então, textos de "Fonte Viva" ou "Pai Nosso".

Logo nas primeiras reuniões, o novo grupo recebeu a manifestação de uma entidade que lhes agradeceu a iniciativa e disse-lhes que aquele grupo deveria "se estivessem de acordo" trabalhar com entidades desencarnadas em processos variados de obsessão. Para tanto, pediam que a frequência fosse mantida com a maior assiduidade possível, uma vez que o planejamento espiritual dos trabalhos requeria semanas, até meses para ser desenvolvido. Os médiuns presentes estariam assumindo grande responsabilidade.

Naquele dia, após o encerramento das atividades, todos os comentários eram no sentido de que eles se deram conta das possibilidades que lhes estavam sendo oferecidas e, cada um, assumiu o compromisso de ser o mais dedicado à nova tarefa. Um dos presentes disse que, com apenas dois médiuns psicofônicos, eles estariam muito limitados, e comprometeu-se a encontrar a ajuda de um médium vidente.

Ao longo das semanas, várias manifestações foram dadas. A cada vez, o plano espiritual trazia duas entidades necessitadas. Assim, o processo de entrosamento do grupo foi se consolidando.

Mário Filho se fez encarregado de arrumar a mesa, dispor as cadeiras necessárias, colocar a bandeja com a jarra de água para fluidificar e os copos. Colocava os livros em estudo sobre a mesa e, com alegria e sorrindo sempre, postava-se à porta da casa para receber as pessoas, que vinham para o trabalho. Durante as sessões, mantinha-se calado, observando e ouvindo tudo. Sentado ao lado, ora do pai, ora da mãe.

Em agosto de 1959, o plano espiritual passou a trazer casos mais difíceis de entidades obsedadas. O trabalho se tornava maior e mais exigente. Uma solicitação foi feita, no sentido de que as tradicionais consultas, que eram feitas aos espíritos, cessassem; aquele era um trabalho de "doação". Todos os membros do grupo sentiam o nível de responsabilidade que tinham de manter em suas vidas pessoais, para estarem em equilíbrio e poderem doar de si para quem mais necessitava. Aos pouco, porém, os resultados também começavam a se apresentar. A médium vidente do grupo era uma senhora muito franzina, já entrada em seus sessenta anos, que vinha de Santa Tereza, com Milena e Jorge. Sempre discreta, sentindo-se até mesmo constrangida por estar entre médicos de renome, evitava comentar qualquer coisa, que não fosse o absolutamente necessário, durante os trabalhos mediúnicos. Mas, por ocasião do décimo nono aniversário de Mário Filho, em 8 de dezembro de 1959, ela narrou para os companheiros que o ambiente espiritual, que ali se havia instalado, estava todo brilhante, renovado, e o número de entidades espirituais, dedicadas ao trabalho, dobrara desde a primeira parte do ano; e o número de desencarnados, na plateia do trabalho, também havia sido aumentado. Ao todo, dizia ela, a cada noite temos aqui mais de cem pessoas: – É uma visão muito bonita, como se se tratasse de um hospital para atendimento de espíritos.

Mário Filho apresentou um quadro de recuperação na melhora no seu temperamento. Já não mais reclamava de dores de cabeça e vivia cada dia da semana na alegria e no entusiasmo de esperar a próxima terça-feira. As sessões realizadas em sua casa estavam causando um grande bem para ele. Ele gostava de ouvir as lições, de ouvir as reclamações das entidades desencarnadas e, principalmente, de ouvir as doutrinações dos monitores, que faziam o esclarecimento e o direcionamento daquelas entidades para o alvorecer de uma nova manhã em suas vidas.

Após o término de uma reunião, quando várias entidades haviam se manifestado, e tinham sido devidamente orientadas sobre a conduta, que deveriam adotar para melhorar suas condições de sofrimento, Mário Filho fez um comentário que surpreendeu o pai:

– Pai, eu acredito que eu tive problemas graves em minhas vidas passadas. Caso contrário, eu não teria nascido assim, com um corpo imperfeito. Eu só espero que, depois desta vida, eu volte a ser uma pessoa normal. É muito triste a gente sentir vontade de fazer algo, saber que pode fazer, mas não ter um corpo capaz de expressar nossa vontade; mas eu quero que o senhor e mamãe saibam que eu os amo profundamente, sou muito agradecido por vocês terem me recebido como filho e me tratado tão carinhosamente. Depois que eu partir, eu vou continuar a vir aqui ver vocês. Quem sabe eu até consigo uma oportunidade para falar com vocês?

Antonio Mário e Cláudia abraçaram o filho e disseram:

– Filho, nós não nos lembramos de nossas vidas passadas exatamente para esta ser mais fácil de ser levada a bom termo. Agora, vamos deixar de tolice sobre essa ideia de você partir. Nós queremos ter você aqui conosco até ficarmos velhinhos. Você é o nosso filho muito querido.

– Sim, respondeu ele. Mas só Deus sabe quando a gente vai partir, não é? Vejam o que aconteceu com o Irineu. Eu sinto muita a falta da companhia dele.

Cláudia e Antonio Mário seguiram abraçados ao filho, em seus pensamentos eles lembravam que portadores da síndrome de Down, de um modo geral, não tinham vidas longas, mas logo afastaram este pensamento. O filho, apesar de portador da síndrome, estava bem. A única coisa que, realmente, incomodava-os era o envelhecimento precoce. Mário Filho estava com quase vinte anos, entretanto, aparentava mais, muito mais; também era perceptível que sua energia física já não era a mesma, ele se cansava muito. Antonio Mário registrou o pensamento, ligando-o à ideia de fazer uns exames para verificação real das condições de saúde do filho.

Tal providência foi tomada no transcorrer dos dias seguintes. Os resultados que chegaram não davam nenhuma indicação de problema grave; a conclusão dos colegas e deles próprios era que o rapaz estava seguindo o curso normal causado pela síndrome.

É interessante observarmos que o progresso humano traz para o homem inúmeras conquistas, as quais resultam no aumento da oferta de soluções para uma imensa quantidade de mazelas. Quem vive uma longa vida pode observar esse fenômeno perfeitamente. Muitas enfermidades e condições, que no passado eram sinal certo de falecimento precoce, foram pouco a pouco sendo vencidas pelas conquistas da ciência e transformando-se em condições, que são tratadas com maior facilidade e com enorme sucesso. Veja-se, por exemplo, o caso da tuberculose pulmonar. Na década de 40, era uma tragédia; hoje em dia é algo superado, perfeitamente solucionado pela medicina. Somente a incúria e o abuso no uso do nosso corpo é que ainda proporcionam o aparecimento da doença.

Contudo, os humanos devem se acautelar, pois problemas vencidos dão vazão a períodos em que grandes excessos são cometidos, excessos que conduzem ao surgimento de novas e mais difíceis enfermidades. Veja-se, por exemplo, o caso da AIDS. Ou seja, uma análise acurada demonstra ser o homem a causa das grandes mazelas que o afligem.

Basta que examinemos a História com isenção de preconceitos e verificaremos que nossa imprevidência, nossa incúria está na base, na origem dos grandes males que afetam a saúde, a higiene, a vida enfim.

A síndrome de Down, pelo sofrimento que suscita nos corações de pais e mães, vem recebendo uma enorme atenção dos estudiosos da medicina, da psicologia e da pedagogia. Assim, nas últimas décadas grandes conquistas têm sido feitas nesta área; e o resultado é que, já nos dias atuais, vemos pessoas portadoras dessa enfermidade desfrutando de condições de vida impensáveis há cinquenta anos. Uma sensível humanização no trato dos portadores da síndrome contribui para que eles tenham existências mais cheias de amor, de compreensão e de uma assistência que supera em tudo, o tratamento de quase vegetais que recebiam há cinquenta, sessenta anos.

Esses pais e essas mães são espíritos reencarnados, que tiveram sua compreensão ampliada para a necessidade de se promover uma ação de total amparo aos portadores da síndrome. E, como sempre, Deus escolheu a porta do Amor para atingir os resultados necessários ao progresso dessas almas parcialmente aprisionadas a corpos deficientes. Elas passam pelo exercício do aprendizado da verdade, da justiça, enfim do Amor universal, para logo depois continuarem, livres de todos os liames, seu progresso individual. Não podemos nunca esquecer que o corpo é empréstimo passageiro para uso do espírito eterno. O espírito, ou alma, é que é eterno, é vida.

Mário Filho, depois de vidas sucessivas em que fracassou, principalmente por causa do orgulho em não querer aceitar as Leis Eternas de Deus, foi ajudado por espíritos de pessoas que o amavam, pessoas a quem ele amou a seu modo e, numa existência de real sofrimento, começou a chegar ao ponto de ter sua compreensão também dilatada, tornando-se uma alma sensível e capaz de perceber que o caminho para tudo é o caminho do Amor Universal incondicional.

Dezembro de 1960. Como sempre, as chuvas de verão caem fortes, provocando em muitos pontos da cidade de Belo Horizonte, como em outras do país, grandes perdas, inundações, desabamentos. As pessoas que supostamente estão nas posições de responsabilidade, ainda não aprenderam qual é o real papel que vieram desempenhar. Seguimos, há séculos, as mesmas fórmulas desgastadas e rotas do engodo ao público.

Mário Filho estava acamado havia algum tempo, seu

organismo vinha apresentando dificuldades de assimilação dos alimentos. A perda do tônus vital era bastante clara. Tentativas de alimentação endovenosa já estavam em curso. Os resultados eram pobres.

O rapaz não reclamava, não incomodava. O único pedido que sempre fazia era para não o deixarem a sós e, uma vez por dia, ao cair da tarde, ouvir suas músicas favoritas.

Todos na família e também os amigos pressentiam que, possivelmente, o tempo do rapaz estivesse chegando ao fim.

Cláudia e Antonio Mário, mesmo com os conhecimentos médicos que tinham, agiam como todo e qualquer pai ou mãe age: com carinho, com desvelo; dando total atenção ao filho. Os carinhos eram delicados, mas estavam em cada gesto, em cada olhar, em cada palavra.

O banho matinal era dado com todo cuidado. Algumas dores musculares estavam se apresentando, pela falta de movimentação física prolongada. Ester, Estefânia, Diola, Milena, Jorge, todos estavam sempre lá. Os avós Antonio e Marina vinham quase todos os dias.

Em pouco mais de um mês, Mário Filho estava com peso muito baixo, então se manifestou uma pneumonia. Os remédios adequados foram todos aplicados. No dia 10 de dezembro, ele precisou de ajuda mecânica para seguir respirando. No dia 11, durante a madrugada, enquanto nas ruas da cidade a chuva pesada caía, Mário Filho deu seu último suspiro. Ao lado dele estava o pai. Aquele mesmo a quem ele, cerca de trezentos anos antes, num acesso de raiva, provocada pelo orgulho, havia tirado a vida.

Antonio Mário percebeu a partida do filho, mas não se moveu. Deixou-se ficar ali, rezando e agradecendo a Deus pela oportunidade que tivera de poder ter dado ao filho todo o amor de que ele era capaz. Ficou com sua mão, presa entre as dele, em silêncio. De manhã cedo, quando Cláudia veio ver o filho, encontrou os dois dormindo juntos. Um dormindo o sono da libertação, o outro, o sono da consciência justa que confia em Deus, até mesmo na hora da suprema dor.

Se pudéssemos ter visto, poderíamos ter identificado já uns dois dias antes a presença de um grupo espiritual, encarregado da retirada do irmão que estava para desencarnar.

No momento supremo, este mesmo grupo viu, uma intensa luz vir do plano superior e com reverência puderam testemunhar a manifestação de Eliam, ele viera buscar o pupilo de outras eras, o amigo a quem um dia ele teve que dizer que nasceria presa da síndrome de Down, condição que ele mesmo tomou para si, somente para ajudar, para acompanhar o amigo na travessia entre a dor e a conquista da liberdade pelo amor.

No momento aprazado por Deus, Eliam recebeu em seus braços a alma de Mário Filho. Este despertou por alguns momentos, notou o que estava acontecendo e voltou ao sono, sentindo-se amparado pelo envolvimento amoroso de que era objeto. Estava de novo livre para seguir seu caminho.

Os anos foram se passando, pouco a pouco, cada um

dos personagens que conhecemos foram também chamados ao plano espiritual. Agora há pouco tempo, quando o mundo comemorava a passagem para o novo século, no espaço uma reunião importante estava para ser realizada.

A Lei deve ser cumprida.

O local é maravilhoso. Pode-se dizer tratar-se de um imenso jardim, nas fímbrias de uma cidade iluminada por luz quase violeta, indireta e suave. Em muitos recantos, a água flui em silêncio agregando frescor ao ambiente. Tudo está revestido de cores agradáveis, suaves. No ar paira não somente um perfume de flores, mas também os sons de instrumentos invisíveis, os quais são tocados por gênios, que já atingiram a perfeição em relação ao planeta onde vivemos. Pouco a pouco, as almas que conhecemos vão chegando. Todos amparados por guias protetores. Os abraços, a jovialidade da alegria por estarem todos novamente reunidos é incontida. Alguns chegam juntos, pois suas conquistas individuais lhes permitiram ir para uma mesma paragem celestial; todos, porém, estavam em paz e harmonia uns com os outros. Passado era o tempo em que outros sentimentos menos nobres lhes dominariam os pensamentos. Todos ali compreendem muito bem a Lei do Amor. Todos sabem que DEUS não Se impõe, ELE espera que nós compreendamos e pratiquemos Suas Leis e para isso DEUS nos deu o Infinito.

Quando todos do grupo já estavam presentes e já haviam se falado, uma luz esmeraldina se fez ver descendo do mais alto. O silêncio se fez de imediato.

Diante daquela plateia, novamente o espírito Eliam se manifestou:

— Meus irmãos e meus filhos, que a bênção do Eterno esteja presente alegrando os vossos corações. Jesus, o amado mestre, responsável pela vida no planeta Terra, mais uma vez nos permite estarmos juntos para tratarmos da continuidade de nosso trabalho. Sim, porque todos vocês já se deram conta que o Paraíso, idílico e utópico, criado pela imaginação humana, presa da matéria, realmente não existe. E nem poderia ser de outra forma. Não é lógico ficarmos parados, estáticos em estado de contemplação diante da grandeza de Deus, quando há tanto para ser feito em todos os recantos do Universo, criado por Ele para que nós o habitemos. Milhões de irmãos nossos ainda demoram na ignorância, no orgulho, na vaidade, na violência, na luxúria, na avareza, sem se darem conta do tempo que estão desperdiçando e dos compromissos que estão assumindo, para mais tarde, em dolorosos resgates, serem liquidados. Os espíritos perfeitos, que auxiliam o Mestre na administração da Terra, têm objetivos claros e definidos para que todos nós possamos contribuir para a elevação definitiva do Planeta azul em um novo mundo, onde impere a lei do amor, da justiça. Para esta tarefa magnífica, todos nós temos que dar nossa contribuição. Como agora estamos todos particularmente ligados ao Brasil, é neste país que iremos seguir exercendo nosso esforço para que DEUS seja definitivamente conhecido, respeitado e obedecido.

Para tanto, um diagnóstico amplo tem sido feito sobre o comportamento das almas que nascem nesse solo abençoado. Um dos caminhos, que sobressai imediatamente pedindo ajustes de grande significação, é o da Educação Global e Completa daqueles que vão nascer ali. Muitos espíritos já desenvolvidos e conhecedores da verdade sobre o ETERNO estão sendo encaminhados de volta ao Brasil. DEUS, porém, em Sua infinita sabedoria, entende que, para o sucesso desta intensa campanha a ser desenvolvida, teremos que contar com vários grupos de pessoas muito afins, muito unidas, como o representado por vocês. Não se espera que um ou poucos indivíduos se tornem mártires de uma causa; não, este tipo de atitude sacrificial já não se justifica mais! O que vamos buscar é que cada um, atuando dentro de seu livre-arbítrio, em união de esforços e de vontade com todos os demais, formem grupos de pessoas de boa vontade, de alto espírito cívico, com excelentes graus de conhecimento de todas as ciências, para juntos voltar a ocupar um lugar no Planeta e, em dado momento, particularmente, no Brasil, para que venham a exercer marcante influência progressista no campo até agora abandonado da Educação Completa. Para que juntos possam trabalhar para o sucesso desta reforma maravilhosa, que se espera, irá despertar milhões de pessoas, trazendo-as para o caminho do bem, do amor e do progresso. Se formos bem-sucedidos em nossos objetivos, teremos contribuído para o crescimento moral do Planeta.

– Não será uma tarefa fácil, as hostes da ignorância se unem em grupos militantes e defendem a ferro e fogo seus feudos. Ideias comprovadamente fracassadas são sustentadas ainda nas mentes fracas e preguiçosas, como se fossem bandeiras de libertação. Ainda há muita gente que explora a preguiça, a vaidade, a ganância alheia para desfrutar de todas as benesses da matéria. A única coisa que para eles tem valor é o dinheiro, o poder. São iludidos seculares que se comprazem em permanecer no erro.

– Cada um de vós teve momentos com grandes oportunidades de crescimento moral e, para nossa alegria, todos aproveitaram devidamente essas oportunidades, razão pela qual, hoje podemos estar todos juntos, preparando-nos para seguirmos nosso caminho para a evolução maior. Que esta evolução se concretize e que seja para o benefício daquela que já foi nossa pátria e, também, do mundo. Sim, porque para Deus não há raças, não há países, todos nós somos Seus filhos. Todos nós temos responsabilidades perante o progresso, que se faz necessário para a maior felicidade de todos os espíritos encarnados e almas desencarnadas.

– Pelas vibrações que estou captando, provindas de vossas emoções, compreendo que estamos todos de acordo em assumir esta nova tarefa. Todos terão suas instruções, poderão fazer escolhas e, num período entre dez e quinze anos da Terra, todos estaremos de volta ao trabalho no plano físico.

– Hoje, contudo, temos uma outra bênção para compartilhar, Jesus me concedeu a alegria de trazer aqui para ouvirmos, pela primeira vez desde que chegaram de novo no plano espiritual, o nosso irmão Giacomo, ou Louis ou Mário Filho, como cada um de nós se afeiçoou chamá-lo.

Liberto de suas dúvidas, ele vai apresentar uma composição em louvor ao nosso Criador.

Mário Filho, lentamente foi passando entre todos, recebendo gestos de apoio e de carinho. Sorrindo e vibrando sentimentos de grande amor por todos, aproximou-se de Eliam que então lhe entregou um belo violino. Mário parou, ajeitou o instrumento ao ombro e suavemente começou a tocar uma ária, que lhe falava de antigos cenários da Itália medieval. À medida que tocava, uma luz violeta ia iluminando sua figura e flocos desta luz desciam sobre ele e sobre todos os que ali estavam, gerando o mais delicioso sentimento de paz.

Para surpresa de Mário, uma orquestra de centenas de violinos invisíveis fez coro com ele na execução da belíssima peça, que ele tocava com total emoção. Seus sentidos faziam-no sentir o perfume dos campos da Provença, via em sua mente as belas cenas da Campagna Italiana. Lágrimas desciam por seus olhos, numa demonstração da enorme emoção que o assaltava naquele momento.

Cada um dos presentes compreendeu aquele momento como sendo a etapa final de um período. Agora, libertos do passado, todos se sentindo leves e realizados, detentores de um novo equilíbrio interior e de novos conhecimentos sobre as Leis que regem o Universo, todos, como irmãos, iriam prosseguir participando da eterna obra da construção divina. Eram livres e como libertos estavam se unindo para seguir crescendo. A dor havia cedido lugar à libertação.

FIM

"Mas era justo alegrarmo-nos e folgarmos, porque este irmão estava morto, e reviveu; e tinha-se perdido e achou-se" – Parábola do Filho Pródigo.

"Que homem dentre vós, tendo cem ovelhas, e perdendo uma delas, não deixa no deserto as noventa e nove, e não vai após a perdida até que venha a achá-la? E achando-a, a põe sobre seus ombros, gostoso; e chegando a casa convoca os amigos e vizinhos, dizendo-lhes: Alegrai-vos comigo, porque já achei a minha ovelha perdida. Digo-vos que assim haverá alegria no céu por um pecador que se arrepende, mais do que por noventa e nove justos que não necessitam de arrependimento". Lucas - 15 - 4 a 7.

Conheça mais a Editora Boa Nova

www.boanova.net

www.facebook.com/boanovaed

www.instagram.com/boanovaed

www.youtube.com/boanovaeditora

boanova® editora

Instituto Beneficente Boa Nova
Entidade coligada à Sociedade Espírita Boa Nova
Av. Porto Ferreira, 1.031 | Parque Iracema
Catanduva/SP | CEP 15809-020
www.boanova.net | boanova@boanova.net
Fone: (17) 3531-4444